JN411256

한알의 밀알 52

한국 감리교회 빛과 그림자

정명기 지음

"너희는 세상의 빛이다.
산 위에 세운 마을은 숨길 수 없다."
마태복음 5:14

신앙과지성사

● 추천사

주님의 손을 보게 하는 목사님

_이철 목사(기독교대한감리회 감독회장)

러시아 상트뻬쩨르부르크에 가면 황제의 겨울 궁전으로 사용하던 에르미타즈박물관이 있습니다. 이곳에 렘브란트의 유명한 그림 "탕자의 귀향"이 있습니다. 먼길을 걸어오느라 다 닳아서 찢어진 구두, 그 밖으로 삐져나온 상처투성이의 발로 무릎꿇고 앉아 있는 소년의 어깨를 눈이 반쯤 감긴 노인이 부드럽게 흐느끼듯 쓰다듬고 있는 모습이 그려져 있습니다. 그 모습을 비추는 빛이 참 신비롭습니다. 노인의 손은 온갖 세파를 겪은 손처럼 불긋불긋하고 부르튼 모습입니다. 그런 손이 빛에 드러나며 소년의 어깨를 감싸고 있습니다. 그 손을 조금 더 들여다보면 왼손은 강하고 힘있어 보이고, 오른손은 부드럽고 포근하게 느껴집니다.

정명기 목사님의 『한국 감리교회 빛과 그림자』를 읽어 내려가다가 시작부터 현재까지, 그리고 미래의 과제까지 한국 감리교회의 역사를 그려내는 솜씨가 그림 속 노인의 손 같다는 생각을 했습니다. 강하고 힘 있는 동시에 부드럽고 포근하게 느껴지는 주님의 손이 우리 감리교회를 흐느끼며 쓰다듬고 있다는 생각이 들었습니다. 50년간의 감리교회 목회자로서의 삶이 그런 주님의 손을 경험하는 시간들이었나 봅니다. 지난 3월 갑작스럽게 소천하신 고 강명순 목사님과 함께 남 눈치나 보면서 고민만 하며 살지 말고 온몸 불살라 예수처럼 살아보겠다고 가난한 이웃들과 동고동락하며 품고 살아온 시간들과 목회의 여정에서 발견한 주님의 손을 그려보고 싶었나 봅니다.

사람이 서로 만나 함께 길을 간다는 것이 가슴 벅찬 일이기도 하지만, 숱한 갈등과 절망의 골짜기를 거쳐야 하는 아픔이기도 합니다. 그 시간을 한 개인으로서, 부부로서, 감리교회의 목회자로서 오롯이 살아간 흔적들을 이 책에 간증이 아니라 모두가 함께 기억하고 있어야 할 것들을 담아내셨습니다. 세월이 흐르면 잊혀지는 것이 아니라 내일의 삶에 생산적이고 창조적인 영향과 기억을 주고 싶다는 것이 정 목사님의 바램입니다.

참 생명과 사랑의 나라를 향해 더불어 내딛는 한 걸음 한 걸음만큼 소중한 것이 어디있겠습니까? 그런 걸음이 아쉬운 시대, 묵묵한 사랑으로 함께 손잡고 하나님 나라를 향해 나아가는 모습이 그리운 시대에 앞다투어 부활의 자리에 오르기보다 십자가의 길을 선택했던 '바보 같은 걸음'을 가신 한국 감리교회 초기 토착지도자 100인과 한국 감리교회의 어제와 오늘, 미래까지 담아내셨습니다. 감리교회를 알고 싶으신 분들, 감리교회 목회자로 길을 시작하시는 분들, 감리교회의 정치 계파를 알고 싶어하시는 분들, 감리교회를 위해 기도하시는 분들의 손에 꼭 들려 드리고 싶은 책입니다.

보려고 해야 보인다는 말이 있습니다. 이 책을 읽는 모든 이들이 돌아온 탕자를 품어내고 쓰다듬어 주시는 아버지처럼 한국 감리교회를 품어내신 하나님의 손을 보았으면 좋겠습니다. 귀한 책을 준비해 주신 정명기 목사님과 문서 사역을 사명으로 알고 섬기시는 신앙과지성사 최병천 장로님께 감사를 드립니다.

• 추천사

하나님나라 건설에 드려진 거룩한 산 제물

_이홍정 목사(한국기독교교회협의회 총무)

정명기 목사님께서는 전 생애를 하나님나라 건설에 거룩한 산 제물로 드리신 예수님의 제자이십니다. 목사님께서는 예수님의 생애를 통해 나타난 하나님의 구원 역사를, 하나님께서 정의와 평화로 통치하시는 하나님나라 건설의 역사로 이해하셨습니다. 그것은 하나님나라의 가치로 세상을 새롭게 변화시키는 하나님의 목회요, 하나님의 선교요, 하나님의 정치였습니다. 목사님께서는 지금 여기 삶의 자리에서 하나님나라 건설에 참여하도록 교회를 부르시는 하나님의 부름에 언제나 귀 기울이셨습니다.

정명기 목사님께서는 하나님의 백성공동체의 영적이며 상호변혁적인 순례의 여정을 이끄신 참 목회자이십니다. 목사님께서는 생명과 소망의 원천이신 하나님을 대적하고, 반생명적이며 소유적인 '진보와 성장'의 신화를 믿으며 자본의 우상 앞에 절하는 이 시대 속에서, 의를 위해 고난 받으며 변혁에의 새로운 희망을 싹 틔우신 예언자이십니다. 목사님께서 혼신의 노력을 기울이며 헌신하신 가난한 사람들을 위한 선교운동과 민족의 평화통일운동은, 한반도라는 상호의존적 생명의 망 속에 깃든 이 땅의 교회를 변혁적 제자공동체로 갱신하고 하나되게 하는 운동과 깊이 연관되어 있습니다.

정명기 목사님께서는 '거룩한 세계성'의 토대 위에서 성과 속의 이원론을 극복하고, 세상과 교회에 대한 성례전적 이해를 심화시키기 위해, 하나님나라의 목회와 선교와 정치가 지니는 에큐메니칼한 정체성을 심화시키신 통전적 교회개혁자이십니다. 목사님께서는 하나님의 백성공동체를 '거룩한 세계성'의 터 위에서 세상과 소통하는 성육신적 선교공동체요, 냉전의식과 분파의식을 넘어 복음의 온전성과 총체성을 증언하는 살롬공동체로 인식하셨습니다. 목사님께서는 교회의 일치와 갱신, 그리고 인류공동체의 구원과 해방이라는 두 개의 에큐메니칼 관심을 하나로 묶어내는 성례전적 비전과 치유와 화해의 삶에 대한 청사진을 심화시키셨습니다.

정명기 목사님께서는 그리스도 안에 있는 교회와 세상의 일치, 친교와 공동의 증언을 지향하시므로 하나님나라의 목회와 선교와 정치가 지니는 온전함을 추구하신 에큐메니칼운동가이십니다. 목사님께서는 하나님의 백성공동체인 교회와 인류공동체 안에 있는 일치와 친교와 공동의 증언이, 삼위일체 하나님께로부터 주어진 선물이요, 하나님나라 안에서 근원적 상관성을 지니는 것으로 인식하셨습니다. 목사님께서는 그리스도의 참된 교회의 지체가 되기 위해 서로 다른 교회들 안에 있는 참된 교회의 요소를 인정하고, 서로 다른 상황에서 함께 배우기를 추구하셨습니다. 그 결과 목사님께서는 감리교인으로서의 정체성을 추구하면서도 복음 진리에 대한 상황적 표현의 다양성을 인정하시므로, 다양한 지평들 안에서 하나님의 구원과 해방의 은총이 지닌 역사적 신비를 경험하실 수 있었습니다.

이제 이 땅의 교회와 세상을 위해 하나님께서 정성스럽게 빚어주신 선물과도 같은 목사님의 공적 사역을 비판적으로 회고하며 저술하신 역작, 『한국 감리교회 빛과 그림자』에 담긴 일치를 향한 목사님의 진정성이 선교로 증언되고, 선교를 위한 목사님의 진정성이 일치에 의해 보증되기 바랍니다.

하나님의 구원행동으로 주어진 '값비싼 은총' 안에서 '마음의 에큐메니즘'을 강화하며, 공동의 증언을 위한 '가시적 일치'와 친교를 증진시키는 변혁적 순례의 여정은, 목사님께서 추구하신 하나님나라 건설의 항구적인 사명일 것 입니다. 정명기 목사님의 남은 인생의 사역을 통해 보다 온전한 일치의 자리로 나아가는 한국교회와 민족공동체를 꿈꿔봅니다. 그리스도를 본받아 살아가신 정명기 목사님, 감사합니다.

• 머리말

교회 일치와 민족통일을 꿈꾸며

필자는 '코로나 19'가 한참 창궐하기 시작하던 2020년 5월 21일 지난 25년 동안 소속했던 경기연회에서 목사직 은퇴를 하였다. 본래 2021년 개최될 4월 연회(4월 22-23일)에서 정식은퇴를 하게 될 예정이었지만 1년 일찍 자원은퇴를 한 것이다. 나는 1950년 7월 23일(음력) 감리교 목사이셨던 고 정병기 목사의 차남으로 경기도 강화에서 태어나 성장하였기에 한국 감리교회는 나의 "어머니의 태(모태)와 같다. 1970년 3월 감리교신학대학(서대문구 냉천동 소재)에 입학하여 졸업(1974년 2월)하였다. 그리고 대학원에 입학하여 졸업(1980년)하고, 사역은 1974년부터 목회(선교) 현장에 참여하여 지난 50년간 목회자로서의 삶을 살았으며 맡겨진 선교적 사명을 감당하느라고 나름대로 헌신하여 왔다. 은퇴 후 시간의 여유가 생기면서 내가 몸담고 함께 살아왔던 '기독교대한감리회'의 지난 136년의 역사를 반성할 수 있는 기회를 가질 수 있었다. 또한 나의 감리교인으로서 신앙의 족보를 확인할 수 있었다.

우리 집안 신앙의 유산은 이미 고인이 되신 친할머니 황경애(1900-1979년 5월 2일) 권사로 소급된다. 할머니는 나의 고향인 강화도 내가면 외

외포교회

포리로 시집을 오시기 전부터 강화도 길상면 선두리에 세워진 선두교회에서 신앙생활을 하셨는데 시집오시고 난 후에는 외포교회에서 신앙생활을 하셨다. 할머니의 아버지는 황호삼(본관 창원) 어른이시다. 황 어르신은 김씨 부인 사이에서 맏아들인 황도문(1897년 7월 6일-1950년 9월 30일)을 낳으시고, 그리고 세 살 아래인 나의 할머니 황경애를 낳으신 것이다. 할머니의 오빠인 황도문 장로(참고: 본고 209-210쪽)는 20대 때 연희대학의 재학생으로 1919년 강화 3.1 운동의 주모자였다는 사실도 알게 되었다. 즉 외가의 영향으로 나의 부친이신 고 정병기 목사도 감리교회의 신앙인이 된 것이다. 외조부의 신앙이 나의 아버지에게 전수되고, 나에게, 그리고 4대인 나의 자녀들(정민주 목사와 정민경)에게 이르게 된 것이다.

이번에 감리교회의 과거 유산을 정리하는 기회를 가지면서 혼자 생각만 할 것이 아니라, 생각을 정리하여 이 내용을 가까운 동역자들과 후배들과 함께 나누고 싶은 마음이 들어서『한국 감리교회 빛과 그림자』라는 제목의 글을 쓰게 되었다. 지난 8개월 동안 관련된 많은 자료를 살

펴보면서 미처 깨닫지 못했고 기억하지 못했던 내용을 기억하고 확인할 수 있었다. 물론 이 '글'은 필자의 경험과 이해의 범위 안에서 해석된 내용이기에, 혹시 이 책에 기록된 내용 때문에 상처(?)받는 이들이 없을까 하는 염려도 했지만, 지금 필자의 생각과 심정을 솔직하게 기술하기로 하였다.

안산에 거주하고 있는 나는 올해로 '세월호 사건'이 일어난 지 제7주기를 맞는다. 과거에 일어났던 일들은 그냥 세월이 흐르면 잊혀지는 것이 아니라 오늘과 내일의 우리의 삶에 생산적이고, 창조적인 영향과 기회를 주는 것이다. 혹시 이 글을 읽으시다가 공감이 되거나 함께 대화를 나누시기를 원하시는 분은 연락을 주시고 또한 조언을 주시면 기쁜 마음으로 받아 응답하겠다. 아무쪼록 이와 같은 '에큐메니컬 대화'가 우리가 사랑하는 한국 감리교회의 성숙한 미래와 발전에 기여할 수 있게 되기를 바란다.

끝으로 지난 44년 6개월간 가난한 이웃들과 동고동락해왔던 사랑하는 아내가 갑작스럽게 소천(2021.3.26)하여 강화읍 월곳 자연장지(강화읍 월곳리 산 8번지)에 안식 영면하였는데 이 글을 강명순 목사의 영전에 올려 드린다. '부록'은 필자가 은퇴하기 전까지 살아왔던 삶의 이야기를 이해할 수 있는 내용이다. 참고하기를 바란다. 부족한 원고를 다듬어 출판하느라 수고를 아끼지 않으신 신앙과지성사의 최병천 대표와 직원들에게 고마움을 전한다.

2021년 11월 15일

해방 76년을 기억하면서

정명기

차례

제3부

민주화와 통일을 위한 대장정

결론

십자가의 길에서 부활의 소망으로

부록

• 들어가면서

교회 일치와 한국 감리교회의 민중적, 민족사적 과제

필자는 1988년과 1991년 "한국 감리교회의 계보정치 및 대안으로써 민족사적 과제"와 관련된 두 편의 글을 쓴 적이 있었다(감신, 30.31 합번호. p.93-102). 그 후 30년의 시간이 경과하여 지난 2020년 5월 21일 경기연회에서 은퇴하였다. 40대 초반에 한국 감리교회를 사랑하는 마음으로 썼던 글을 읽고, 지난 136년간의 감리교회의 역사를 다시 반성하면서, 감리교회의 다가올 미래세대를 위해서 한국 감리교회가 감당해야 할 사명과 분단된 현실 속에서 우리 민중들의 소원인 민족통일을 성취하기 위하여 우리 신앙공동체가 해결해야 할 과제를 다시 생각하게 되었다. 이 글에서는 한국 감리교회의 화해와 일치, 그리고 민족의 평화통일을 위한 교회의 과제에 초점을 맞추려고 한다.

한국 감리교회의 역사적 기원은 감리교회의 창시자인 요한 웨슬리(John Wesley, 1703.6.17.-1791., 88세)의 삶과 신앙(성서, 이성, 전통, 경험)의 유산을 계승한 미국 감리교회 가우처(John F. Goucher. 1845.6.7.-1922.7.19. 77세) 목사의 요청(1883년 9월)으로 미 감리회 국외선교부에 한국선교 착수를

요한 웨슬리

가우처

매클레이

촉구한 후, 중국과 일본에서 감리회 선교를 개척했던 매클레이(Robert Samuel Maclay, 1824.2.7.-1907.8.1.8., 73세) 선교사가 1884년 6월 24일 내한하여 '학교와 병원 사업을 해도 좋다'는 국왕의 허락을 받고(1884.7.3.), 한국 최초로 개신교 주일 예배를 6월 29일에, 두 번째 예배를 7월 6일에 드림으로 시작하였다. 이어서 아펜젤러(Henry Gerhart Appenzeller, 1858-1902.6.11. 44세)와 스크랜턴(Mary Flecher Scranton. 1832.12.9.-1909.10.8. 77세) 대부인, 그의 아들인 스크랜턴(Dr William Benton Scranton, 1856.5.29.-1922.3.23., 66세) 등 선교사들을 통해서 전해진 복음을 우리가 받아들임으로써 신앙공동체가 형성되기에 이른다(참고: 『대한민국을 세운 위대한 감리교인』. 전용재 감독 엮음. KMC. 2016년).

편의상 한국 감리교회의 역사를 전반기와 후반기로 구분하여 기술하겠다. 전반기는 자치교회가 시작되기 이전의 역사다(1884-1930년). 그리고 후반기는 자치교회(1930-1977년)와 독립교회(1978-2020년)의 역사다(참고: 『한국 감리교회 역사』. 이덕주·서영석·김홍수 지음. KMC. 2017년). 전반기는 조선 후기 및 구한말 근대화 시기 및 일제 강점 시기 중 중반기까지에 해당한다. 후반기는 일제 강점 말기와 해방, 그리고 남과 북의 분단 시기가 계속되는 현재까지이다. 즉 한국 감리교회의 제1회 총회에서부터 제34회 총회까지의 기간에 해당한다. 필자

아펜젤러

아펜젤러 선교사 부인

스크랜턴 대부인

스크랜턴

가 1991년도에 기술한 "사분오열된 한국 감리교회를 진단한다."는 한국 감리교회의 지도력 분열 현상의 문제점을 분석한 내용이었다. 이 때문에 우리 자신의 부끄러운 자화상을 드러내는 내용을 많이 언급할 수밖에 없었다(참조 : 필자의 고희 기념 글 모음집 『역경을 통하여 얻은 지혜』에 재수록, 2020년 p.114-135).

한국 감리교회 과거의 발자취를 되돌아보면 민족의 위기가 닥쳐올 때마다 '민족을 구원하는 교회의 사명'을 감당하려고 노력하기보다는, 교회 자체 문제로 분열하고 진통을 겪게 되므로 민족과 민중 앞에서 사회를 구원하라는 하나님의 명령을 외면하거나 직무유기해 왔음을 반성하게 된다. 아직도 극복하지 못하고 있는 계보정치의 낡은 유산, 특히 학연간의 암투, 그리고 더 나아가 금권과 보·혁 갈등은 교회를 죽이는 암적 요소이다. 필자는 1991년에 쓴 글의 결론에서 계보정치를 극복할 수 있는 대안을 제시한 적이 있었으나 그 당시 필자가 제안한 내용이 아직도 해결되지 않은 상태에 있다. 우리가 과거의 부끄러운 역사를 반성하는 것은 앞으로 한국 감리교회가 역사와 민족, 그리고 하나님과 민중 앞에서 민족 최대의 과제인 민족통일을 성취하고 세계선교를 통한 세계평화

실현(Shalom)의 도구가 되어야 하기 때문이다.

이번 글에서는 한국 감리교회의 미래 대안과 개혁방안을 제시한다는 전제에서 다시 세 가지 질문을 던진다.

1) 한국 감리교회는 영적이며 민중적이며 민족적인 교회였는가?
2) 한국 감리교회는 감리교회의 창시자인 존 웨슬리의 신앙고백과 경험과 실천에 충실하였는가?
3) 한국 감리교회는 에큐메니컬 선교운동을 통해 세계의 개인, 교회, 사회의 화해와 일치, 그리고 민족의 평화통일 및 생명존중, 사회적 평등경제가 실현된 정의사회 구현(하나님의 나라)에 책임적이었는가?

| **참고** |

1. 『한국신학사상사』. 송길섭 저. 대한기독교출판사. 1988년.
2. 『감리교회와 에큐메니컬 운동』. 박도웅 저. 기독교대한감리회 에큐메니컬 위원회. KMC. 2017년.
3. 『한국기독교 사회운동사』. 1885-1945. 민경배 저. 대한기독교출판사. 1987년.

제1부

복음을 위한 준비

Praeparatia Evangelica

1. 미국감리교회의 영향(1884-1930년)

한국에 처음 선교 된 감리교회는 1884년 6월 24일 북감리교회였다. 그리고 10년 후에 남감리교회가 윤치호의 요청으로 선교사들을 파송하여 선교활동을 시작함으로 학교 및 병원과 함께 교회가 세워지게 되었다. 비록 남·북감리교회가 독립적으로 선교활동을 하였지만, 한국인의 입장에서 볼 때 남·북감리교회로 나뉘어야 할 아무런 이유가 없었다. 특히 18세기 말에는 일본의 침략이 노골화되는 시기에 청일전쟁(1894년)과 러일전쟁(1904년)을 겪으면서 우리의 민중들과 지도자들은 더욱 하나로 뭉쳐야 할 필요성을 자각할 때였다. 영적인 카오스(혼돈) 속에서 선교

1897년 세워진 정동제일교회

상동교회

활동을 하는 선교사들 가운데 자신들의 부족함(죄)을 반성, 회개하는 기운이 형성되었다. 1903년 원산에서 시작된 하디(Hardie)를 중심으로 하는 회개운동이 다양한 형식-기도회, 사경회, 부흥회 등의 과정-을 통하여 우리 민중들의 마음을 사로잡고 변화시키는 1907년 평양 부흥 운동을 가능케 함으로서 을사늑약(1905년) 등의 어둠과 억압의 역사를 이길 수 있는 영적인 일치(에큐메니즘)를 가능케 하였다(참고: 〈영적 대각성 100주년 기념학술연구〉. 각성, 갱신, 부흥- Beyond 1907. 제5장 회개, 화해, 새 창조. 한국 감리교회 신학에서 본 Beyond 1907. 대각성 운동. 박종천 씀. 감리교신학대학교 출판부. 2006년; Hardie 1903 성령한국. 2013년 -『초기 한국교회 부흥운동』, 이덕주 씀, P. 69-105). 실로 절망하는 인간의 한계를

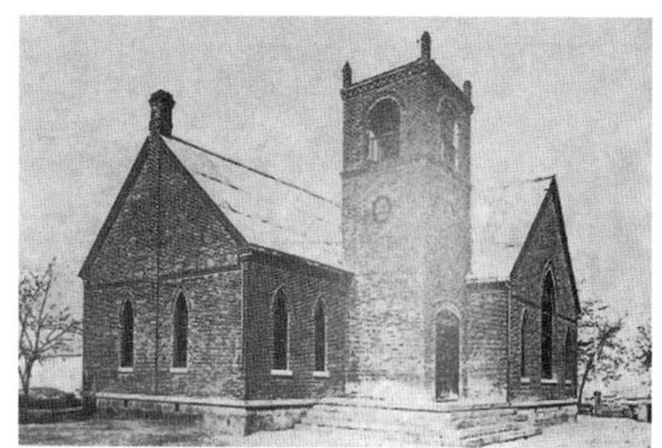

제물포웨슬리예배당

남산현교회

종교교회

배재학당

이화학당

시병원

여성전용병원 보구여관

평양 홀 기념 병원

존스선교사와 신학반

극복하게 하시는 성령의 능력을 경험케 된 것이다. 남·북 미감리교회의 선교사들은 한국 감리교회의 미래를 책임질 지도자들을 양육하는 신학교육(신학반 등)을 할 수 있는 교육기관으로서 "감리교협성신학교"(Union Methodist Theological Seminary)를 서울 냉천동에 설립하게 된다(1907년). 그리하여 1911년에 제1회 졸업생 40명이 배출되었다. 졸업생명단에는 전덕기, 최병헌, 현순, 홍승하, 김홍순, 정춘수, 주한영 등이 있다. 선교사들은 선교활동에 있어서 서로 협력하는 전통(에큐메니컬 정신)을 만들어 갔으며 남·북감리교회가 1924년부터 합동을 위한 본격적인 노력을 기울인 결과 1930년 12월 자치교회를 세울 수 있게 되었다. 미국감리교회가 우리나라에 복음을 선교하기 시작한 시점은 1882년 한미수교가 이루

초기 전도부인

사역자

감리교협성신학교

하디

어지고 1884년 7월 3일 고종황제의 선교 윤허가 이루어진 후에 가능하였다. 처음 선교사들이 할 수 있었던 것은 의료선교(병원)와 교육활동(학교: 배재학교, 이화학교, 배화학교 등)이었고 소규모의 예배(세례 및 성만찬)를 드릴 수 있었다. 자치교회(1930년)가 세워지기까지 46년 동안 가장 중요한 것은 서양문화 및 지식의 수용과 복음의 전파로 인한 신앙적인 지도자들을 육성한 것이다(참고: 『한국교회의 어제와 오늘 - 미국 문명이 아시아에 끼친 영향』. 이장식 저. 대한기독교서회. 1977년).

우리나라에 온 선교사들이 한국 감리교회를 위해 준 귀한 선물은 한국의 토착적인 지도자들을 육성한 것이다. 특히 1876년(한·일간 강화도조

원산 대부흥운동

이준-헤이그 특사

YMCA

3.1운동

상해 임시정부

약) 이후 일본의 노골적인 침략에 항거하여 지식인들과 민중들이 각각 반침략과 반외세운동을 전개하지만, 갑신정변(1884년 12월) 실패 및 동학 농민전쟁(1894년)에서의 참패를 당한 쓰라린 경험을 하였다. 그럼에도 불구하고, 독립협회(1897년), 만민공동회(1898년 2월), 의병운동 등을 조직하여 항거해 보았으나 중과부적이었고, 청일전쟁(1894년)과 러일전쟁(1904년)에서 승리한 일본 제국주의 세력의 한반도에 대한 지배가 더욱 노골화되어 을사늑약(1905년)에 이은 치욕적인 합방(1910년)을 당하게 되었다. 일본의 집요한 식민지 침략과 지배하에서 민족의 자주독립을 염원하는 민중들과 민족지도자 및 지식인들의

1920년 7월 12일자 동아일보-3.1운동 민족대표 48인

일부가 미국 선교사들을 통해 전파되는 복음을 받아들였고, 기독교를 배경으로 하는 서양(특히 미국)의 힘을 의지하게 되었다. 그럼에도 불구하고 우리 민족과 민중들에게 전통적인 종교(유교, 불교, 도교 등)가 우리 민족과 민중들의 삶에 무의식적으로 영향을 주고 있었지만, 막강한 일본의 식민지배에 저항할 수 있는 힘(정치, 경제, 외교, 군사력 등)에는 한계를 느낄 수밖에 없었다(1911년 105인 사건으로 윤치호·서기풍·안경록 등 구속 - 참고: 『일본통치하 한국의 종교와 정치』. 강위조 저. 대한기독교서회. 현대신서 81. 1977년).

이러한 상황에서 미국 개신교회의 지원은 하나의 대안이 될 수 있었다. 서양 및 기독교의 복음전파의 영향은 초기 한국 감리교회의 지도자들의 육성 및 변화를 가능케 하였다. 구체적 예는 1919년 3.1운동 때에 한국 기독교인들(당시 전체인구의 기독교인 비율이 1%)의 참여와 영향력을 통하여 확인할 수 있다. 초창기 한국 감리교회 지도자들 중 대부분이 3.1운동을 비롯한 민족 독립운동(105인 사건 등)에 관계되어 있었다(독립선언서에 서명한 33명 중 10명이 감리교 지도자임. 이필주[정동교회], 신홍식[평양 남산현교회], 이갑성[세브란스병원 근무], 정춘수[원산 상리교회], 최성모[해주 남본정교회], 오화영[종교교회], 신석구[수표교교회], 박동완 전도사[정동교회], 박희도 전도사[서울기독청년회 간사, 창의문밖교회], 김창준 전도사[평양중앙교회], 참고: 〈3.1운동 100주년 기념준비 학술심포지엄자료집〉. 이덕주. 강연원고. 2017년). 3.1운동의 영향으로 한동안 개신교회의 교세가 급증하는 현상을 볼 수 있다.

3.1운동 이후 일제의 침략정책이 무단정치에서 문화정치로 외형이 변화되지만 실질적으로 정치·사회·경제적으로(농촌의 토지수탈 등으로) 생존하기 힘들게 되어(당시 전체인구의 75%가 농촌에 거주) 만주 등 해외로 이주하는 경향이 확대되었다. 그러나 이미 기독교 및 서양의 영향을 받은 지도자들이 다양하게 형성되어 국·내외에서 독립운동을 강화해 나갔

다. 1917년 2월 러시아의 볼셰비키 사회주의 혁명의 영향으로 일부 기독교인 지도자들(예 : 이동휘 권사 등)이 이념적으로 사회주의 사상에 영향을 받게 된다.(참고: 『성재 이동휘 일대기』. 반병율 저. 범우사. 1998년; 『한국공산주의 운동사 연구』. 서대숙 저. 화다. 1985년)

그 후 민족개량주의와 민족주의자들과 좌익 민족주의자들 사이에 통일된 운동 전선의 필요성을 인정하여 신간회(초대 회장 이상재 후에 허헌)와 근우회(허정숙-배화학교, 박신애, 김활란-이화학교 등, 1928년 3월 6일) 등의 연대 조직과 운동이 전개되었다(1927년부터 1931년까지). 중요한 것은 일본의 식민지배하에서도 남·북미감리교회는 합동하여 조선 감리교회로서 재출발할 수 있었다는 점이다.

2. 한국 감리교회 초기 토착 지도자들의 원형(100인)

자치교회의 출발 시점에서 볼 때 한국 감리교회의 형성에 영향을 주는 토착적 지도자들이 형성되기에 이르렀다는 점이다. 당시 감리교인 수가 약 6만 명 정도였는데 이 중에서 1900년 이전에 출생한 100명의 지도자(창조적 소수)를 선택하여 그들의 삶과 신앙과 선교적 실천을 살펴보려고 한다. 이들 가운데 해방 이후까지 생존한 분들도 많았지만, 너무 일찍 고인이 되신 분들도 많았다. 이분들의 삶과 신앙과 실천은 앞으로 미래 세대들에게 물려 줄 수 있는 유산이라고 생각이 되어 기술하였다(지면관계상 충분하게 기술하지 못함). 다음에 기술할 초대 한국 감리교회의 지도자들 가운데 목회자와 평신도들, 그리고 남성과 여성의 비율도 고려하였다.

1. 전삼덕 전도부인(1843-1932. 89세)

평남 강서 벽위에서 양반집 딸로 출생하여, 17세에 같은 강서면 왁새말에 사는 김선주와 혼인하였다. 전삼덕은 서북사람으로서는 드물게 중앙정부의 신임을 받아 벼슬살이하는 남편을 따라 1885년 서울로 왔다가 남편이 보령 군수로 부임하자 보령으로 갔고, 1890년경 남편이 관직을 사임하고 고향에 정착하게 됨에 따라 그도 강서로 돌아오게 되었다.

1893년 그녀는 평양 나들잇길을 떠났다. 그 당시 평양에서 활동하던 의료선교사 홀(W.J. Hall)을 만났고 함께 생활하던 오석형(평양 최초의 감리교인)을 통해 기독교 진리를 배우게 되었다. 전삼덕은 홀에게서 〈신덕경〉, 〈세례문답〉, 〈미이미교회문답〉 등을 받아 개인적인 구도의 생활을 하게 되었다. 남산현교회에 출석한 그녀는 자신의 집을 방문한 당시 평양 감리사였던 스크랜턴에게서 1895년 작은딸과 함께 세례(서북지방 여인으로 최초)를 받았고 얼마 후에는 두 며느리도 모두 세례를 받게 되었다. 4-5년 후 두 아들(김익수, 김진수)의 물질적인 후원과 평양 출신의 전도인 김재찬의 주동으로 강서읍교회를 설립하였다. 1901년 평양지방 여선교회 사업을 관장하기 위해 부임한 여선교사 에스티(E.M. Estey)는 전삼덕을 함종에 전도인으로 파송하였다. 건강상 이유로(1910년) 전도인을 사임하고 학동에(1917년) 교회를 설립하고, 숭덕학교를 같은 해 설립하였다. 전도인으로 6백 명의 전도결실을 맺었다. 1925년 2월 27일 학동교회에서 그의 전도로 설립된 강서, 함종, 삼화 등지의 9처 교회가 연합하여 '전삼덕 여사 전도 30주년 기념식'을 베풀었다. 그 자리에서 그녀는 "예수를 안 후 나는 자주한 인간이 되었다."고 고백하였다. 1932년 89세로 별세하였다. 김폴린은 전삼덕의 손녀이다.

| **참고** |

1.『한국초대교인들의 승리 생활』. M. W. Noble 저. 사자형 역. 규장문화사. 1985년.
2.『한국교회 처음 여성들』. 이덕주 지음. 홍성사. 2016년 판.

2. 이경숙 전도부인(1851-1930.1.9. 79세)

충청도 홍주에서 출생하여 15세에 결혼하나 남편은 처가에서 초례를 지낸 후 바로 서울로 돌아갔고, 그 후 소식이 없다가 3년 후에 사망 소식을 접했다. 그녀 나이 37세 때 아버지가 별세하고 가족은 뿔뿔이 헤어져 서울 아저씨 댁으로 가 2년 동안 일을 하며 지냈다.

세상이 서글프게 느껴져 여승이 될까도 생각해 보았으나 여승을 천시하던 시절이라 어찌해야 할지 종잡을 수 없었다. 친구집에 바느질하러 다니다가 그 친구의 남편이 한 미국 여선교사의 한국어 교사라는 사실을 알게 되었다. 그 남편의 소개로 스크랜턴 대부인에게 소개되었다. 집을 방문하고 일박을 보냈을 때 그녀의 사정을 들은 스크랜턴은 그녀를 자신의 딸처럼 대해 주었다.

귀한 인연으로 그의 집에서 가사와 학생들의 바느질 등 학교 일을 도와주게 되었다. 음력 4월 8일 호기심을 가진 여인들이 스크랜턴의 집을 방문하게 되었을 때 그녀는 찾아온 부인들을 맞아들여 집안 구경을 시켜 주라는 부탁을 받게 되었고, 그날 약 1천 명가량의 여인들을 안내하게 되었다. 1890년 4월 그녀가 처음 이화에 갔을 때는 많은 학생이 떨어져 나가서 불과 여섯 명만이 재학 중이었다.

스크랜턴 부인은 그녀에게 학생들에게 한글을 가르치고 학생을 모집하는 일을 하라고 책임을 맡겨주었다. 그해 말에는 아동수가 90명 이상이나 되었다. 이경숙은 1890년 세례를 받고 드루실라(Drusillar)라는 세례명을 받았다. 6년이 지나 스크랜턴 부인이 미국으로 휴가를 떠나고 로드와일러(Rothweiler) 양이 대신 일을 맡아보게 되었다. 1897년 스크랜턴 부인은 다시 돌아왔다.

스크랜턴 부인은 달성에서 선교사업을 하였다. 상동교회가 시작된 곳으로 그곳에 살집과 교회를 위한 터를 구입하였다. 그리고 그녀를 그 지역에서 함께 일하며 순회 선교 보조자로 데리고 갔다. 1902년부터 스크랜턴과 함께 그녀는 수원, 오미, 장지내, 독개, 오천, 해매, 닥선, 여주 등지를 순회하였다.

여러 차례의 순회선교를 통해서 불행하고 가난하고 한 많은 여인에게 복음을 전했다. 1909년 10월 8일 스크랜턴 대부인이 별세한 후 피어스(Nellie M. Pierce) 양이 후임이 되었고 그녀는 수원교구에서 일하도록 임명되었다. 처음 학생이 2명뿐이었지만 한해 후 여학생 수는 20명, 교인 수는 70명으로 늘었다. 수원 종로교회와 삼일여학교 교육사업이 그녀에게 맡겨진 선교현장이었다. 그녀는 20여 년 동안 외국 여선교회 산하에서 전도부인으로 봉사하다가 1911년 그녀의 나이 60이 되던 해 전도 일선에서 은퇴하고, 상동교회 안에 있는 조그만 방에서 머물다가 1930년 1월 9일 79세에 조용히 별세하였다.

3. 김창식 목사(1857.2.22.-1929.1.9. 72세)

황해도 수안군 성동면 생금리 바리봉골에서 농사를 주업으로 하는 가정의 셋째 아들로 태어났다. 그는 열한 살 때 서당에 나가 한문을 배우기 시작하여 5년간 수학했다. 그 후 집안의 농사일을 돕다가 21세 되던 해 집을 떠나 8년 동안 전국을 돌며 방랑생활을 하였다. 29세 때인 1886년 박노덕(세례명)과 결혼을 하였다.

친구 이무영의 소개로 1888년 선교사 올링거(F. Ohlinger)의 집 문지기와 요리사로 5년간 일했다. 1890년경 아펜젤러에게 세례 받고 미감리회 조선선교회 정식 전도인이 되었다(1892년). 의료선교사 홀(W. J. Hall)과 함께 평양선교활동(1893년)을 하고, 평양 기독교박해사건으로 체포구금 되었다. 청일전쟁(1894년)으로 복음확장의 기회가 되다. 평양 최초의 감리교회인 남산현예배당 건축을 주도하고, 신학회를 통해 신학교육을 받고 1901년 4년 과정을 마치고 같은 해 5월 14일 서울 상동교회에서 김기범과 함께 목사안수를 받는다.

한국 최초의 목사로 안수받은 후 1년간 자신의 고향인 황해도 수안으로 파송되었다가 그 후 신계로 옮겨 1904년 북한지역 순행목사가 되었다. 황해도 연안(1905년), 신계(1906년), 평북 영변(1907년), 신창(1908년)에 있을 때 장로(정회원)목사안수를 받았다. 신창, 자파, 영덕(1909년), 1912년 평양서지방 감리사, 1913년 영변지방 감리사(5년 동안)가 되어 지방 내 교회들을 순회하며 전도하였다. 1917년 당시 영변지방 교회들은 38처 있었고 전체 교인 수는 2,915명에 달했다.

1918년에는 수원지방 순행목사로 파송 받아 경기도 땅에서 활약했고, 1919년 안산구역, 1920년 수원서지방에서 순행목사로 일하다가 1921년 해주지방 순행목사가 되어 1924년 9월 정년은퇴할 때까지 해주지방들을 순행하며 돌보았다. 그가 30년 동안 새로 설립한 교회만 48처나 된다. 30년 동안 목회하고, 은퇴한 후 해주에 머물며 구세병원에서 의사로 일하고 있는 아들 영진과 함께 말년을 보냈다. 1929년 1월 19일 72세로 별세하였다.

| **참고** |『감리교회와 독립운동』. 홍석창 목사 논설집. 에이멘. 1998년.

4. 최병헌 목사(1858.1.16.-1927.5.13. 70세)

충북 제천군 현좌면 신월리에서 출생하고 호는 탁사이다. 배재학당에 다니던 친구(윤호)의 소개로 존스 선교사(G. H. Jones)의 어학 선생이 되었다(1888년). 존스를 만난 지 5년만인 1893년 2월 8일 존스에게 세례를 받고 기독인이 되었다. 1893년 9월 선교연회에서 전도사 직첩을 받았다. 1899년 연회에서 정동교회 전도사로 파송되었다. 1902년 5월 평양 남산현교회에서 개최된 연회에서 무어 감독에게 집사 목사안수를, 1909년에 장로 목사안수를 받고 정동제일교회 제3대 목사(1902-1914년), 상동교회 목사, 인천지방 및 서울지방 감리사(1914-1922년)로 시무한 한국인 최초의 감리사이다. 1922년 목사 은퇴했다. 감리교 협성신학교 교수(1922-1927년), 엡웟청년회를 조직하고, 독립협회, 황성기독교청년회에 적극 참여하고 신학잡지 〈신학월보〉 창간(1990년)에 참여하였다. "성산유람기" "서교사략" "종교변증설" 등을 기고하고 저서로는 〈셩산명경〉(1912년), 〈만종일련〉(1922년) 등이 있다.

| **참고** | 『일제하 감리교회 3대 성좌』. 송길섭 저. 성광문화사. 1982년.

5. 이준 열사(1859.1.21.-1907.7.14. 49세 자결)

함남 북청군 속후면 요전리 발영동에서 태어나 17세에 서울로 올라와 대원군을 비롯하여 형조판서 김병서 등과 교제하다 귀향하였다. 1887년 29세 때 조병식(함경감사)과 협의하여 경학원을 설립하고 1893년 그의 나이 35세 때 17세의 이일정(이화학당 출신)과 결혼하였다. 아내는 국채보상운동 당시 탈환회, 감선회 등을 조직하고, 활동하였다. 1894년 청일전쟁 후 개화당 인사(박영효, 서광범 등)의 권유로 법관양성소에 들어가 6개월 훈련받고 졸업한 후 한성재판소 검사보에 임명되었다(1896년 2월). 그러나 고관의 비행을 탄핵한 죄로 1개월 만에 면관되었다. 을미사변 후 신변의 위협을 느껴 일본으로 망명하여 일본에서 와세다대학 법과에 들어가 이듬해 졸업하였다(1897-1898년).

체포령이 해제되고, 귀국하여 독립협회에서 활동하는 동시에 상동교회 청년회장직을 맡았다. 독립협회 해산 후 체포 수감되었다(17명과 함께). 개혁당을 조직하고(1902년), 러일전쟁 후 대안보안회 및 대한협동회를 조직하고 친일파 일진회에 대항하기 위해 공진회를 조직하고, 회장에 추대되어 친일 대신 5명을 성토하다 체포되어 6개월 동안 유배당하였다. 이때 성경을 연구하여 주님의 은혜를 경험하였다. 1905년 1월 유배에서 풀려났다. 그 후 국민교육회장에 취임하여 보광학교를 세우고 서북흥학회를 창설한 후 오성학교를 세우고 법안연구회 및 헌정연구회를 조직하여 회장이 되었다. 그해 평리원 검사를 거쳐 특별법원검사가 되어 상부의 압력에 굴하지 않고 소신껏 재판하다 미움을 사 8개월 만에 피검되었다. 그러나 고종의 특명으로 석방하여 복직되나 법무대신의 완력으로 곧 파면되었다. 1905년 을사보호조약이 체결되자 상동교회에서 전국 감리교회 엡웟청년회가 소집되어 "을사보호조약" 무효상소운동을 결의하였다. 이때 상동교회 엡웟청년회 대표로 참석하고, 대한문에 나가 상소를 올렸으나 일본 경찰에 의해 무참히 해산되었다.

1907년 국채보상운동이 일어나자 국채보상연합회의소를 설립하여 소장이 되었고, 그 해 조직된 항일결사 신민회에 참여하였다. 1907년 7월 네덜란드의 수도 헤이그에서 열린 제2회 만국평화회의에 참여하여 을사보호조약은 일제의 강압에 의한 것이고, 한국 황제의 원하는 바가 아니라는 사실을 세계에 알려 무효화시키고, 을사조약의 부당성을 알리려 했으나 일본, 영국 대표들의 방해와 각국 대표들의 냉담한 태도로 회의장에 들어가지도 못하였다. 이에 비분한 이준은 49세의 일기로 자결 순국하였다.

| **참고** |『나라와 교회를 빛낸 이들』. 윤춘병 씀. 상동교회. 1988년.

6. 오신도 여성독립운동가(1860.5.26.–1933.9.5. 74세)

평남 출생으로 손정도 목사의 어머니이다. 그녀가 기독교인이 된 것은 그녀의 맏아들 손정도 덕분이었다. 그녀의 며느리는 박신일이며, 1909년 미감리회 여선교회의 유급 전도부인이 되어 평양지방에서 전도활동을 하였는데, 그녀는 루퍼스(C. Rufus) 부인, 로빈슨(H. P. Robbins), 루퍼스(M. S. Rufus) 양, 노블(W. A. Noble) 부인 등과 함께 주로 평양, 강서, 진남포, 증산, 봉산 등지에서 활약하였다. 그러나 그녀의 활동은 1912년에 일단 중단되었다. 그해 중국에서 활동하던 맏아들 손정도가 일제의 조작에 의한 가츠라암살음모사건에 연루되어 체포되었고, 무관학교 설립기금 모금 운동 혐의까지 받아 결국 전남 진도에 유배되는 악형을 겪게 되었기 때문이다. 이로 인해 결국 전도부인 직을 53세에 내려놓게 되었다. 3.1운동 직후 국내에서는 상해 임시정부의 독립운동을 지원하는 여성독립운동이 여러 방면에서 추진되었는데 그중 하나가 애국부인회였다.

60세의 오신도는 다시 활동의 전면에 나서게 된다. 오신도는 통합된 대한애국부인회가 결성되었을 때 총재로 추대되었다. 그녀는 과거 전도부인 시절 복음을 전하기 위해 찾아다녔던 평남 일대에서 군자금 모금을 하고, 조직을 확대하는 일에 전력을 기울였고 모은 헌금을 상해 임시정부에 전달하였는데 일경에 체포되기 전까지 1년간 모금한 것만 해도 2천 4백 17원에 달했다. 이 중에 자신이 모금한 것은 2백원이었다. 이 사건으로 본인 자신과 50여 명이 체포되었다. 그녀는 1921년 2월 24일 최종판결에서 1년 징역형을 받아 평양형무소에서 옥고를 치렀다. 출옥 후 며느리 박신일(1872.10.19.)과 함께 손정도가 있는 중국 길림으로 망명하여 아들이 담임하고 있던 길림 한인교회를 도우며 지냈다. 그러나 맏아들 손정도가 1931년 2월 과로로 쓰러져 갑자기 숨을 거두고, 셋째 아들 손경도가 미국에서 귀국하여 평양에 머물렀기에 강서군 증산에 있는 고향 집으로 귀향하여 지내던 중 1933년 9월 5일 74세로 별세하였다.

| **참고** | "한국감리교 여성독립운동". 노종해 씀. 〈기독교세계〉. 1981년 3월. 836호.

7. 백헬렌 전도부인(? – 1907.10.18.)

황해도 곡산 출신으로 어린 나이에(16세) 결혼했으나 19세 때 남편이 일찍 죽는 바람에 소년 과수가 되어 남편의 장례식 날 송도 시댁을 떠나 두 아이를 데리고 서울 조카네 집에 올라와 지내게 되었다. 1889년 어느 날 품팔이라도 없나 하고 서울 거리를 헤매고 다니다가 상동 시란돈병원 앞에서 이화학당의 설립자인 스크랜턴 대부인(Mary Fletcher Scranton)을 만나게 되었고 이화학당 옆에 설립된 여성성경학교에 다니며 기독교로 개종하였고 이내 성경공부에 전념하였다.

1892년 존스 선교사가 제물포 선교 관리사로 파송되었는데 백헬렌은 1893년 가을 미 감리회 해외선교회로부터 전도부인으로 임명되어 인천(내리교회)으로 파송되었다. 그녀는 뜨거운 구령 열에 불타 자기와 같이 무지몽매한 여인들에게 그리스도의 복음을 전하기로 작정하고, 이 시기 함께 인천으로 내려온 존스의 부인 마가렛 벤젤과 강재형 전도사의 부인 강세실리아 등과 의기투합하여 열심히 전도하였다. 1893년 교인이 32명이었는데, 1896년 94명, 1898년 507명으로 부흥되었다. 그녀는 인천 지역의 여성 개화운동의 개척자가 되었다.

그녀는 직접 전도방법보다는 방물장사로 가가호호를 다니며 마음 둘 곳 없는 여성들의 벗이 되는 안방 전도방법을 택했다. 아낙네들이 즐겨 쓰는 연지, 분, 머릿기름 등등의 화장품과 거울, 빗, 비녀, 바느질 도구와 같은 생필품을 가지고 다니며 파는 방식으로 복음을 전했다. 이윤에 목적을 둔 것이 아니었기에 외상이나 덤으로 주기 일쑤였고, 손해 보는 일도 다반사로 일어났다. 이와 같이 축호전도를 하다가 때로는 사나운 개에게 물리기도 했고, 과부 여편네가 재수 없게 남의 집을 들락거린다는 조소와 심지어 침 뱉음의 수모까지 당했지만 물러서지 않고 그리스도의 사랑을 전했다. 그녀는 1907년 10월 18일 하늘의 부름을 받았다.

8. 김흥순 목사(1860.6.28.-1939.12.11. 79세)

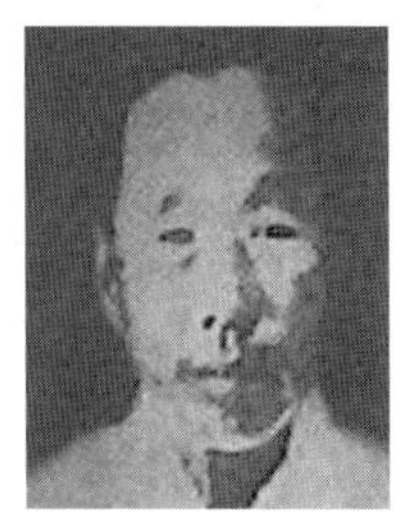

김홍순은 남감리회 최초의 한국인 목사이다. 그는 경기도 양평군 동면 사기리에서 출생하였다. 그는 30세에 상경하여 미감리교 선교사로 의사이며 목사인 스크랜턴(W.B Scranton)이 세운 병원에서 시작한 상동교회에 출석하였다. 1895년 6월 1일 기독교인이 되었고 그해 10월 1일에 스크랜턴에게 세례를 받았다.

그 후 남감리교회의 선교가 시작되면서 리드(C.F. Reid. 1849-1915)가 처음 선교사로 서울에 왔을 때 스크랜턴은 김홍순을 리드에게 소개하여 줌으로 그는 남감리교회로 적을 옮기게 되었고, 1896년 12월부터 남감리교회의 제1호 매서인이 되어 경기도 고양 읍을 중심으로 성경을 판매하면서 전도를 시작하여 많은 교인을 얻게 되었다. 또한 고양읍교회를 설립하였고 그의 전도로 고양에서 예수 믿고 세례를 받은 이 중에는 "조선의 삭개오"라 불리는 맹인복술가 출신 백사겸 전도사가 있다.

그는 남감리회 제8차 선교연회에서 송도 남부구역에 전도사로 파송되었고 1904년 9월 17일 본처사역자로 임명받게 되었다. 1906년 10월부터 1908년 9월까지 강원도 지경터 구역 전도사로, 1908년 10월부터

1911년 9월까지 이천구역의 전도사로 시무하였다. 이 시기 1903년 이후 하디(Hardie) 선교사를 중심으로 시작된 부흥 운동에 크게 영향을 받아서 한국인으로 신앙 부흥 운동의 주역으로 활동을 하게 된다. 특히 1906년 2월 강원도 김화지방 지경터교회에서 개최된 사경회를 김홍순 전도사가 인도하였는데 많은 교인의 회개가 일어났다.

그는 1911년 10월 1일 남감리교회 최초의 한국인 목사안수를 받았으며 1911년 12월에 협성신학교를 졸업하였다. 남감리교회의 부흥 운동의 경우 한국인으로는 정춘수, 주한명, 김홍순 목사가 주역으로 활동하였다. 그 후 지경터지방(철원지방) 김화구역과 금성구역에 파송되어 교회를 개척하여 전도사업을 펼쳤으며 그리고 1915년 10월부터는 원산 풍리교회를 맡아 시무하였고 1922년 통천 구역장, 1923년 원산 구역장, 1925년 가평 구역장 등을 맞아 시무하였다. 그리고 지경터교회와 원산 중리교회에서 목회하다가 1927년 9월 13일 67세에 은퇴하였고 1939년 79세에 철원읍 자택에서 별세하였다.

9. 남궁억 장로(1863.12.27.-1939.4.5. 77세)

서울 정동 왜송골에서 선비인 남궁영의 외아들로 출생하였다. 그는 어려서부터 남달리 재질이 뛰어나 사숙에서 한학을 수학하여 사서와 삼경을 통달하였다. 20세 되던 해인 1883년 관립영어학원에 입학하여 최우등생으로 졸업하고 1884년 한성총해관에 견습생으로 들어가게 되었다. 23세인 1886년 2월 궁궐 내부주사로 고종 황제의 영어 어전 통역관으로 활동하였다.

1887년부터 2년간 정부 사절의 통역서기관으로 영국, 독일, 러시아 등 외교순방에 참여했으며, 1889년에는 궁내부 별군직에 임명되어 4년간 고종황제를 시봉하게 되었으며, 1893년 4월에는 칠곡부사로 임명되었다. 1895년 내부 토목국장으로 승진하여 탑골공원을 조성하고, 1896년부터 서재필 박사를 중심으로 하는 독립협회의 수석총무와 사법위원으로 독립관을 세우고 토론회, 강연회를 개최하는데 참여하였고 독립신문과 독립협회 회보의 영문판 편집에 참여하였다.

1898년 독립협회가 강제로 해산되자 1898년 9월 5일 우리나라 일간신문의 효시가 된 〈황성신문사〉를 설립하고 사장이 되어 사설을 통해 독립정신과 애국 사상을 고취하였다. 1905년 3월 성주 목사로 부임하여 9월까지 담당하면서 불의와 절대로 타협하지 않았다.

한일합방(1910년) 후 그리스도를 구주로 영접하고 종교교회에 출석하여 세례입교하였고, 배화학당 교사로 학생들을 가르쳤다(1910년-1918년). 같은 기간 야간에 상동청년학원장으로 영어, 역사 등을 가르쳤다. 건강이 극도로 악화되어 1918년 12월에 선영이 있는 강원도 홍천군 서면 보리울(모곡)로 낙향하여 1919년 9월에 사재를 들여 보리울 모곡예배당과 학교를 건축하였다. 그는 복음을 전하는 한편 교육을 통하여 민족독립정신으로 불타는 인재양성에 정성을 기울였다. 1933년 춘천에서 열린 연회 시 비밀결사체인 "무궁화 십자가당"을 결성하여 이상적 농촌운동을 전개하였다.

1933년 11월 4일 일제 경찰에 의해 남궁억 장로를 비롯하여 28명이 체포 구금되었다. 72세 때 치안유지법으로 기소되어 서대문형무소에 약 1년간 투옥 후 징역 1년, 집행유예 3년을 선고받았다(1933-1934년). 1935년 10월에 병보석으로 출옥했으나 병세가 날이 갈수록 악화되어 1939년 4월 5일 77세로 하나님의 부르심을 받았다. 윤치호 선생과는 사돈지간이었다.

10. 서재필 박사(1864.1.7.-1951.11.28. 88세)

충남 논산군 구자곡면 금곡리, 5남매 중 2남으로 출생하여 7세에 서울에 있는 외삼촌 집에서 서당을 다니고 별시 문과에 합격하였다(1882년 3월(음)). 개화당 중심인물인 김옥균, 서광범과 교제하고 수신사 단장(17명)으로 일본에 건너가 호산 육군학교에 입학하고 1884년 귀국 후 사관학교를 설립한 후 12월에 갑신정변이 일어났으나 실패 후 일본을 거쳐 미국으로 망명하였다(1885년 4월).

미국에서 12년 동안 체류하면서 고등학교를 졸업하고 이어서 시카고대학에 입학하고 의학을 전공하여 박사학위를 받고 결혼하였다. 1895년 12월 말, 12년 만에 귀국하여 중추원 고문으로 임명되었다. 독립신문 발행은(1895년 말부터 1898년 5월) 미국으로 돌아갈 때까지 29개월 동안, 윤치호와 함께 의논하며 독립신문 창간호를 발행하고(1896년 4월 7일), 동년 11월 30일 협성회를 조직하였다.

독립신문 발행 3개월 후 독립협회를 조직하고(1896년 7월 2일) 독립협회가 중심이 되어 모금하여 서대문 밖 영은문 자리에 독립문을 세웠다(1897년 12월). 정부의 실책을 비판하자 중추원 고문에서 해임되고 압력을 받아 미국으로 다시 추방되었다(1898년 5월). 그 후 독립협회가 해산당하고(12월) 독립신문 역시 폐간되었다(1899년 12월 5일). 그는 미국에 체류할 때 이미 감리교인이 되었고 귀국하여 정동제일교회에서 본처전도사로 사역하였다. 그가 미국으로 추방됐지만 독립협회, 협성회, 독립협회 운동은 윤치호, 정교, 남궁억, 이승만, 신흥우 등 감리교인들을 중심으로 계속되었다.

11. 윤치호 선생(1864.12.26.(음)-1945.12.6. 81세)

충남 아산군 둔포면 신할리 신촌, 윤웅열의 장남으로 태어났다. 1881년 봄 신사유람단의 일원인 어윤중의 수행원이 되어 일본에 유학하고 김옥균, 서광범, 박영효 등과도 접촉하며 개화사상을 받아들였다. 갑신정변(1884년 12월) 실패로 아버지 윤웅렬과 유배된 뒤 1885년 1월 푸트의 소개장을 갖고 일본을 경유, 상해로 망명하여 중서서원 중등과 입학 후 중서서원 교수인 본넬(W. B. Bonnel)에게 세례 받았다(최초의 남감리교인이 됨). 1888년 10월 중서서원을 졸업한 후 곧 미국으로 유학하여 벤더빌트대학 신학부에서 3년, 에모리대학에서 2년, 도합 5년에 걸쳐 신학 및 현대학문을 공부했다.

그 후 조국을 떠난 지 10년 만에 귀국하여(1895년 2월 3일) 학부 협판. 외무 협판 겸임, 남감리교회 최초의 교회인 고양읍교회와 광희문교회를 창립하고 독립협회 부의장(1898년)을 역임하였다. 독립신문 사장을 역임하고, 만민공동회에 참여하고 105인 사건에 연루되어 구속당했다. 송도고등학교 교장(1922-1925년)을 거쳐 영국 에딘버러 세계선교대회에 참석(1910년)하고, 연희전문학교 교장(1940-1942년)을 역임했다. 1945년 12월

6일 개성의 자택에서 뇌일혈로 쓰러져 81세에 별세하였다.

| **참고** | 『좌옹 윤치호 평전 - 윤치호 그는 누구인가?』. 윤경남 편저. 신앙과지성사. 2017년.

12. 구연영 독립운동가 (1865.6.20.-1907.8.24. 42세 순교)

구춘경으로 불렸던 구연영은 서울에서 구철조의 셋째 아들로 태어났다. 그는 엄격한 유교교육을 받으면서 성장하였고 20세에 선향인 경기도 광주군 도척면 궁평리에 정착하여 가업에 정진하였다. 1895년 10월 을미사변으로 명성황후가 일본인의 칼에 살해당하고 11월에 단발령이 공포되어 강제로 상투를 자르기 시작했다. 이를 계기로 유생들이 각지에서 의병을 일으켜 무력항쟁을 하였다. 구연영도 이천에서 김학락, 김태원, 조성학, 신용희 등과 함께 의병운동을 시작하였다. 그는 양평과 지평에서 군사 3백여 명의 의병을 모집하였으며 이천 의병대의 중군장으로 활약했다. 1896년 1월 18일 이천 의병의 첫 전투가 치러졌다. 처음에는 큰 전과를 올렸으나 2월 전투에서는 패하였고 후에 동료들의 변절로 패하였다. 구연영은 무력투쟁으로 항일민족운동이 성과를 얻을 수 없다는 판단으로 1896년 5월, 자기를 따르던 의병 30여 명을 거느리고 고향인 광주로 귀향했다.

자신의 생각을 정리한 구연영은 1897년 2월 서울 상동교회 스크랜턴 선교사를 찾아가 자진하여 구국운동의 목적으로 기독교인이 되었다. 상동교회의 전덕기와 함께 엡윗청년회를 조직하고 민족운동을 전개하면서 그리스도의 복음 속에 있는 은총을 체험하게 되었다. 1899년 3월 덕들교회에서 세례를 받은 후에 복음을 전하는 매서인이 되어 전도 활동을 시작하였다. 1902년 보고서에 의하면 지난 1년 동안 1천5백 마일을 여행하며 성경만 6백 권을 팔았다. 그의 전도 활동으로 이천, 광주지역에 복음이 빠른 속도로 전파되었고 곳곳에 교회들이 설립되었다. 1902년 권사 직분을 받았고 신학회에 참석하여 신학교육을 받고 1905년부터는 정식 전도사로 임명되어 이천읍교회를 비롯한 광주, 장호원, 여주, 음죽, 용인, 안성에 이르는 광범위한 지역의 교회를 순회하여 돌보았다.

1905년 을사조약이 체결되자 교회 청년들을 중심으로 '구국회'를 조직하고 이천, 장호원, 여주, 광주를 돌아다니며 철시토록 하여 을사조약 철폐를 주장하였다. 동시에 친일단체인 일진회의 정체를 폭로하는 강연을 했고 일제의 경제 침략에 대항하는 국채보상운동도 추진하였다. 그 대표적인 집회가 이천 장터에서 열린 예수교인대회였다. 1907년 8월에 열린 이 대회에는 약 2천 명의 인원이 모여들었다고 한다. 예수교인대회를 마치고 며칠 후 일본군은 구연영의 집을 급습하여 그를 체포하였다. 마침 예수교인대회에 참석하기 위해 내려왔던 맏아들 정서(당시 동대문교회 전도사)도 함께 끌려갔다. 이들은 회유와 협박에 굴하지 않고 대항하다가 1907년 8월 24일 오후 1시경 이천 장터에서 미루나무에 묶인 채 눈을 감고 기도하던 중 총탄에 맞아 순교하였다. 1963년 3월 1일 '건국공로훈장'을 추서하였으며 1978년 8월 6일에는 이천중앙교회 뜰에 그의 추모비를 세웠다.

13. 김세지 전도부인(1865.10.17.-1945.)

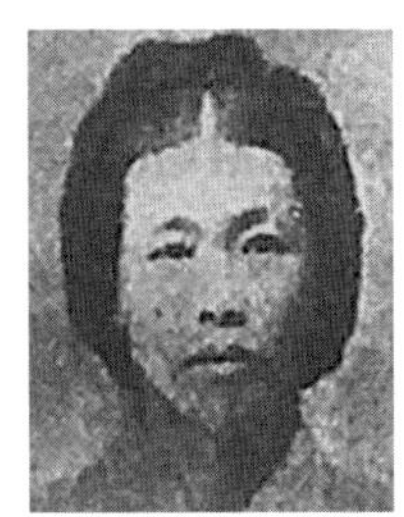

1945년 이후까지 생존하셨으니 80세 이상은 되셨으나 별세한 정확한 날은 확인 안 되고 있다. 평남 평원군 영유읍에서 네 자매 중 막내딸로 태어났다. 16세에 중매로 결혼하였으나 2년 만에 남편이 사망하여 청춘과부가 되었다. 5년 후 친정어머니의 중매로 어린 남매가 있는 학자인 김종겸(1902년 사망)과 재혼하였다(1888년).

김세지가 기독교를 접한 것은 1893년의 일이었다. 당시 감리교선교사 홀이 평양에 정착하여 병원, 학교, 교회 일을 막 시작할 때이다. 그 무렵 남편의 사촌 되는 오석형이란 사람이 와서 남편에게 전도했으나 거절하였다. 오석형은 그녀에게도 기독교인이 되라고 간청했을 때 그녀는 기독교인이 되면 얻는 유리한 점이 무엇인지 물었다. 대답하기를 남편의 문제가 잘 해결될 것이라 하여 예수를 믿을 것을 결심하고 교회에 나가자 남편이 싫어하며 때렸기에 남편 몰래 교회에 다녔다. 그러던 중 1895년 어느 주일 교회에 가려고 하는데 환상 중에 한 소녀가 교회에 예배드리러 가자는 소리가 들렸다. 남편 역시 꿈속에서 교회 가자! 예배드리러 가자는 소리를 들었다는 말을 하면서 자신의 아내와 함께 교회에 나가기 시작하였다.

김세지의 본격적인 신앙생활은 1896년 노블 부인(M. W. Noble)이 평양에 오면서 시작하였다. 김세지는 집안일이 바쁜 중에도 언문 쓰기와 읽는 것을 연습하며 성경공부를 하여 1896년 노블에게 세례 받고 세지(Sadie)라는 이름을 얻었다. 1897년 11월부터 여자사경회(후에 여자성경학원으로 발전)에 참석하여, 졸업하였다. 1899년부터 미감리회 여선교회에서 월급을 받는 전도부인이 되었다.

김세지 전도부인은 김다비다와 짝이 되어 평양 시내와 대동강 건너 복룡동, 철산리, 왜성 등 아홉 고을을 돌며 전도하고 교리, 전도서를 팔았다. 그녀는 과부, 기생, 판수, 무당, 고아 등과 같은 소외된 계층의 여성들을 주요 전도대상으로 삼았다. 그녀는 매년 2, 3천 회의 가정 방문을 실시했고 해마다 30여 명의 새 신자를 얻은 것으로 보고되었다. 그녀는 1903년 여보호회를 조직하였고 1916년에는 교회 안에 과부들을 구제할 목적으로 '과부회'를 조직하였다. 1919년 11월 장·감 연합으로 조직된 '대한애국부인회'에 적극 가담하여 부 재무부장의 직책을 감당했다. 1920년 10월경 애국부인회 사건에 연루하여 검거되어 고문과 악형을 받은 후 불기소로 풀려났다. 그녀는 1925년 60세에 전도부인에서 은퇴하였다. 1933년 제3회 감리교 종교교육대회에서 종교교육 공로자 표창을 받았다. 그녀의 자녀들은 광성고등학교 교장이었던 김득수, 양주삼 목사의 부인이 된 딸 김매륜, 변홍규 목사의 부인이 된 이가 딸 김반석이다. 해방 후 월남하여 막내 사위인 변홍규 목사 댁에서 머물다가 별세하였다.

14. 이회영 독립운동가(1867.3.17.-1932.11.20. 66세)

서울 남산골(저동)에서 4남으로 태어났다. 1896년부터 항일의병과 신교육보급자금을 마련하기 위해 개성 인근 풍덕지방에 인삼밭을 일구었으나 6년 후 사기를 당하였다. 1905년 을사보호조약이 비밀리에 진행될 때 저지했으나 실패하고 을사5적 암살 모의에 가담하나 미수에 그쳤다. 1906년 여름 해외 독립운동기지를 설치키로 하고 첫 단계로 만주 용정촌에 "서진서숙"을 설립하여 2세 교육에 힘썼다. 이후 국내 활동 책임자가 되어 귀환하여 평양 대성학교, 정주 오산학교, 안동 협동학교, 서울 상동청년학원 등에 동지들을 추천. 파견하는 등 교육운동에 참여하고 자신은 상동 청년학원 학감으로 취임하였다. 1907년 4월경 전덕기 목사 등과 함께 신민회를 조직하고 중앙위원으로 활동하고 안창호, 이동녕과 함께 청년학우회를 조직하고 1907년 네덜란드 헤이그에서 열린 만국평화회의에 이준 등 특사를 파견하는데 막후 역할을 하였다. 1909년 봄 제2 독립운동 기지 및 독립군 양성을 위한 기지를 마련하고자 만주로 건너가 근거지를 마련 후 다시 귀국하였다. 그해 9월 안중근의 이토 사살 후 일제탄압이 거세짐으로 신민회는 해외와 국내로 나누어 투쟁하기로 결의하였다.

한일합방 직후 겨울에 6형제 전 가족 40여 명을 이끌고 만주 요령성 유하현 삼원보로 망명하였다. 1911년 경학사를 조직하고, 신흥학교(신흥무관학교)를 세워 항일 군사교육을 실시하였다. 1913년 연이은 흉작과 관헌들의 훼방으로 청년 학생들이 흩어져서 경학사를 해산하고 자금을 모으기 위해 국내로 진입하여 6년간 활동하였는데 1915년 일경에 체포되어 곤욕을 당하였다. 1919년 3.1운동 직전 2월 북경으로 갔다가 상해로 가 임시정부 조직에 가담하나 방법론적 견해 차이로 다시 5월 북경으로 돌아왔다. 1920부터 1924년 기간은 점점 무정부주의와 그 행동노선에 마음이 끌려갔다. 1923년 이상 농촌 '양도천' 건설에 참여하였고, 1924년 '재중국조선무정부주의자연맹'을 조직하고 1925년 밀정 "김달하"를 처단하여 이 일로 천진으로 갔다. 1928년 재중국조선무정부주의자연맹대회에 〈한국독립운동과 반공산주의자유연합운동〉이란 논문을 발표하였다. 1931년 만주사변 후 상해에 가서 10월 항일 구국연맹을 결성, 회장으로 추대되었다. 1932년 2월 상해사변 후 중국국민당 간부들이 공동 항일전선을 전개하자고 제의해 오자 일본군 사령관 암살계획의 지휘 책임을 맡아 11월 만주로 향했으나 밀정의 신고로 17일 다롄 수상에서 일본 경찰에 체포되었다. 66세의 노구에 고문을 당해 결국 혀가 잘리고 온몸이 낭자 당해 1932년 11월 20일 여순감옥에서 순교하였다. 그의 손자인 이종찬(민자당 국회의원) 씨가 1990년 8월 15일 서울 종로구 동숭동에 우당 기념관을 세웠다.

| **참고** |『나라와 교회를 빛낸 이들』. "상동 정신의 낙락장송 이회영". p.188-218. 임종빈 씀. 상동교회. 1988년.

15. 이수산나 전도부인(? -1941.2. 평양)

시동생 오석형(서북지역 최초의 감리교인)을 통해 초창기 평양 감리교인들이 핍박과 수난을 당하는 것(1894년 5월 10일)을 알게 되었다. 시동생인 오석형은 평양에서 일찍 예수를 믿어 김창식과 미국 선교사 홀 의사, 이항선 등과 친분관계가 있었다. 오석형은 매형의 도움으로 약국을 경영하였다. 초기 기독교인들이 마을 공동제의에 참여하기를 거부하는 것을 계기로 모진 핍박을 받고 김창식, 오석형, 그리고 이항선이 체포되기도 하였다.

이렇게 시동생과 함께 교인들이 옥에 갇혀있는 동안 이수산나는 답답하여 무당에게 점을 치러갔다. 무당을 데려와 굿거리를 준비하고 있을 때 마침 석방된 시동생이 이 광경을 보고 형수에게 허황된 짓을 그만두시고 예수 믿으라고 권면하였다. 그래서 이수산나는 1894년 12월경부터 예수를 믿기 시작하였다. 이수산나의 남편은 누룩 장사였는데 아내를 통해 예수를 믿은 후 술과 담배는 끊었으나 누룩 장사는 옳지 않은 줄 알면서도 그만두지 못하였다. 그러나 노블 감리사의 권유로 그 영업을 그만두고 세례를 받고 감리교인으로 입교하였다.

이수산나와 남편은 함께 전도사로 파송(이수산나는 홀 부인이 파송하였고, 남편은 노블 감리사가 파송함)되어 운산으로 전도하러 가기도 했으며, 이수산나는 산골 마을을 다니면서 복음을 전하다가 심한 핍박을 받기도 하였다. 1930년 6월에는 고양군 숭인면(현 서울 동대문구) 신설리 김정식 여권사의 자택에서 주정국 목사와 함께 첫 예배를 드림으로써 신설리기도처가 세워졌고, 10개월 후 1931년 신설리교회(현 보문제일교회)를 이루었다. 그녀는 1941년 2월 교역 중에 숙환으로 별세하였다.

16. 조신성 계몽운동가 (1867.10.3.-1953.5.5. 86세)

평북 의주에서 무남독녀로 출생하였다. 16세에 출가하였으나 3년이 못 되어 남편이 죽었고 시집 식구들의 학대로 가출하였다. 이와 같은 상황 속에 선교사의 복음증거를 받아 개종하고 선교사의 주선으로 일본에 유학하여 시모노세키 바이꼬여학교와 요코하마사범학교 심상과를 졸업하고 귀국 후 이화학당 총교사로 취임하였다. 1908년경 여메례의 후원으로 평양의 기존 애국여학교(1906년 3월 설립)를 인수하여 진명여학교로 개칭하고 민족운동단체인 신민회가 1907년에 설립한 대성학교의 자매학교로 키워나갔다. 이때부터 안창호 선생과 연결되었고 민족정신으로 무장한 "애국 여성"이 되었다. 진명여학교 교장이 되었으나 한일합방 후 일제의 방해 공작으로 학교가 폐쇄(1913년)된 후 학교는 타인의 손에 넘어갔다. 이때부터 대동강 부근 농촌교회에 전도사로 나가 전도사업에 종사하면서 여성계몽운동을 벌이며 제2의 투쟁을 준비하였다, 3.1운동 후 비폭력, 무저항주의로 일관된 만세시위가 일제의 잔혹한 무력탄압으로 분쇄되는 것을 목격하고 투쟁방법을 적극적으로 전환하게 되었다. 1920년 11월 "맹산호굴독립단" 창설에 참여, 폭탄과 총으로 무장하고 친일파 유지들에게 경고문, 협박장을 발송하고 군자금 모금운동을 적극적으로 벌였다. 1920년 11월 18일 대한독립단 단원들(3명)을 일본인 순사의 불심검문으로부터 체포되지 않도록 보호하기 위해 무장한 순사를 끌어안고 뒹굴어 두 명의 독립운동가를 도피하게 하였다. 이 사건으로 영원경찰서에 공무집행 방해죄로 구금되었다.

1921년 1월 공무집행방해죄로 인한 형기를 마치고 출옥하던 날 호굴독립단 관련사건에 연루된 것이 탄로가 나 재수감(19명) 되었고 "맹산 선유봉 호랑이굴 독립청년단사건"으로 징역 2년 6개월을 선고받았다. 평양형무소에 수감되었을 때 '대한애국부인회사건'으로 체포된 최매지, 박승일, 이성수, 최영보, 안신행 등과 같은 방에서 수감생활을 하였다. 이들은 모두 독실한 기독교인들로 감방교회가 자연스럽게 이루어졌다. 만기 출옥 후 한동안 은둔생활을 하다가 1927년 다시 민족운동가로서 활동을 재개하였다. 1927년 신간회가 조직되었고 같은 해 5월 27일 여성민족운동가들이 참여하는 근우회가 조직되었다. 조신성은 60세의 나이로 평양지회의 회원 확보 및 조직에 나섰고 자신이 회장이 되어 평양지회를 탄생시켰다. 1937년 "수양동우회사건"으로 안창호 이하 동지들이 체포되자 그녀는 미친 사람 노릇을 하며 숨어 지내기도 하였다.

해방 후 신탁통치 문제로 한창 시끄럽던 1945년 11월 27일 "북조선여성동맹위원장"이라는 직책을 제시하는 공산당의 제의를 거부하고 월남하여 서울에 정착하였다. 서울에서는 대한부인회 부총재, 재남조선민주당 고문 등의 직분을 맡아 해방 후 여성 민족운동의 방향을 잡는데 혼신의 힘을 기울였다. 신망애양로원에서 마지막 생을 정리하고 1953년 5월 5일 86세로 조용히 영면하였다.

17. 김기범 목사(1869.8.13.-1920.3.27. 52세)

황해도 연안군 해룡면 금천리에서 태어났다. 언제 인천에 왔는지는 명확하지 않으나 인천에 살던 중 서울에서 내려온 감리교 전도인 노병일의 전도로 기독교인이 되었다. 노병일 전도인을 통해 전도된 사람이 김기범과 이명숙 두 명이다. 인천 제물포교회(내리교회)에서 존스(G.H. Jones) 선교사와 동역하였다. 인천 제물포교회가 발전된 계기는 1894년 청일전쟁 후이다. 1896년 8월 21일 스크랜턴에게 정식으로 전도사 직첩을 받았다. 1897년 엡윗청년회가 설립되었는데 김기범은 한국 엡윗청년회의 총찰위원으로서 참여해 애국애족운동에 참여하였다. 김기범은 1898년 원산 전도사로 파송되었다. 당시 원산에는 미감리회 의료선교사 맥길(W. B. McGill)이 병원 선교를 하고 있었는데 김기범 전도사는 병원에 머물면서 전도하였다. 1898년 9월에는 19명에게 세례를 베풀었지만 그의 헌신적인 전도로 교인이 늘어 1899년에는 309명이 되었다.

1901년 5월 14일 상동교회에서 김창식과 함께 한국인으로는 처음으로 목사안수를 받게 되었다. 1903년 존스 선교사가 안식년으로 귀국하자 인천으로 파송 받았다. 그는 교육에 관심이 많아 1903년 영화학교를 설립하였고 1904년 콜린스 씨의 후원으로 영화학교의 건물을 신축하였고 사립학교인가도 받아냈다. 1904년 러일 전쟁을 겪으면서 교회는 더욱 부흥하여 제물포교회 교인 수가 484명으로 부흥되었다(1904년 말). 그는 건강이 좋지 않아 1905년 휴직했다가 1908년 복직하여 1910년 5월까지 사역하다가 1910년 목사직을 사직하고 진남포에 내려가 휴양하였다. 그 후 인천에 돌아와 영화학교의 발전을 위하여 노력하다가 1920년 52세를 일기로 세상을 떠났다. 장례식 후 검단리 내리 부활 동산에 안장되었다. 자녀로는 김태진 장로(1890년 6월 6일-1936년 10월), 김동만 장로, 김애마가 있다.

| **참고** |『내리선교 130년 역사 화보집』. 내리교회. 김홍규. 2015년.

18. 김유의 전도부인(1869.8-1947. 78세)

경기도 강화군 부내면 신문리에서 출생하였고 권청일과 결혼하였다. 1896년 1월 20일 선교사 언더우드에게 학습 받고 1897년 세례를 받았다. 강화읍 교인으로는 최초로 학습과 세례를 받았다. 1890년 강화 잠두교회(현 강화중앙교회) 설립 때부터 교회에 출석하였다. 1913년 내한한 여선교사 헤스(Margarett Hess)가 인천지방 전도부인사업과 여성 선교사업의 책임자로 강화지역에도 관계하는데 김유의는 헤스선교사를 도와 전도부인으로 활동을 하였다.

1919년 3.1운동 이후 강화읍에서 일어난 만세운동(3월 18일)에 적극적으로 참여하였다. 3월 14일 장동원으로부터 조선독립선언서 외 3종의 문서를 받아 3월 17일 밤 강화읍으로 들어가는 국화리 거리에서 독립선언서를 배포하면서 독립 만세시위에 참여할 것을 권고하였다. 만세운동으로 98명이 체포되어 43명이 구속되었는데 이중 여성이 2명이었는데 김유의 전도사와 시위를 총지휘했던 결사 대장 유봉진의 아내인 조인애(37세)였다. 시위 후 강화경찰서 김덕찬에게 체포되었고 12월 18일 경성지방법원에서 6개월 징역형(미결구류일 180일 가산)을 받았다. 강화의 만세시위는 3월 18일부터 4월 22일까지 계속되었고 횟수가 총 11회에 달하며 참가인원은 14.000-24.000명이었다. 김유의 전도사가 구속자 중 나이(51세)가 세 번째로 많았다.

출옥 후에도 계속 전도부인으로 활동을 하였는데 1938년 10월 감리교 총리원 이사회는 생존목회자 중 목회경력 20년 이상 된 이들 40명을 표창하였다. 김유의 전도사는 이들 중 한 사람으로 표창을 받았는데 강화 출신으로는 김유의 전도사와 민다비다 전도사가 받았다. 은퇴한 후에도 강화 등지에서 계속 활동하다가 1947년 78세로 별세하였다. 그녀의 남편인 권청일 권사의 형이 권신일 목사이고 자녀가 권성집 목사이다. 1996년 8월 28일 강화읍 관청리 견자산 공원에 '강화 3.1 독립운동기념비'가 세워졌다.

| **참고** |『강화중앙교회 100년사』. 이은용 저. 강화중앙교회. 2002년.

19. 이동녕 독립운동가 (1869.9.2.-1940.3.13. 72세)

충남 천안군 목천면 동리 출생으로 독립협회 사건으로 투옥(1898년 7개월간)되고, YMCA 운동에 참여하고(1902년) 상동청년회에 가입하고(1904년) 을사조약체결 후 무효상소운동을 전개하였다. 이로 인해 2개월 옥고를 치르고(1905년 11월) 출옥 후 북간도로 건너가 서전의숙을 설립하고 교포교육에 힘썼다. 1907년 귀국 후 양기탁, 전덕기, 이동휘, 이갑, 유동열, 안창호 등과 함께 신민회를 조직하여 중앙회 총서기로 활동하였다. 청년학우회 총무로 활동하면서 대성학교와 오산학교 설립에 참여하고 상동청년학원 교사로도 재직하였다. 안중근의 이등박문 사살 이후 만주로 건너갔고 1911년 4월 항일독립단체이자 한인교포들의 자치기관인 경학사를 조직하고 부속기관으로 신흥강습소를 열었다. 1913년 초 일제 형사대가 파견되었으니 피하라는 연락을 받고 독립운동의 새로운 길을 찾아 이상설 등과 함께 블라디보스토크로 떠나 권업회에 참여하였다. 이 무렵 민족종교인 대종교에 입회하였다.

1914년 이상설과 군관학교 설립을 추진하다 탄로되어 3개월간 옥고를 치렀다. 이후 만주와 노령을 배경으로 독립운동을 전개하였고 3.1운동 직전인 1919년 1월 무오독립선언서를 내외에 선포하고, 3.1운동 후 임시정부 국무총리 및 대통령직권대리, 한국독립당(1929년), 한국국민당 당수(1932년)를 거쳤다.

1937년 중일전쟁이 시작되자 임시정부의 외곽 연합단체인 한국 광복전선 결성에 참가하여 항일전에 투신하였고 중화민국 정부가 중경에 천도하자 임시정부를 이끌고 장사로 이전하였다. 1939년 김구와 전시 내각을 구성하여, 조국광복을 위하여 싸우다가, 1940년 3월 13일 72세를 일기로 사천성에서 급성폐렴으로 타계하였다. 그는 민족진영의 대동단결과 정당의 통합을 유언으로 남겼다. 부인 김경선 여사는 서울 종로구 묘동교회 권사로 1964년 8월 29일 별세하였다.

| **참고** |『나라와 교회를 빛낸 이들』. "임시정부의 대부 석오". 이동녕. 임중빈 씀. 상동교회. 1988년.

20. 이필주 목사(1869.11.9.1942.4.21. 73세)

서울 정동에서 이윤영의 장남으로 태어나 1886년 6월 부친이 사망하여 모친과 네 명의 동생을 부양할 책임이 지워졌다. 흑사병에 감염되어 사경을 헤메다 겨우 회생하였다. 그 후 4년 동안 방황하였다. 1890년 자진하여 구한국 군대에 입대하여 5년간 사병으로 근무하였다. 1895년 동학란 진압에 출전하여 전라도와 완산 접전에서 승리하였다. 1899년 29세에 김인숙과 결혼하여 1남 1녀를 두었으나 1902년 모든 식구를 잃고 허무함으로 고통받았다.

1902년 상동교회에 나가 입교인이 되었다. 하루는 신비한 꿈을 꾸었는데 이후 1903년 4월 스크랜턴(W. B. Scranton) 선교사에게 세례를 받았다. 1903년 가을 군에서 제대하고 전도사업에 헌신할 것을 결심하였다. 1904년 사경회 공부를 끝내고 속장이 되고 그해 권사가 되었다. 상동교회 전덕기 목사가 청년학원을 설립하자 그 학원의 체육담당 교사가 되고 1904년부터 공옥학교에서도 교편을 잡았다. 1907년 봄 청파동에 기도처를 마련하여 교회로 발전시켰고 그해 전도사 직첩을 받았다. 이어 협성신학교 2년 과정을 마치고 1913년 3월 지방회의 파송을 받아 왕십리교회에서 5년간 시무하였다. 1915년 4월 25일 목사안수를 받았고 1918년 6월 정동교회로 전임하여 시무하였다.

1919년 3.1운동의 사전계획에 깊숙이 가담하였고 정동교회 부목사 박동완과 함께 민족대표 33인으로 참여하여 일제의 한국 강점의 부당성을 역설하였다. 투옥되어 모진 형고를 치렀고 1921년 10월 석방되었다. 이후 미아리교회, 연화봉교회(1922년 9월), 수원지방 남양교회(1934년 3월)에서 시무 중 65세로 은퇴하고 원로목사로 남아 교회를 돌보았다. 해방 전 1942년 4월 21일 73세를 일기로 별세하였다.

21. 노병선 초기 전도인(1871-1941.1.11. 70세)

평북 철산에서 농가의 아들로 출생하였다. 배재학당에 입학한 그는 이승만, 여운형, 주시경, 윤성렬, 신흥우 등과 함께 공부하고 졸업하였다(1898년). 배재학당 영어교사를 겸직하고(1901년) 협성회 부회장(1896년 11월 30일)으로 공개토론회 연사로 참여하였다. 한국 최초의 청년회인 엡웟청년회 창립위원으로 중앙본부 임원, 정동교회 남자 엡웟청년회 월은 지회의 초대회장, 엡웟청년회 중앙본부의 통신국장을 맡았다. 1896년 10월 이후 정동교회 본처 전도인으로(1897-1901년), 동대문교회에 설교자로 파송 받았다. 1902년 정동교회에 아펜젤러와 함께 파송 받았다. 그해 아펜젤러가 순직하여(6월 11일) 1903년 4월까지 근 1년 동안 실질적인 담임 목회자로, 1903년부터는 스크랜턴 선교사의 조사로서 활동하였다.

그의 사위인 조병옥 박사의 회고록에 의하면 대한제국시대(1907-1910년)에는 잠시 고등관 벼슬을 지내고 부인과 사별한 후 평양에 거주하면서 광성학교에서 교편생활을 하였다. 1930년대에 서울 창천동으로 이사하여 당시 이필주 목사가 담임으로 있는 창천교회에 출석하고 이후에는 연세대교회에 출석하였다. 일제 말기 창씨개명을 거부하고 일제의 등쌀을 피해 능곡으로 이사 가서 삼성당에 있는 교회(현 능곡감리교회)에 출석하였다.

그는 평생 청렴하게 지냈으며 재산도 한 푼 없이 집 한 채만 남겨 놓은 채 1941년 1월 11일 70세로 별세하였다. 그가 생전에 간행(1897년)한 책 『파혹진션론』을 저술하였는데 16면에 불과하지만 한국 개신교 역사상 한국인이 기록한 첫 기독교 변증론이라 할 수 있다. 그의 기독교 사상은 그의 민족운동, 애국계몽사상과 직결되며 사회평등사상, 자유민권사상, 사회개혁사상 등의 근원이 되었다.

| **참고** | 『한국감리교 인물 사전』. 역사위원회 엮음. 기독교대한감리회. 2002년.

22. 여메례 개화운동가(1872.2.22.-1933.2.27. 61세)

경남 마산 여씨 가문의 외동딸로 출생하였다. 그의 부모는 그녀가 태어나자마자 그를 이화학당의 스크랜턴 대부인에게 양녀로 보냈다. 이화학당 초기 학생으로 공부하면서 세례를 받아 '메리'라는 세례명을 받았으며 영어에 뛰어난 재능을 보였다. 그는 스크랜턴 대부인의 집에 살면서 상동교회에 출석하였으며 정동에 있는 여성병원 보구여관에서 홀부인(R. S. Hall)의 조수로 근무했다. 홀부인이 1900년 안식년을 맞아 본국으로 돌아간 후에는 정동교회와 이화학당에서 여성사업을 추진하였다. 1901년 정동교회 여성 63명을 규합하여 보호여회를 조직하였는데 이것은 한국교회 여성의 첫 조직체로서 오늘날 '여선교회'의 전신이 되었다. 1903년 3월 여메례는 일본을 시찰하면서 현대식 여성 교육기관을 돌아보게 되었다. 1904년 스크랜턴 대부인이 담당하고 있는 상동교회 주일학교에서 성경과 영어를 가르쳤고 엡윗여자청년회를 새로 조직하여 기독교 정신에 입각한 민족운동을 전개해 나갔다. 그는 또한 스크랜턴 대부인의 권고로 수원에 있는 삼일학교에 가서 영어를 가르쳤는데 그의 인기가 높아 40명의 학생이 계속 그의 강의를 듣기도 했다.

그가 상동교회에서 가르치는 학생 중에 엄씨 성을 가진 여자아이가 있었는데 그 아이의 부친이 당시 고종황제의 후비인 엄비의 사촌 동생인 엄준원이었다. 당시 엄비는 근대식 여학교를 설립 준비하고 있던 중 여메례를 알게 되어 근대식 여학교를 설비하게 되는데 자하골(현재 창성동)에 1천 명 토지와 큰 기와집을 하사하여 진명여학교를 설립하였다. 여메례는 1906년 4월 21일 개교한 진명여학교의 학감으로 취임하였으며 운영에 실질적인 업무를 맡아 처리하였다. 이화학당 시절부터 영어에 능통했던 그는 어전 통역관이 되어 고종 앞에서 통역도 하고, 전국을 순회하며 여성계몽을 주제로 한 강연회를 개최하였으며 1907년 7월에는 평양을 방문하여 안창호와 함께 강연도 하였다. 1910년 한일합방이 되면서 진명여학교는 일본인의 손에 넘어가 식민지 교육기관이 되었고 여메례도 학감 자리를 빼앗기고 말았다. 한동안 방황 후 배재 출신으로 한국의 학생 민주단체인 협성회 회장으로 1898년 〈협성회회보〉를 발간하였던 개화 운동가이자 언론인인 양홍묵과 재혼하였다. 그러나 결혼한지 5, 6년 만에 남편이 별세하여 두 번째 과부가 되는 슬픔을 겪어야 했다. 이후 동양선교회 창설자 길보른(E. A. Kilbourne)과의 만남이 이루어져 여메례는 성결교회 여전도사의 길을 걷게 되었다.

23. 하란사 교육자 (1872.-1919.4. 47세)

평남 평양에서 태어났다. 정부 관리(인천 별감)인 하상기의 후처로 들어갔다. 인천항 주변에 거주하면서 당시 개화된 서구 문명을 접하고 이화학당이 설립된 소식을 알고 이화학당을 직접 찾아가 입학을 청원하였다. 그리하여 기혼자임에도 입학을 허락 받고(이화학당 교사인 프라이[L. E. Frey]를 밤중에 찾아감), 이화학당에 입학 후 기독교인이 되었다. 1900년 일본에 유학하여 1년 동안 수학 후 귀국하였다. 1902년 미국에 유학하여 오하이오주에 있는 감리교계통 웨슬리안대학에 입학하여 1906년 한국인 여성 최초로 문학사 학위를 받았다.

귀국 후 스크랜턴 대부인이 세운 영어학교의 교사가 되었는데 이 학교는 불우한 기혼여성들을 위한 학교였다. 1908년 스크랜턴 대신 앨벗슨(M. M. Albertson)과 함께 이 학교를 성경학교로 전환하였다. 이 학교는 후에 감리교여자신학교가 되었고 이어 오늘의 감리교신학대학으로 발전되었다. 1910년 9월 이화학당 안에 대학과가 신설되면서 여성들을 위한 고등교육이 실시되자 그녀는 이 대학과의 유일한 한국인 교수로 참여하고 총교사(교감)와 기숙사 책임을 맡았다. 1911년부터는 터틀(O. M.

Tuttle)과 함께 이화의 지교로 있던 서울의 서대문여학교, 아오개(아현)여학교, 종로여학교, 동대문여학교, 동막여학교, 서강여학교, 왕십리여학교, 용머리(용두리)여학교, 한강여학교 등을 지도하는 책임까지 맡았다.

이 무렵 윤치호와 여성 교육에 입장을 두고 논쟁을 하였다(The Korea Mission Field 7, 12월호 참조). 그녀는 "당당한 신여성"으로서 오랜 관습과 전통을 깨고 여성해방을 몸으로 보여준 선각자였다. 1915년 딸 자욱이 갑자기 죽었으나 슬픔을 안은 채 한국 감리교회 평신도를 대표하여 미국감리교회총회에 참석하였고, 이어 신흥우와 함께 뉴욕에서 열린 세계감리교총회에 참석하였다. 1908년 하란사는 박에스더. 윤정원과 함께 경희궁에서 고종의 훈장(은장)을 받은 바 있었다.

그녀는 전덕기 목사, 손정도 목사, 이필주 목사 등과 긴밀한 관계를 맺고 자연스럽게 민족주의적인 여성 운동가로 변신하게 되었다. 을사보호조약 체결 이후 일제의 만행을 세계에 폭로하기 위해 권좌에서 쫓겨나 은둔 중인 고종의 밀지를 받아 의친왕을 1919년 6월에 열리는 파리 강화회담에 파송할 비밀계획을 추진하였지만, 일제의 방해로 좌절되자 본인이 대신 가기로 하였다. 그러나 이 계획도 1919년 고종이 갑자기 승하하면서 수포로 돌아갔다. 고종이 승하한지 얼마되지 않아 북경으로 간 하란사는 북경에 도착한 직후 그곳 교포들이 그녀를 위해 마련한 만찬회에 참석하여 먹은 음식이 잘못되어 북경의 협화의원 병실에서 생애를 마쳤다. 그녀의 죽음이 자연사인지, 타살인지 아직도 미스테리이다.

24. 신홍식 목사(1872.3.1.-1939.3.18. 67세)

충북 청원군 가덕면 인차리에서 신기우의 2남으로 출생하여 30세 되던 해(1901년)에 기독교에 입교하여 선교를 통한 구국운동에 전념하였다. 1906년부터 충북 보은군 보은교회 권사로 목회 생활을 시작하여 1909년 충남 천안군 직산면 직산교회 전도사로 전임되었으며 감리교 협성신학교를 졸업하던 해(1913년, 제2회)에 집사목사안수를 받음과 동시에 공주동 지방 순회 목사로 임명받았다. 이듬해(1914년) 연기구역 내의 교회들을 담임하였으며 1915년 장로목사안수를 받고 연회에 허입되는 한편 공주읍교회 담임목사로 임명받았다.

1917년 이북 지방으로 이주하여 평남 평양시 남산현교회 담임목사로 전임되었으며 이곳에 봉직 중 3.1운동을 맞이하게 되었다. 감리교를 대표하여 33인 명단에 서명하였고 3.1 거사 당일 종로 태화관 선언식에 참가하였다가 현장에서 주동자로 체포당해 서대문형무소에 수감 되어 2년 6개월의 실형을 선고받고 1922년 만기 출소하였다. 출옥 후 그해 곧바로 인천 내리교회 제9대 담임목사로 부임하였고 1927년 강릉지방 및 원주지방 감리사를 겸직하고, 1929년부터 원주지방감리사를 역임하였다. 남·북감리교회의 통합을 위한 연합위원회가 1927년에 구성되었는데 미감리회를 대표한 조선인 목사 3인(김찬흥, 송득후, 신홍식) 중 1인으로 선임되어 조선감리교회의 통합을 위해 노력하기도 하였다. 원주제일교회를 담임하던 중 1933년 4월부터 급성 풍단병으로 고생하였고 결국 1935년 목회 일선에서 은퇴하게 된다. 1939년 노환으로 67세에 별세하였다.

| **참고** | 『내리선교 130년 역사 화보집』. 김홍규. 내리교회. 2015년.

25. 김진호 목사(1873.10.20.-1960.9.29. 87세)

경북 상주군 이안면에서 김규진의 차남으로 태어나 15세에 결혼했다. 1899년 27세에 친척의 권유로 상경하였다. 1905년 을사조약에 반대하는 민영환의 자결과 장지연의 "시일야방성대곡"으로 마음에 변화가 왔다. 그 후 상동교회 전덕기 목사를 찾아가 대화하는 중에 크게 깨닫고 그때부터 상동교회에 출석하며 전덕기 목사의 지도를 받아 1907년 성탄절에 세례를 받았다. 1908년부터 상동교회 안에 세워진 상동 청년학원과 공옥학교에서 조선 역사, 성경, 한문 등을 가르쳤다. 전덕기, 양기탁, 이동휘, 이동녕 등의 민족운동가들이 조직한 신민회의 민족운동에 참가하였다. 1911년 상동교회 권사가 되었고 1912년 피어선 성경학교에 입학하여 신학 공부를 시작하였다. 1913년 선교사 데밍(C. S. Deming)에 의해 정식 감리교 권사로 임명받았다.

1914년 협성신학교에 입학했지만, 졸업을 못하고 2년을 수료했다. 1914년 전덕기 목사 사후 당시 YMCA 총무이던 신흥우의 주선으로 YMCA 학원에서 한문과 역사를 가르쳤다. 이듬해 신흥우가 배재학당 당장이 되면서 그를 초청해 1916년 3월부터 배재학당에서 성경과 한문을 교수하면서 정동제일교회 전도사로 활동하였다.

1919년 만세운동 때는 이필주 목사의 위촉으로 독립선언서를 서울 시내 각국 영사관에 전달하는 임무를 맡아 배재 학생 오흥순과 장요한을 통해 전달하였다. 또 배재 학생들을 동원하여 만세시위를 전개하였다. 이 일로 일본 경찰에 체포되어 서대문구치소에 구금되었다. 8개월의 실형을 선고받아 복역 중 일경의 구타에 의해 신장염을 얻어 그해 9월 병보석으로 석방되었다. 그 후 인천지방 감리사인 오기선 목사의 주선으로 1920년 인천 내리교회로 부임하여 시무하던 중 10월 연회에서 본처 집사목사로 안수받았고 1924년에는 장로 목사로 안수를 받았다. 1922년 배재학교의 아펜젤러 교장의 초청으로 3월 다시 배재학교 교목으로 부임하였다.

배재에서 19년 6개월을 시무한 후인 1935년 4월 나이가 연로하다는 이유로 일제의 압력으로 사직당하였다. 그 후 1937년 '협동회원' 자격으로 궁정교회와 삼청동교회를 맡아 보면서 교회를 크게 부흥시켰다. 1940년 6월에는 함경남도 청진에 개척전도로 파송되어 5개 교회를 설립하는 등의 활동을 하였다. 해방 후 공산당의 압력을 받아 견디지 못해 1947년 월남하였다. 1947년 9월 궁정교회에 다시 부임하여 1950년 말 피난할 때까지 시무하였다. 1960년 9월 만성위염으로 서울 자하문 자택에서 87세로 별세하였고 10월 3일 배재고등학교 교장 장으로 장례식을 치렀다.

| **참고** |『목사 전덕기 약사』(1922년). 『전덕기 목사 소전』(1949년). 김진호 목사 저.

26. 최나오미, 한국의 첫 여선교사(1873.11.19.-1949. 77세)

경기도 개성 출생으로 젊은 나이에 결혼하였으나 아이를 낳지 못해 냉대와 질시를 받았다. 1897년 5월경 미남감리회가 개성에 선교 기지를 마련하기 위해 콜리어(C. T. Collyer)와 한국인 전도인 김흥순을 파송하였다. 1898년 하디(R. A. Hardie) 가족이 개성에 정착하였다. 이 시기에 최나오미는 선교사들에게 호기심이 끌려 구경하기 위해 자주 그들을 방문하며 하디 부인 및 딸들과 친해졌다. 1899년 캐롤(A. Carroll)이 개성에 상주하며 한국어를 배우면서 그녀와도 친해졌다. 이런 과정에서 최나오미는 산지현에 있는 콜리어 사택에서 시작된 개성교회(개성 북부교회) 예배에도 참석하게 되어 1900년 1월에 그녀의 신앙생활을 반대하던 시어머니와 남편도 함께 세례를 받고 세례명으로 나오미(Naomi)란 이름을 받았다.

1900년 10월부터 전도부인(Bible Woman) 직함을 받아 본격적인 전도에 나서게 되었다. 1901년 하디 가족과 케롤이 원산으로 간 후 이들이 원산으로 오라는 요청을 받고 남편과 함께 원산으로 갔다. 남편은 선교사 사택의 문지기 겸 사무원이 되었고 최나오미는 케롤과 짝이 되어 전도에 나섰다. 그녀는 1903년 원산에서 시작한 루씨여학교에 보모로 아이들

관리를 맡았고, 1907년 11월 개성에 여자성경학교가 설립되었을 때 개성으로 돌아와 체계적인 신학수업을 받았고, 1910년 3월 졸업하여 바로 그 학교 교사가 되었다. 앨벗슨의 요청으로 1년간 협성여자신학교 교사로 봉사하였다. 이후 1912년 개성으로 돌아와 남성병원 소속 전도부인으로 활동하고, 1917년 개성남부교회 소속 전도부인이 되었다. 1918년 11월부터 서울 종교교회 전도사로 부임하여, 1920년 12월 6일 종교교회에서 "남감리교회 조선여선교회"를 조직하였는데 최나오미는 초대회장으로 선출되었다.

당시 해외 선교는 남성 중심으로 이루어졌으나 1922년 5월 원산에서 개최된 제3차 남감리회 여선교회대회에서 시베리아 선교가 결의되었고 회장이던 최나오미를 시베리아 선교사로 선정하여 파송하였다. 그녀는 해외에 파송된 최초의 한국인 여선교사가 되었다. 1923년 10월 신한촌에 도착하여 시베리아, 북간도지역 한인교회 소속 전도부인들을 지휘, 관할하는 책임을 맡았다. 그리고 니콜스크에 여자성경학원 예비원을 설립하여 전도인 양성사업에 착수하였다. 1923년 10월부터 1924년 9월까지 1년 동안 그녀는 8개의 여선교회를 조직하였다. 그리하여 대부분 시간을 니콜스크, 블라디보스토크, 연해주, 북간도지역 순회에 할애하였다.

그러나 계약 기간 3년이 지나고, 또한 여선교회 형편상 시베리아 선교를 중단할 수밖에 없었기 때문에 1926년 5월에 귀국하였다. 그 후 1927년 개성에 있는 고려여자관 소속 전도사로 지방선교 사업을 주관하였다. 1933년 12월 개성 북부교회에서 그녀의 회갑을 맞아 "최나오미 전도사업 33주년 기념식"을 열고 그녀의 공을 치하하였다. 이후 일선에서 은퇴하여 서울에 살고 있던 양녀 김노득의 집에 머물렀으며 1949년 77세로 별세하였다.

27. 이동휘 독립운동가 (1873.12.3.-1935. 63세)

함경남도 단천군 파도면 대성리에서 부친 이발의 아들로 출생하였다. 이동휘는 고종황제의 총애를 받아 구한국 부대 장교(참령)로서 1902년 7월 26일 강화수비대 대장에 부임하였고(26세), 1904년 러일전쟁 후 1905년 강화 잠두교회 김우제 전도사의 전도로 기독교로 개종하여 강화 잠두교회에서 권사의 직책을 받았다. 이후 선교사들로부터 '강화의 바울' 이란 칭호를 받을 정도로 전도에 열정을 기울였다.

민족의식이 강했던 그는 "구국의 길은 교육에 있음"을 깨닫고 강화읍에 보창학교를 설립(1904년)하고 학생들을 군대식으로 훈련시켰으며 강화 전역을 다니며 "잃어버린 국권을 되찾으려면 한 마을에 교회 하나, 학교 하나를 세워야 한다."고 '일동 일교' 운동을 전개하였다. 그의 호소에 응하여 1907년 당시 강화 전역에 40개 교회에 4,247명 교인이 생겼고 교회 부속 학교는 24개에 달했다. 을사조약 후 1907년 전덕기 목사와 함께 신민회창설에 함께하였고 상동엡웟청년회에 참여하였다.

같은 해에 군대를 해산당하고 임오군란이 일어나 의병운동에 참여하였다(1907년). 1911년 '105인 사건' 에 관련하여 피신하여 그 후 함경남도 성진에서 캐나다 선교사인 그리어슨(R. G. Grierson)과 함께 전도사로 활동하였다.

1912년 이후 동만주, 간도 지역으로 망명하였다. 그리고 러시아의 극동지역으로 도피하여 하바로프스크 부근에 집결된 한국인 이주자와 망명자들 사이에서 지도적 역할을 하였다. 1917년 2월 러시아혁명의 영향을 받았으며 그 당시 하바로프스크 부근의 감옥에 투옥되어 있었다. 이 시기 이동휘의 비서인 박진순(그는 재정시대 모스크바대학 졸업, 함경북도 회령에서 출생, 한인사회당의 코민테른 파견대표로서 활동하였다. 사회주의 이론에 대한 탁월한 이론가였으며 당 창설의 실질적 산파 역할을 하였다. 그는 독일 태생의 러시아 처녀와 결혼하였다. 코민테른의 초기에 가장 유명한 한국 공산주의자이다.)이 러시아 볼세비키인 크레코프(Krepkop: 한국인과 접촉한 최초의 러시아 볼세비키이며 1919년 8월 25일 옴스크 근처에서 백색 방위군에게 체포되어 처형됨)를 이동휘에게 처음 소개하여 서로 만났다. 이동휘는 처음에는 민족독립운동의 한 방법으로 크레코프와 만나 도움을 요청하게 되었다.

1918년 6월 26일 하바로프스크에서 '한인사회당'을 창립하여 이동휘가 당위원장으로 추대되었고 비서였던 박진순은 당서기에 크레코프는 고문이 되었다. 당서기인 박진순은 당 활동을 코민테른에 보고하고 당을 등록시켰으며 40만 루블의 자금을 지원받게 된다. 1919년 3·1운동 후 이동휘는 4월 25일 블라디보스토크 근교에 있는 신한촌으로 가서 당회(Party Congress)를 개최했다. 8월 30일 블라디보스토크를 떠나 상해로 향했다.

상해에서 임시정부에 참여하여 국무총리의 직위를 받게 된다. 그러나 당시 대통령인 이승만과의 입장차이로 국무총리직을 사임하고 북경으로 떠난다. 1921년 1-5월 사이 "고려공산당"(상해파)을 조직하고 당선언문, 강령, 당정책을 공표하였고 1923년 6월 초에는 만주 용정에서 공산주의 청년조직을 창설 준비하고 남만주(1924년 1월), 북만주(1925년 11월), 동만주(1926년 1월)에 각각 조직하였다. 공산주의자로서 민족 독립운동에 참여하였다. 1935년 시베리아에서 63세로 별세하였고 자녀는 딸이 둘이다. 정부에서는 1995년 8월 15일 대한민국독립유공훈장(건국훈장 대통령장)을 추서하였다.

| **참고** |『성재 이동휘 일대기』. 반병율 저. 범우사. 1998년.

28. 배형식 목사(1874-1955.10.26. 81세)

평남 출신으로 1910년부터 진남포교회 권사로 활동하며 목회를 시작하여 1913년 평양지방회에서 전도사로 임명되고 구골교회로 파송되었다. 1914년 연회에서 학습인이 되었고 1916년 3월 12일 집사목사로 안수받았다. 1914년 3월 19일 협성신학교를 제5회로 졸업하였다. 1918년 장로목사안수를 받음과 동시에 만주 선교사로 파송 받았다. 그동안 남·북감리교회가 각각 만주선교를 하다가 1914년 이후 중단되었는데, 1918년 배형식을 만주지역 선교사로 파송함으로 재기되었다.

선교사로 파송 받은 그는 1년간 북간도를 위시하여 남·북 만주와 시베리아 동부에 이르기까지 시찰 순회하면서 선교기지를 마련하고자 했다. 실제로 선교사업을 착수한 해는 1921년 3월부터였다. 2년내에 북만주 일대에 세례교인 158명에 총 교인 수가 481명에 이르는 감리교회를 형성하였다. 1923년에는 교회 수 32개 처에 교인 수가 1,353명에 이르렀다. 그리하여 1923년에 만주지방에 만주지방회가 별도로 조직되었고 배형식은 만주지방 초대감리사로 임명받았다.

1930년 남·북감리교회가 합동되어 기독교조선감리교회 제1회 총회에서 만주연회가 조직되었고 1931년 12월 4일 제1회 만주 선교연회가 열렸고 만주지역선교사업을 2개 지방(북만지방, 동만지방) 15개 구역으로 정비하였다. 배형식 목사는 동만(간도)지방 감리사로 임명되었다. 1939년 6월 3일 '배형식 감리사의 만주선교 21주년 사은회'를 가진 후 만주선교 활동을 마감했다. 그 후 고국으로 돌아온 그는 1950년 이후 담임자가 없는 수색교회에서 목회하다가 1955년 12월 26일 81세로 별세하였다.

저서 : 『해석 손정도 목사 소전』. 배형식(1949년)

29. 최성모 목사(1874.-1937.3.14. 63세)

서울 안동에서 출생하고 한학에 정진하여 1888년 14세라는 나이에 과거에 급제함으로 진사가 되었다. 최성모의 부인 김 씨는 일찍이 기독교로 개종, 독실한 신앙생활을 하였으며 자신의 이름을 '주님을 믿는다'는 의미의 김주신으로 바꿨다고 한다. 1905년 을사조약 이후 어지러운 나라 정세가 계속될 즈음 친구 이필주와 함께 우연히 상동교회 앞을 지나다가 교회 입구에 걸려 있는 시국강연회 포스터에 이끌려 교회 안으로 들어섰다. 여기서 전덕기 목사 등의 강연을 듣고 큰 감화를 받았으며 비로소 마음의 변화를 체험하였다. 즉 하나님 사랑과 민족 사랑의 관계를 처음으로 터득했다. 다음 날부터 상동교회에 출석했으며 1908년 세례를 받고 감리교회에 입교했다. 그는 전덕기 목사의 지도로 신민회 회원으로 활약하는 한편 YMCA의 간부로 크게 활동하였다.

그 후 1913년 협성신학교를 졸업했고 1912년부터 서강교회 전도사로 교역에 나섰다. 졸업 후 목사로 임직되는 동시에 연회에서 만주 봉천교회 및 내·외 몽고 선교사로 파송되었다. 1917년 해주 남본정교회 담임목사로 부임하였다.

1919년 3.1운동 당시 흔쾌히 민족대표로 가담하였고 전국적인 만세 시위를 지휘했다. 2년 반의 옥고를 치르고 다시 목회에 나섰으나 일제의 감시로 어려움을 당했다. 서강교회에서 다시 시무하였다. 1922년부터 상동교회에서 2년간 시무했고 이후 만주 목단지방 선교사, 중국 대련교회 등에서 시무했다. 그 후 충남 천안교회, 그리고 마지막으로 충남 예산교회에서 시무하다가 병으로 인해 은퇴하고 1933년 이후에는 수원에서 요양생활을 하였다. 1937년 3월 14일 63세로 별세하였다. 1962년 대한민국 건국공로훈장 복장을 추서받고 동작동 국립묘지의 국가유공자 묘역에 안치되었다.

30. 전덕기 목사(1875.12.8.-1914.3.23. 39세)

서울 정동에서 태어나 9세 때 고아가 되어 17세 때 예수를 그리스도로 영접하였다(1892년). 신부 조정식과 결혼하고(1895년) 스크랜턴에게 세례 받고(1896년) 독립협회운동에 참여하였다(1896년). 상동교회에서 속장 직책을 받고(1898년) 1897년 9월 5일 상동교회 엡웟청년회 조직에 참여하였다. 1901년 상동교회 건축을 시작하여 6월 12일 봉헌식을 하였다. 교회봉헌과 함께 26세에 권사로 추대되고 1902년 전도사로 임명받고 1905년 집사목사안수를 받았다. 신민회 조직에 참여하고 을사조약 반대운동을 하고(1905년 11월 1주 동안) 헤이그 만국평화회의에 이준, 이상설 등을 파견하였다. 상동교회 목사로(1907년) 공옥학교를 세우고 장로목사안수를 받았다(1910년). 당시 교인수는 1,739명이었다. 1911년 협성신학교를 졸업하였다.

일제는 안명근의 데라우찌 총독에 대한 암살음모사건을 빌미로 1911년 1월부터 김구, 이승훈, 도인권 등을 체포하기 시작하여 1912년까지 600명을 검거하여 모진 고문을 가하여 이 중에서 105명을 기소하였다. 이 때 전덕기 목사도 체포되어 갖은 악형을 당하여 병을 얻어 불기소로 석방되었다. 전 목사는 폐와 늑막염을 앓아 석방이 되어도 재기불능하게 되었다. 병상 생활을 하다가 1914년 3월 23일 39세로 별세하였다.

| **참고** |

1. 『상동교회 일백년사』.

2. 『나라와 교회를 빛낸 이들』. 상동교회. 1988년.

31. 이승만 대통령(1875.3.26.-1965.7.19. 90세)

황해도 평산군 마산면 능내동에서 6대 독자로 태어났다. 양반의 후손이었으나 가난하고 불우한 환경에서 유년시절을 보냈다. 그는 가문의 재건과 입신양명의 꿈을 안고 열세 살 때부터 과거시험에 응했으나 11차례나 낙방하므로 심각하게 좌절하였다. 청일전쟁 후 20세가 되던 1895년 4월 배재학당에 입학하였다. 배재학당에서 교육을 통해 서양의 정치적 관념(민주주의)에 대한 새로운 인식을 하였다. 선교사들을 비롯한 여러 사람의 영향과 특히 1895년에 미국에서 귀국한 서재필 박사의 강의 등을 통해 앞으로의 진로를 깨닫게 되었다. 그는 배재학당에서 8개월 정도 영어를 배운 실력으로 새로 부임한 여선교사 와이팅(Georgiana Whiting)의 한국어 선생 노릇을 하기도 했다. 학창시절 협성회를 조직하고 지도함으로 그의 지도력을 나타냈다. 그는 1897년 7월 8일 졸업식에서 영어졸업 연설(제목: 한국의 독립)을 하기도 했다.

1898년 1월 1일 "협성회 회보"라는 주간신문을 창간하여 주필로 언론인 활동을 시작하였다. 이 신문은 1년 4개월 후 "매일신문"으로 발전하였다. 5월에 그는 협성회 제6대 회장으로 선출되었다. 언론 분야에서 활약하던 그는 독립협회와 만민공동회에 참여함으로 본격적인 정치 활동을 시작하였다. 1898년 12월 23일 만민공동회 해산과 민회금 압력의 발동으로 독립협회가 해산되고 많은 관리와 정치가들이 체포되었을 때 이승만은 잠시 정동에 있는 선교사 거주지역에 은신하였으나 1899년 1월 9일 오후 3시경 경무청 순검들에 의해 체포 구금되었다. 7월 11일 재판에서 종신형을 선고받았다.

그러나 한성감옥의 옥중생활은 그로 하여금 기독교 복음을 받아들여 감리교인으로 회심케 하였다. 또한 한성감옥에는 당시 약 300명의 죄수가 수감되었는데 이들 중 정치범으로 수감 된 죄수와의 사귐은 훗날 그의 정치 활동에 음양으로 영향을 주었던 인물들이었다. 예를 들면 신흥우, 이상재, 이원긍, 유성준, 홍재기, 김정시, 이승인, 유동근, 이준, 이종일, 이동녕, 안구선 등이 있고 그 밖에 양의종, 정순만, 박용만, 강원달 등이다. 그는 3년 동안의 옥중생활 중 집필활동을 하였다. 대표적인 저서로는 "독립정신"이 있다. 그의 저술의 내용은 그의 구국 신앙과 독립노선의 특징을 이해하는 데 도움이 된다. 또한 1904년 8월 출옥하면서 구한말 민족운동의 요람지였던 상동교회를 중심으로 한 인맥(전덕기 목사 등)들과 이미 1903년 조직된 황성기독교청년회(YMCA)에 참여한 기독교 운동과 민족운동의 인맥들과 자연스럽게 관계를 맺게 되었다. 1904년 11월 4일 미국을 향해 출발하였다. 이후 1904년부터 1965년까지의 삶과 그의 정치 활동은 잘 알려져 있기에 생략한다. 해방 후 초대 대통령(1948-1960년)이 되고 정동제일교회 장로로 피택되었다. 4.19 학생혁명 후 하야하여 하와이로 망명 중 1965년 7월 9일 90세로 별세하였다.

| **참고** |『건국 대통령 이승만. 업적의 새로운 조명』. 유영익. 일조각. 2018년.

32. 장인환 열사(1875.3.30.-1930.5.22. 55세)

평남 평양군 대동면 출생, 어릴 때 부모를 여의고 고아가 되었다. 미감리회 초기 신자로 입교하여 세례를 받고 1905년 2월 30세 때 하와이 이민단에 속하여 하와이 마유섬에서 노동을 하였다. 1906년 8월 미국 본토로 들어가 철도노무자. 알래스카 어장 노무자 등으로 종사하는 한편 대동보국회에 가입하여 민족운동에 참여하게 되었다. 장인환은 당시 한국 정부의 외부고문으로 있으면서도 일본의 한국 강점을 적극적으로 지지, 조력하던 친일 미국인 스티븐스(D. W. Stevens)를 저격하여 살해하였던 독립운동가였다.

그 배경은 다음과 같다. 1908년 3월 스티븐스는 휴가차 샌프란시스코에 왔다. 스티븐스는 1904년 체결된 한일협약에 따라 일본 정부가 추천한 고문관 규칙에 의해 임용된 인물로서, 한국에 오기 전부터 주미 일본공사관 고문. 일본 외무성 관리로, 일본 정부의 충실한 종으로 일하고 있었으며, 재정 고문 메가다와 함께 일본 정부 추천을 받아 한국 정부에 고용된 자였다. 그는 3월 21일 미국에 도착하자마자 일본의 한국 침략을 정당화하고 지지하는 기자회견을 자청하였다. 이와 같은 그의 언동은 재미동포들을 격분하게 하였다. 그리하여 공립협회를 비롯한 단체들은 공동회의를 열어 대표 4인을 선정하여 스티븐스가 머문 호텔에 가서 면담하고 기자회견 내용을 정정하라고 요구하였으나 이를 거부하였다.

돌아와 이 사실을 보고하자 공립협회 회원인 전명운이 스티븐스를 암살하겠다고 자원하였다. 이때 장인환은 아무 말 없이 혹시 실패에 대비하여 홀로 제2차 거사계획을 결심하였다. 스티븐스는 다음 날 워싱턴으로 가기 위해 샌프란시스코역에 당도하였을 때(3월 23일 오전 9시 30분), 계획대로 전명운이 권총을 쏘았으나 그만 불발되자 스티븐스와 격투를 벌이는 사이 장인환이 권총을 뽑아 스티븐스를 저격하여 치명상을 입혔고, 그는 이틀 후에 절명하였다. 곧 달려온 경찰에 의해 장인환은 체포되었다. 1908년 3월 27일 장인환에 대한 재판이 시작되었고 1909년 1월 2일 2급 살인죄로 25년 금고형을 선고받았다.

그의 애국심과 예의 바른 품행으로 점차 형이 감량되어 10년 만인 1919년 1월 17일 가출옥 하였고 1924년 4월 10일 형이 면제되었다. 1927년 조만식 등의 환영을 받으며 귀국하여 51세의 나이로 윤치복과 결혼한 뒤 선천에서 고아원을 설립하였으며 그곳에서 여생을 보내려 했으나 일제의 학정 밑에서 살 수 없어 가족과 작별하고 다시 미국에 건너가 세탁업을 시작했다. 이후 상심과 번민이 심하여 병고에 시달리다가 1930년 5월 22일 55세에 스스로 목숨을 끊었다.

33. 신석구 목사(1875.5.3.-1950.10.10. 76세, 순교)

신석구 목사는 충북 청주군 미원면 금관리 구개동에서 태어났다. 신석구 목사는 민족과 신앙, 목회와 사회참여를 조화시킨 민족운동가이다. 15세에 아버지를 잃고 집을 떠나 방황하며 타락한 생활을 하다가 경기도 고랑포에서 친구 김진우의 권유로 민족과 나라를 구하기 위해 기독교를 받아들이기로 하였다. 그리고 스스로 교회를 찾아갔는데 1907년 7월 14일 주일 그의 나이 33세 때 일이다. 믿은 지 한 달 반 후에 같은 고향 출신인 정춘수를 만나 개성으로 거처를 옮겼다. 개성에서 선교사 리드(C. F. Reid)의 어학선생으로 일하면서 세례를 받고 1909년 7월 29일 중생을 체험하였다. 1909년 2월부터 전도인이 되어 개성, 홍천, 가평, 춘천에서 목회하였고 1917년 9월 24일 남감리회 매년회에서 목사안수를 받았다.

1919년 3.1운동 전 수표교교회를 담임하고 있을 때 오화영 목사로부터 민족대표로 참여해 달라는 요청을 받고 기도로 결정한 후 서명을 하였다. 이 일로 체포되어 재판을 받고 2년 6개월 징역을 선고받았고 수감되어 1921년 11월 만기 출옥하였다. 그 후 원산, 고성, 춘천, 가평, 서울,

철원, 한포, 천안 등지에서 목회하였다. 옥고를 치른 후 중단됐던 학업을 계속하여 1922년 협성신학교를 졸업하였다. 1939년의 감리교신학교 특별 부흥회를 인도하였는데 "그리스도인의 참 신앙 노선과 민족을 위한 사명자"에 관해 강조하였다. 목회하면서 매우 궁핍하게 지냈으나 이것을 비관하지 않고 하나님이 지게 하신 십자가라 생각하였다. 일제 말기에는 신사참배를 반대하다가 신자가 없는 외딴 곳인 평남 용강군 신유리와 문애리에서 목회하기도 하였다. 1945년 5월에는 일본군의 승리를 기원하는 예배 및 일장기 게양을 거부하여 용강경찰서에 구금되었다가 해방이 되어 풀려났다.

해방 후 북한교회 재건에 힘쓰면서 평양 민족지도자들과 함께 북한의 민주 정부 수립을 위해 노력하였고, 1946년부터는 공산 정권과 대립하여 십자가의 길을 걷게 된다. 월남하지 않고 공산 정권에 반대하다가 반공 비밀결사를 조직했다는 공산당이 조작한 "진남포 4.19 사건"으로 1949년 4월 19일 우익인사 47명과 함께 체포되어 10년 형을 받고 평양형무소에 수감되었다. 옥중에서도 공산당의 회유와 협박에 굴하지 않고 신앙을 지켰다. 한국전쟁 중인 1950년 10월 10일 후퇴하던 공산군에 의해 총살당하여 76세에 순교하였다.

| **참고** |『신석구 연구』. 이덕주 지음. 기독교대한감리회출판국. 2000년.

34. 김찬흥 목사(1875. - ?)

1909년 연회학습을 받고 전도를 시작하여 황해도 봉산교회에서 시무하였으며 1910년 영변교회에서 시무하였다. 장락도, 안창호, 이익모, 오기선, 김홍순과 함께 감리교 협성신학교에서 공부하였다. 1911년 12월 20일 감리교 협성신학교를 제1회로 졸업하고 동년 6월 25일에는 북감리교회에서 손정도, 오기선, 안창호, 김광식 등과 함께 집사목사안수를 받았다. 1913년 6월 10일에 장로목사안수와 함께 평남 진남포교회로 부임하였다.

1917년 평양교회에서 목회하다가 3.1운동을 맞아 평양지방 감리교 목회자 중에서 최연장자로서 가장 앞장서서 운동에 참여하였다. 1919년 3월 1일 남산현교회에서 열린 예배 때에는 감리교 목회자를 대표하여 사회를 맡았다. 예배 후 참석한 교인과 학생 2천 명이 시위를 시작함으로 평양 3.1운동의 시발점을 이루었다. 3.1운동 이후 2년간 옥고를 치렀고 출옥 후 남산현교회 담임자로 시무하였다.

1921년 미감리회 연회에서 인천지방 감리사로 파송되어 8년간 시무하였으며 1925년에는 감리교 협성신학교 이사로 선임되어 교육사업에도 활발히 활동하였다. 1924년 이후 조선남북감리교회통합방침연구연합위원회의 5인위원회에 미감리교회 조선연회 대표로 선출되었다(대표 : 노블, 윌리엄즈, 김종우, 오기선, 김찬홍). 1930년에 남북감리교회가 합동하여 자치하는 기독교조선감리교회를 형성하게 되었는데 김찬홍 목사는 그 형성에 산파 역할을 하였다.

1929년 충남 공주교회로 부임하여 예배당을 건축하고 1931년 11월 30일 봉헌식을 거행하였다. 1931년 공주지방 감리사로 임명되었고 그 해 제1회 연합연회에서 수원 종로교회에 파송되어 1934년까지 시무하였다. 종로교회에서도 교회건축을 이루었다. 1934년 4월 3일에 김찬홍 목사의 회갑연과 함께 교역 25주년 기념식을 가졌다. 그리고 휴직하였고 1935년 4월에 은퇴하였다. 그의 자녀인 김기연은 배재학교와 신학교를 졸업하고 1931년 총리원 간사로 일하였다.

35. 김구 선생(1875.7.11.-1949.6.26. 74세, 암살당함)

황해도 해주 백운방에서 빈농이었던 부친 김순영과 모친 곽락원 사이의 외아들로 태어났다. 1892년 17세에 동학에 입도하여 1893년 충북 보은에서 최시형을 만나고 1894년 해주 동학군의 선봉장으로 해주성을 공략했으나 실패하였다. 만주로 건너가 김이언의 의병에 가담하여 평북 강계를 습격하려다가 재차 실패하여 귀국했다. 1896년 2월 황해도 안악군 치하포 객주 집에서 일본군 중위 쓰지다를 처단한 후 5월 11일 체포되어 인천의 감리영에 옮겨져 사형 언도를 받았으나 고종의 특사로 감형되어 사형을 면했다. 1898년에 탈옥하여 전국을 방랑하다가 한때 공주 마곡사에 입산하기도 했으나 1898년 환속하여 안악으로 돌아갔다.

1902년 약혼녀 류여옥이 병들어 죽어 세상을 떠나자 기독교에 입교하였고, 1904년 13살 연하이며 독실한 기독교인인 최준례와 결혼했다. 최준례와의 사이에 2남(인과 신) 2녀를 낳았는데 두 딸은 일찍 죽었다. 특히 그의 어머니 곽락원 권사는 일찍 기독교에 귀의하여 교회에 충성하면서 아들을 위해 평생을 기도하는 어머니였다.

1905년 을사보호조약이 체결되자 그는 진남포 엡웟청년회 대표로 서울에 올라와 상동교회에 머물면서 을사보호조약 무효상소운동을 결의하고 그해 11월 26일, 도끼 상소에 참가했다. 그 후 고향에 돌아와 1906년 해서 교육회 총감, 1908년 안악 양산학교 건립, 1909년 재령 보강학교 교장 등 교육사업에 헌신하는 한편 신간회를 통한 구국운동에 앞장섰다. 1910년 한일합방 후 11월 날조된 안명근 사건과 관련 105인 사건으로 1911년 1월 5일 체포되어 17년 형에 처하였다.

3년 반 만인 1914년 7월 가출옥하여 농촌 계몽운동에 힘쓰다가 1919년 3.1운동 직후 상해로 망명하였다. 해방 직전까지 27년 동안 임시정부를 중심으로 독립운동에 참여하다가 1945년 11월에 귀국하였다(해외에서 독립운동은 『백범일지』를 참고하기 바람).

해방 후 귀국하여 오로지 '민족자주평화통일운동'에 종사하다가 1949년 6월 26일 경교장에서 안두희의 흉탄에 맞아 74세에 서거하였고, 그의 장례는 7월 5일 거족적인 국민장으로 집례되어 효창공원에 영면하였으며 1962년 3월 1일 대한민국 건국공로훈장 중장이 추서되었다.

| **참고** | "대영웅의 위대한 역사와 못다한 사랑". 『소설 백범 김구』. 홍원식 저. 구사. 2000년.

36. 우덕순 독립운동가 (1876-1950.9.26. 74세)

충북 제천에서 태어났다. 서울로 올라와 동대문에서 잡화상을 경영하며 생계를 이어가던 중 일제의 통감정치에 비분강개하여 독립협회 등 애국단체의 일원으로 활약하였다. 독립협회 해산 후 상동교회에서 청년회를 세우고 하던 일을 계속하다가 1905년 일제에 의해 을사보호조약이 강제로 체결되자 해외로 망명해 국권 회복 투쟁을 결심하고 그해 시베리아 블라디보스토크로 출발했다. 1906년 계동학교를 설립하고 청년교육사업에 헌신하는 한편 전 북간도 관리사 이범윤 등과 연락을 취하여 의병을 조직, 의병 1천여 명을 모아 김영준을 교관으로 연추에 훈련소를 만들어 항일 전투력을 강화하였다. 그러던 중 1908년 여름 대한의군 참총장 안중근이 이끄는 독립군에 가담하여 국내로 침투, 함경북도 경흥, 회령지방의 일본군영을 습격하다 체포되어 7년 형을 선고받고 경흥 감옥에서 복역 중 탈출하였다.

1909년 10월 26일 이토 히로부미가 러시아 재무상 코코프체프와 회담하기 위해 만주 하얼빈에 온다는 소식을 듣고 안중근, 조도선, 유동하 등과 함께 거사를 계획하였다. 거사를 확실히 하기 위하여 채가구역과 하얼빈역을 거사 장소로 정한 두 사람은 역할 분담을 하여 우순덕은 채가구역에 대기하였다. 이토를 태운 열차가 채가구역을 지나침으로 이토 저격은 안중근에 의해 행해졌다. 이 사건으로 우순덕은 현장에서 러시아 헌병에 의해 체포되어 국경재판소에서 수일간 심문을 받은 후 일본 총영사관 경찰서로 인계되었고 다시 여순 관동도독부 지방법원으로 호송되었다. 1910년 2월 22일 6회에 걸친 공판을 마치고 1년 6개월의 징역형을 언도 받았다. 그해 9월 여순감옥에서 경성 감옥으로 압송되어 수감 중 1908년 경흥 헌병대 파옥 탈출 사건이 탄로나 다시 함흥지방 검사국으로 이감, 사형을 언도 받았다가 특사령으로 경흥 사건은 면죄되었으나 다시 서대문 감옥으로 압송되어 7년간의 옥고를 치르고 1915년 2월에야 출옥하였다.

출옥 후 5월 다시 만주로 망명하여 학교 및 교회를 설립하였고 육영사업 등 민족운동에 전념하였다. 1931년 만주사변으로 일제의 세력이 만주 전역에 뻗쳤을 때 요시찰인으로 감시 당하였지만 기독교 장로로서 교회를 근거 삼아 우리 말 보존에 헌신해 오다가 제2차대전 말기 일본 헌병에 검속 당했으나 해방과 동시에 출감하였고 흑룡강성 한인민단 위원장에 추대되어 교포 피난민들을 고국으로 수송하는 일에 주력하였다. 귀국 후 대한국민당 최고위원에 피선되어 건국사업에 투신하였으나 1950년 9월 26일 공산군에 의해 참살당했다. 1962년 3월 1일 정부로부터 건국 공로 훈장 단장이 추서되었다.

37. 박에스더 의학박사 (1876.3.16.-1910.4.13. 35세)

정동에서 김홍택의 넷째 딸로 태어났다. 아버지가 아펜젤러의 고용인(1887년)이었다. 이화학당에 입학하여 회심을 체험하였다(1888년). 1891년 1월 25일 올링거(Ohlinger)에게 세례 받고 세례명 에스더를 받았다(본명 김정동). 이화학당 시절 영어 실력이 뛰어나 선교사들의 사랑을 받았다. 그녀는 1890년에 내한한 여성전용병원인 보구여관(동대문부인병원) 의사이자 이화학당 교사로 취임한 셔우드(Rosetta Sherwood)의 통역관 일을 맡게 되었다.

1888년 여름의 신앙체험을 통해 그리스도를 위해 살기로 작정한 그는 셔우드와의 만남을 통해 의료인으로서 자신의 삶의 방향을 잡게 되었다. 셔우드는 의료선교사인 홀(W. J. Hall)과 결혼을 한 후 1894년 5월 평양 개척 선교를 위해 평양으로 이주하였으나 청일전쟁 직후 전염병으로 홀 의사가 죽자 홀 부인은 본국으로 돌아갔다.

박에스더는 이때 홀 의사 부인과 함께 도미하여 볼티모어 여자의과대학에 입학하여(Women Medical College Baltimere, 1896) 한국인 최초의 의학박사 학위를 받았다(1900년). 귀국 후 1903년 홀 부인이 재차 내한하여 평양에서 기홀병원을 시작하자 홀 부인과 합류하였다. 박에스더는 평양에서 의료활동과 함께 미감리회 여선교회 선교사로 임명받아 황해도, 평남지역을 순회하며 전도활동도 하면서 홀 부인과 맹인학교와 간호학교의 교사로도 활동하였다. 고종 황제로부터 치하받았다(1908년 4월 28일). 그러나 과중한 진료업무와 결핵으로 1910년 4월 13일 35세의 짧은 인생을 마감하였다.

| **참고** |『대한민국을 세운 위대한 감리교인』. 전용재 엮음. KMC. 2016년.

38. 주시경, 한글학자(1876.11.7.-1914.7.27. 39세, 체증사망)

황해도 봉산군 쌍산면 무릉골에서 주학원의 차남으로 태어났다. 어려서 한문을 수학하였고 1888년 서울에서 사업을 하던 큰아버지 주학만의 양자로 입적되어 서울로 이주하였다. 그가 기독교를 접한 시기는 배재학당에 입학한 1895년 경이다. 그는 학교에 다니면서 배재학당 내에 마련된 삼문출판사에서 시간제 직공으로 일했다. 재학시절 협성회 회원이었으며 서재필, 윤치호 등이 주도하던 〈독립신문〉의 회계 겸 교보원으로 활약했다. 1900년 배재학당 보통과를 졸업하면서 아펜젤러에게 세례 받고 기독교인이 되었다. 이후 그는 선교사 어학선생으로 생활하면서 정동 보구여관(여성전용병원) 안에 설립된 간호학원 양성학교 교사 겸 사무원으로 근무하였고, 정동교회에 출석하면서 1902년 정동교회 월은 청년회 인제국장(구제 구휼담당) 임원으로 활약하는 등 기독교 선교사업에 간여하였다.

그의 한글에 대한 관심이 한글 운동으로 심화 된 것은 1904년 상동청년학원 교사로 부임하면서부터다. 주시경은 이 청년학원에서 설립 당시부터 교사로 봉사하였다. 그는 말년에 대종교로 개종하였다. 그 이유는

1906년 선교사에 의해 상동 청년회가 해산되었고 을사보호조약 이후 선교사들이 교회의 비정치화를 강조하였는데 이와 같은 상황에서 적극적인 민족운동을 전개하려는 의지에서 개종했을 가능성이 크다. 당시 민족주의자들 가운데 집단적으로 대종교로 개종한 시기가 1909-19010년 어간이다. 그는 별세 때까지 상동청년학원, 공옥학교, 배재학교, 이화학교 등 기독교 계통학교에서 교사로 활동하였다. 1910년 "국어문법"을 간행하였다. 그는 1914년에 해외망명을 준비하다 39세의 나이에 급서했다. 그의 장례식은 상동교회에서 거행하였다.

| **참고** | 『대한민국을 세운 위대한 감리교인』. 전용재 엮음. KMC. 2016년.

39. 김영학 목사(1877.2.10.-1932.12. 55세)

황해도 금천군 조포동에서 태어났다. 젊은 시절에는 방탕한 생활을 하였는데 어느 날 시장에서 전도인에게 물을 퍼붓고 발로 차는 등 행패를 부렸는데 그 전도인이 오히려 웃으면서 그에게 회개를 촉구하자 김영학은 감동받아 예수를 믿기로 작정하였다. 1907년 4월 세례를 받았으며 입교한 지 1년만에 권서인으로 활동하였다. 1911년 9월 정식으로 남감리교 전도사 직첩을 받았으며 1914년 8월 집사목사안수를 받고 1916년 6월 감리교 협성신학교를 졸업하고 1918년 장로목사가 되었다.

1919년 3.1만세운동 당시 간성 구역장으로 활동하며 양양교회 교인들을 비롯해 주민들을 이끌고 만세시위를 하다가 체포되어 서대문형무소에서 6개월간 복역 후 출감했다. 출옥 후 간성 구역장으로 계속 시무하면서 상해 임시정부 산하 애국 운동단체인 애국단 국내지부 조직 '철원애국단'의 독립운동에 가담하여 활동하다가 1920년 주동자 김상덕과 기독교 인사 박연서 전도사, 방기순 목사 등과 체포되어 1년 6개월간 복역하고 1922년 석방되었다. 감옥에서 나와 가평교회에서 시무하며 남감리교회의 선교백주년기념사업에 참여하다가 그해 9월 만주 및 시베리아 선교사로 자원하여 파송되었다. 블라디보스토크구역 관리자 겸 해삼위 교회로 파송된 그는 만주, 시베리아에서 독립운동을 펼치던 독립군과 한인촌 동포들을 대상으로 선교활동을 전개하였다.

그러나 1923년부터 시작된 러시아의 연해주 지역 기독교 탄압과 관련하여 많은 고난을 겪었다. 그는 1930년 공산당에 체포되어 배교를 강요당하다가 이듬해 3월 10년의 중노동형을 선고받아 복역하였다. 1932년 음력 12월 신한촌 인근 노역장에서 일하던 중 갑자기 얼음이 갈라지면서 수십 명이 빠져 죽었는데 김 목사도 이때 순교했고 시베리아 선교도 막을 내렸다. 1933년 12월 7일 간도 용정에서 개회된 제3회 만주선교연회를 시작하면서 배형식 감리사 사회로 추도식을 가졌다.

40. 오기선 목사(1877.4.21.-1946.4.5. 69세)

평남 강서군 함종읍에서 부유한 농민의 아들로 태어나 17세 때 관비생이 되어 평양으로 유학을 떠나 구학문과 신학문을 익혔다. 20세에 관비생의 공부를 마치고 고향 함종으로 돌아왔다. 전삼덕 전도부인의 전도로 함종교회에 출석하였고 함종에서 남자들을 위한 사립소학교를 설립하고, 직접 교장이 되어 제2세 교육을 위해 심혈을 기울였다.

당시 감리사였던 선교사 노블(W. A. Noble)에 의해 함종교회 전도사 파송을 받았다(1908년). 그리고 1909년 미감리회 조선연회에 입회하였으며 그해 감리교 협성신학교에 입학하였고 1911년 12월 20일 협성신학교 3년제를 제1회로 졸업하였다. 1912년 졸업한 이듬해 집사목사안수를 받고 해주읍교회로 파송되어 1년간 훌륭하게 치리해서 부흥시켰다. 동대문교회에서 목회하고(1912년) 장로목사안수를 받고(1913년) 1914년부터 1916년 일본 YMCA 조선연합회에 파송을 받았다. 인천지방감리사(1917-1920년), 도쿄 한인교회 6대 목사(1921년), 평양 남산현교회 담임목사(1924년)와 평양지방 감리사(1928-1934년)를 역임하고, 1934년 남산현교회에서 근속 10주년 표창을 받았다. 총리원 전도국에서 사업담당(1937년)

으로 일한 이후 만주지역교회 실상을 파악하기 위해 교육국 총무인 류형기 목사와 함께 한 달간 만주지역 교회를 순회하였다. 그리고 1939년 은퇴했다. 은퇴 후 황해도 백천에 있다가 해방되어 월남하여 북아현동 아들의 집에 머물던 중 1946년 4월 5일 69세로 별세하였다.

41. 원용한 목사(1877.4.26.-1959.2.28. 82세)

경기도 안성군 일죽면 죽산리에서 사대부 가문에서 출생하여 16세까지 사서삼경 및 성리학을 연구했고 부친이 별세하자 전국을 두루 방랑하며 유학과 불경 등을 수학했다. 그 후 여주에서 청소년교육에 힘쓰는 한편 여성계몽교육을 실시하여 지방 여성교육의 효시를 이룩했다. 그러나 한일합방이 되자 그가 세운 학교는 폐쇄되었고 그 건물에 일인들이 여주공립국민학교를 재건했다.

이즈음 감리교 선교사 버딕(G. M. Burdick)이 경기도 광주에 여학교를 설립하고 거기서 봉직할 만한 교직자를 찾고 있었는데 원용한이 피택되어 교사로 부임하였다. 이것이 계기가 되어 기독교로 입문하게 되었고 더욱더 굳건한 신앙에 몰두하게 되었다. 원용한은 여주에서 최초의 신자였던 여주교회 담임목사 장춘명 목사에게 세례를 받았고 그의 추천으로 여주교회의 후임이 되었다. 40세가 넘은 중년에 감리교 협성신학교에 입학하여 1925년 3월에 제11회로 졸업하였다. 그는 이천에서 순교한 구연영 전도사의 둘째 아들인 구성서와 같이 졸업하였는데 만학의 나이에도 우수한 성적으로 졸업하였다.

41세(1918년) 때부터 목회 생활을 시작하였고 46세(1923년) 때 집사목사안수를 받았으며 48세 때(1925년) 장로목사안수를 받았다. 여주의 천석지기 부자도, 양반인 사람도, 백정인 사람도 차별하지 않았던 그의 외침은 마침내 그들의 발을 교회로 이끌게 하였다. 여주지방에서의 첫 목회생활(1918-1921년)을 필두로 장호원(1921-1923년), 갈천(1923-1925년), 여주(1925-1926년), 이천(1926-1929년), 여주(1929-1934년) 등지에서 시무하였고 이천지방 감리사를 거쳐(1934-1939년) 다시 홍성지방 갈산(1939-1944년)에서 시무하였다.

한편 1904년 이래 구연영 전도사와 함께 구국회를 조직하여 자주정신과 배일사상을 고취시켜 온 그는 일제 말엽 신사참배 등으로 어려움이 많아지자 1943년 목회 일선에서 은퇴하고, 여주에서 은거하다가 해방 이후에 군민들의 권유로 출마하여 제헌 국회의원에 피선되었다. 말년에 이천 양정여자중고등학교 이사회 감사로 추대되었다. 1959년 82세에 타계하였다. 원용한 목사의 맏사위는 구연영 목사의 막내아들인 구종서 목사이다.

42. 현순 목사(1878.3.21.-1968. 91세)

부친은 현제창이고 경기도 양주부 석적면 황동에서 태어났다. 1895년 을미사변 이후 의병활동을 하였다. 윤치호의 연설을 듣고 일본에 건너가 일본에서 친구 심의성의 전도로 예수를 영접하고, 침례교 선교사 휘세(Fisher) 목사에게 세례를 받았다(1901년). 동년 하와이로 이민을 가서 호놀룰루 한인교회 및 오하후도, 가후구, 일루아에 감리교회를 설립하였다(1903년). 1907년 5월 귀국하여 9월부터 배재학당 교감으로 협성신학교에 입학하여 1908년 집사목사안수를 받고 정동교회 부목사로 최병헌 목사와 함께 시무하였다. 협성신학교를 제1회로 졸업(1911년)하고 동시에 장로목사안수를 받았다. 1912년, 정동제일교회 및 전덕기 목사와 함께 상동교회에서 목회하였다. 주일학교 총무(1914-1916년), 주일학교 간사(1917년), 주일학교 순행인(1918년)으로 일하였다.

1919년 2월 21일 3.1운동 모의에 참여하여 역할 분담(상해담당)을 하였다. 상해로 망명하여 3.1운동 후 임시정부 수립에 주도적으로 참여하였다. 1924년 하와이 한인교회 목회를 시작하고 리휘교회에서 목회하였다. 1931년 정치 활동을 재개하여 "단합회"를 조직하고, 임시정부에 의해 하와이 "선유위원"으로 임명되었다(1937년). 독립운동을 계속하였다. 해방 후 정부로부터 건국공로훈장국민장을 받았다(1963년). 1968년 로스앤젤레스에서 별세하였다. "포와유람기"를 발간하였다(1909년 1월 20일, 구판 58쪽).

| **참고** |『현순 목사와 대한 독립운동』. 데이빗 현 저. 김영목 편역. 한국독립역사협회 발행. 2002년.

43. 홍순탁 목사(1878.9.28.-1947.3.15. 69세)

황해도 연백군 해성면 오암촌에서 장남으로 태어났다. 1900년 황해도 연안 지역을 순회 전도하던 미감리회 선교사에게 전도 받아 기독교인이 되었다. 해주읍교회(남본정교회) 창설에 참여하였고(1901년) 1903년부터 미감리회 선교사 크리체트(C.Crichett)와 함께 해주 서지방 순회전도에 종사하였다. 1906년 백천교회로 전임하였고 감리교 협성신학교를 졸업하고(제1회, 1911년) 미감리회 조선연회에서 집사목사안수를 받았다. 그리고 백천의 창동학교 교장직을 맡고(1912년) 해주읍교회에 부임하여 교회당을 건축하였다(1913년). 상동교회에 부임하고 공옥학교 교장을 겸임하였다(1916년). 서강교회에 부임하여 의법학교 교장을 겸임(1918년)하고, 동대문교회에 부임하고 홍인 배재학교 교장을 겸하였다(1919년).

3.1운동에 참여하였으나 장기투옥을 면하였다. 재감자 가족구호활동을 하였다(1919년). 두 번째 상동교회에 부임하여 5년간 시무(1924년)하였다. 이 무렵 미감리회 조선연회 대표로 감리교협성신학교 이사가 되었고, 내리교회에 부임하며 인천지방 감리사로 임명을 받았다(1929년). 인천지방 주최로 홍순탁 목사 교역 25주년 기념식을 거행하였다(1931년

5월). 홍천읍교회에 부임하여 홍천지방 감리사(1931년)로 활약하였다. 영월지방 신창교회와 일신학교 교장으로 봉직(1933년)하고, 해주 남욱정교회에 부임 시무(1935년)하였다. 강원도 철원교회 담임(1941년)으로, 서울 청파교회에 부임 시무(1943년)하였다.

해방 후 상동교회에 세 번째 부임하였다. 1946년에는 공옥학교를 복구하였다. 고령에도 불구하고 교회 재건을 위해 헌신하던 중 과로로 쓰러져서 1947년 3월 15일 별세하였다. 경기도 벽제에 안장되었다. 그는 1921년에 발표한 논문 "실용신학"에서 그의 심오한 신학 사상을 펼치는 것보다 실용적인 측면인 실천신학에 더 많은 관심을 보여주었다. 그는 목회사역을 시작하여 45년 동안 12교회를 섬겼다.

| **참고** |『내리교회 130년 역사 화보집』. 내리교회. 김홍규. 2015년.

44. 양주삼 초대 총리사(1879.1.25.-1950. ? , 71세, 순교)

평남 용강군 산남면 홍문리에서 가난한 선비 양정섭의 장남으로 태어났다. 그가 기독교를 알게 된 것은 15-16세쯤 한문으로 된 "만국공보"란 잡지와 "덕혜입문"이란 상해 주재 선교사들이 발행한 전도서를 접하면서부터다. 서적을 통해 기독교를 알게 된 그는 1899년 교회를 찾아가 기독교인으로서의 삶을 시작하였다. 1899년 겨울 집안에 허락도 받지 않은 채 상경하여 인공양잠전습소에 입학하여 6개월 동안 교육을 받으며 새로운 학문을 처음 맛보았다.

이어 헐버트(H.B.Hulbert)와 콜리어(C.T.Collyer) 선교사의 소개장을 받아들고 인천을 떠나서 중국 상해에 도착하여 1901년 5월 남감리교회에서 운영하는 중서서원에 입학하여 1902년 10월 원장으로 있던 파커(R.A.Parker)에게 세례를 받아 정식 남감리교회 교인이 되었다. 1905년 중서서원을 졸업한 뒤 유학길에 올라 영국을 거쳐 미국에 도착하여 뉴욕지방에 머물다가 이듬해 샌프란시스코로 이주하였다. 당시 하와이에 이민 왔다 샌프란시스코로 이주한 한인들을 위한 교회를 설립하기로 결심하였을 때, 이곳에서 리드(C. F. Reid) 선교사를 만나 한인교회 전도사 일을 맡아 보면서 월간지 "대도"를 발행하였다. 1910년 1월 밴더빌트대학 신학부에 입학하여 1913년 6월에 졸업했고, 이어 예일대학 신학부에 진학하여 이듬해 6월에 졸업하였다.

1912년 9월 12일에는 남감리교회에서 집사목사로 안수를 받았다. 1915년 1월 귀국하여 즉시 협성신학교 교수로 신학을 가르치는 한편 교장인 하디(R. A. Hardie)와 함께 신학잡지 "신학세계"를 창간하였다. 1915년 10월 3일 김홍순, 정춘수와 함께 남감리회에서 한국인으로는 처음으로 장로목사안수를 받았고, 1916년 한영서원(후의 송도중학교) 부원장으로 2년간 재직하였으며 1918년 11월 남감리회 선교백년기념사업회 총무로 선출되어 시베리아 선교사업을 시작하는 등 남감리교회 전도사업을 총괄하였다. 그 후 시베리아 선교사업 관리자(1923년), 철원지방 장로사(1924년), 경성지방 장로사(1929년), 남감리회 조선연회장(1930년)을 역임하였다. 그리고 1928년에는 예루살렘에서 개최된 국제선교대회에 한국 대표로 참석하였다(김활란과 함께). 귀국 후 자교교회(1915년)와 종교교회(1919-1920년)에서 시무하였다. 또한 남감리회 100년 선교사업기념사업회를 조직하여 3년간 총무로 그 운동을 총지휘하였다. 그 결과 4년 만에 남감리교회의 교회 수와 교인 수가 배 이상으로 증가하였다.

1930년 남북감리교회가 합동하여 "기독교조선감리회"를 창립하는데 공헌하였으며, 제1회 총회에서 초대 총리사로 선출되었고 제2회 총회에서도 재선되어 8년간 한국 감리교회를 이끌었다. 해방 후 1949년 3월 신사참배, 징병 권유 연설 등을 행한 "친일 반민족행위자"로 반민특위에 체포되어 심문을 받았다. 그리고 1949년 대한적십자사 초대 총재로 취임하여 활동하다가 1950년 8월 23일 공산군에 의해 연행된 뒤 소식이 끊겼다.

45. 오화영 목사(1879.4.5.-1959. 80세)

황해도 평산군 평사면 대촌리에서 오석조의 장남으로 출생하여 1895년 18세까지 한학을 수학하였고 이때 동학에 가담하여 활약하다가 만주로 망명하였다. 귀국하여 1909년 남감리회 소속으로 전도 생활을 시작하여 개성서구역(1909-1911년), 개성 북부교회(1911-1913년) 전도사를 거쳐 1913년 9월 원산 상리교회로 전임하였다.

1914년 8월 23일 김영학과 최태곤 등 3명이 함께 앳킨스 감독(Bishop James Atkins)에게 집사목사안수를 받았다. 원산 여선교회 창립에 기여하였다. 1917년 서울 종교교회에 부임하고, 1918년 감리교 협성신학교를 졸업하고, 10월에 장로목사안수를 받았다.

그는 민족주의 의식이 강한 목회자였다. 3.1운동에 소극적이었던 신석구 목사를 3.1운동에 적극적으로 참여하도록 권유하였다. 3.1운동으로 투옥되어 2년 6개월의 실형을 언도 받고 만기 출옥하였다. 출옥 후 바로 1922년 5월에 수표교교회 담임목사로 부임하고, 1925년 개성 북부교회(1925-1927년)에서 목회하고 수표교교회(1927년 9월-1928년)에 재차 부임하였다. 1년 후 YMCA의 종교부 간사로 일하였다.

1929년 광주학생 독립만세사건과 관련해 체포되어 두 번째 옥고를 치르다가 6개월 후 석방되었다. 1931년 수표교교회에 재파송되고, 상동교회, 연화봉교회에 각 1년씩 시무하였다. 1937년 중부연회에서 퇴회하고 수표교교회 본처목사가 되었다. 이후 농업에 잠시 종사하다가 1939년 흥업구락부 사건으로 체포되어 6개월간 옥고를 치렀다. 해방 후 정계에 투신해 그 해 건국준비위원회위원으로 피택되고, 조선민족당을 결성하여 당수로 피선되고 1950년 대한민국 제2대 국회의원으로 서울 종로구에서 당선되었으나 곧 6.25전쟁 때 공산당에게 피납되었다. 북한에서 조소앙, 안재홍 등과 함께 최고위원으로 활동하고 1959년 80세에 별세하였다.

46. 주룰루 전도부인(1879.4.24.-1960.9.3. 81세)

경기도 개성군 화장산 가난한 집안에서 태어난 그는 네 살 때 황해도 해주에 있는 외할머니 집으로 갔다. 외할머니는 무당이었다. 1년 후에 집에 왔지만, 아버지가 가출한 후 충격을 받은 어머니도 무당이 되었다. 1895년 청일전쟁으로 난리를 피해 산속으로 도피하였다. 농사꾼(김기섭)에게 시집을 갔다. 1901년 어느 날 우연히 예수를 믿는 한 부인을 만났는데 '포기'는 그 부인에게 해주읍에 사는 외할머니를 전도해 줄 것을 요청했다. 뜻밖에도 외할머니가 예수를 믿었고 어머니도 3년 후에 예수를 믿게 되었다. 포기는 시집 식구들의 구박이 심해졌고 스물네 살 때(1901년 6월 24일) 아프기 시작하여 굿을 해 보았지만 나을 병이 아니라고 했다. 그때 친정에서 외할머니가 찾아와 '귀신 쫓는 도'가 있다며 찬송하고 기도 드린 후에 돌아갔는데 아픈 기색이 사라졌다. 하루는 다섯 살 된 아들과 친정으로 가고 있는데 어떤 남자가 그녀의 뒤를 따라와 무서운 욕을 하고 소리를 지르다가 미친 사람이 되었다. 집에 있던 시어머니가 집에 가져다 놓은 성호경과 성수를 상처에 바르니 깨끗이 나았다.

이를 계기로 1905년 8월 1일 어머니를 따라 해주읍교회에 나가기 시작하였다. 그해 12월에 크리체트(C. Critchett) 목사에게 세례를 받고 '룰루' (Lulu)란 세례명을 받았다. 이때부터 그는 이름을 '포기' 대신 '룰루'로 부르게 되었다. 해주읍에는 1893년부터 제물포에 있던 존스(G. H. Jones) 선교사가 김기범, 김창식 등의 전도인들을 파송하여 전도케 함으로 교인들이 생겨났다. 그러나 남편과의 관계는 좋지 않아 친정으로 돌아가 교회 일만 전념하게 되었다. 그리고 힐만 선교사의 요청으로 해주의정학교에서 한글 가르치는 선생이 되었고 노블 선교사 부인의 주선으로 사범과까지 졸업하였다. 1907년 남편이 병들어 회개 후 예수 믿고 죽었는데 얼마 후에 아들까지 죽게 되었다.

1907년 남편과 아들을 잃은 후 가을 힐만 선교사가 그를 불러 전도부인이 되어 달라는 요청을 했다. 그녀는 전도부인으로 강녕에서 4년간 일한 결과 17개 교회를 개척하였고 배천에서 일할 때는 구박하던 시어머니와 동서가 예수를 믿게 되었다.

1918년 연안으로 파송 받아 갔는데 그 이듬해에 3.1운동을 겪게 된다. 당시 해주읍교회는 최성모 목사가 시무하고 있었는데 그는 민족대표 33인 중 1인으로 참여하였다. 박희도 역시 33인 중 한 사람으로 서울 YMCA 간사로 학생동원과 지방 연락책임을 지고 있었는데 박희도는 주룰루의 조카사위였다. 주룰루의 외아들 명신은 연희전문학교 재학 중이었는데 3.1운동 당시 서울과 해주의 만세운동 연락책임을 맡게 되었다. 해주 만세운동 관계로 최성모, 박희도와 명신이도 체포되었다.

명신은 출옥 후 박계화 목사의 딸 경신과 결혼하였고 3.1운동으로 중단되었던 학업을 계속해 1926년 연희전문학교를 졸업하였다. 해방 후 세브란스 의학전문학교 사무국장을 역임하고 1960년에는 배화여자중고등학교 교장을 역임하였다.

김명신에겐 딸이 하나 있었는데 서울음대 1회 졸업생인 김정옥으로 그녀는 남감리교회 최초의 교인 윤치호의 손자 윤승구와 결혼하였다. 주룰루는 아들이 결혼 후에도 해주읍 남본정교회 전도사로 해방되기까지 시무하였다. 해방 후에는 서울로 이사 와서 이북에서 월남해 온 교인들이 많이 나오는 일신교회에 출석하였고, 1960년 9월 3일 서울에서 81세 나이로 별세하였다.

47. 하영홍 순교자(1879-1915. 36세)

경기도 시흥현 군내면 안양리 234 삼막골(현 안양시 만안구 석수동)에서 하진찬의 아들로 태어났다. 하영홍은 세종 때 영의정을 지낸 하연의 15대 손이자, 조선 중기에 의금부도사를 역임했던 하우청(1561-1622년)의 10대손이다. 그는 21세 되던 1900년 12월 안양마을에서는 처음으로 예수를 믿기 시작하였다(무지내교회 김동현 권사에게 전도받았을 것으로 추정-이진호 장로 증언). 1901년 5월 〈조선감리회연회록〉 스웨어러(W. C. Swearer) 선교사의 보고서에 따르면, 당시 삼막골에 지도자 하영홍과 학습인 24명이 마을의 60호 주민들과 친척 관계로서 함께 전도하였다고 한다. 그는 자기의 전답을 모두 팔고 돈 1백 80원을 마련하여 교우 일곱 가정과 함께 초가 여섯 칸의 삼막골교회를 건축하였다.

전도사업과 교육사업을 병행하여 꾸준히 성장하고 있던 삼막골교회는 뜻하지 않은 일로 큰 어려움에 처하게 된다. 1904년 2월 청일전쟁을 계기로 일제는 원활한 전쟁 수행을 목적으로 철도건설을 위해 수많은 한국인 근로자들을 노무자로 동원하였다. 이에 따라 시흥군에도 80여 명의 노무자 동원령이 내려왔다. 이 일이 계기가 되어 1904년 9월 14일

(음력 8월 5일) 하오 3시 분개한 시흥 6개면 농민 수천 명(혹은 1만 명)이 한천교(현 광명시 입구의 안양천)에 모였는데, 하영홍은 농민측 협상대표인 성우경이 농민들보다는 일본에 아부하여 노무자를 모집한 것에 대하여 잘못을 지적하였다. 이에 대한 시시비비를 가리는 과정에서 군중들이 격분하여 고의는 아니지만 군수와 그의 아들, 일본인 2명이 살해되는 일이 발생하였다. 이후 하영홍은 이 사건의 주동자로 지목되어 피신 중 순검에게 체포되어 관리 협박죄로 15년의 징역형을 언도 받았다. 감옥에서 병을 얻어 출소한 후 삼막사에서 요양하다가 1915년에 36세로 별세하였다.

지도자를 잃은 삼막골교회는 겨우 명맥을 유지하다가 폐쇠되었다. 그러나 50년이 지난 1954년 한경수 전도사가 삼막골에 기도처를 개척하였다. 이 기도처는 신안양교회로 개칭되어 이전하였고 일 년 후 그 자리에 석수교회가 창립되어 맥이 이어졌다.

48. 도인권 목사(1880.1.17.-1969.2.28. 89세)

평남 용강군 다미면 하오리 전호동에서 출생하였다. 10살 때 아버지가 별세하여 이곳저곳을 떠돌다가 14살 때 평양으로 이주하였다. 1901년 구한국 군대 육군 군사 특별과에 입대하여 졸업 후 하사관 간부 훈련 교관으로 임관하였다. 1907년 군대 해산 후 황해도 재령의 양원학교를 중심으로 '학무회'를 조직하고 교육사업에 투신하였다. 1908년 고향인 용강에 충일학교와 사범강습소를 설립하고 새로운 교육을 추진하였으며, 재령 문창학교 교장을 지냈으며 안악의 양산학교에서도 근무하였다. 한편 기독교에 입교하여 1910년 안악장로교회에서 선교사 밀러(F. S. Miller)에게 세례를 받고 즉시 청년 전도대를 조직하여 안악 일대에 전도사업을 시작하였다.

1911년 2월 안명근 사건에 관련 김구, 김홍량 등과 함께 일경에 체포되어 갖은 고문과 악형을 당했고 6년 동안 서대문형무소에서 옥고를 치렀다. 1919년 평양에서 교회를 중심으로 만세운동을 주도한 후 7월에 상해로 망명하였다. 상해 임시정부 군무 국장, 임시의정원 부의장, 상해 거류민 단장 등을 역임하였다. 1921년에는 고려혁명위원회 33인 위원 중

하나로 시베리아로 가서 공산주의자들과 대결하였다. 1922년 10월부터 남감리교회에 속하여 외수청 구역을 담임하는 것으로 교역을 시작하여 시베리아 지방의 선교사업에 투신하였다. 1929년 소련공산정권의 종교 핍박을 피해 교인들과 함께 중국 훈춘의 동흥진으로 피하여 여기서 6개의 교회와 5개의 학교를 설립하는 한편 동흥진교회의 담임으로 시무하였다. 1931년 만주사변 당시에는 비적들에게 잡혀 사형선고를 받았다가 석방된 적도 있다. 1939년 6월 간도의 연길구역으로 파송되어 연길교회와 유치원을 설립하여 해방 당시까지 시무하였다.

해방 후 1947년에는 옹진읍교회를 담임하여 유치원을 설립하는 등의 활동을 하다가 1950년 6.25 당시 공산 학정을 피해 월남하였다. 감리교의 제주도 선교사업이 시작되면서 그 관리자로 활동하였다. 이후 1957년 4월까지 시무하면서 9개의 교회를 설립하였고 제주지방 감리사로 재직하였다. 특히 제주중앙교회의 기지분규를 해결하고 '류형기 감독 선교 기념예배당'을 건축하여 1956년 봉헌하는 업적을 이루었다. 또한 그가 제주도 감리사로 있을 때 그의 자녀들은 제주교회에 종을 헌납하여 주위 사람들에게 아름다운 일로 기록되었다. 그 후 1969년 2월 28일 서울에서 89세로 별세하였다.

| **참고** |〈감리교회와 독립운동〉. 홍석찬 목사 논설집. 에이멘. 1998년.

49. 어윤희 사회사업가(1880.6.30-1961.11.18. 82세)

충북 충주 소태면 덕은리 산골에서 어현중의 무남독녀로 출생, 12세에 어머니를 여의고 16세가 되었을 때 아버지의 결정으로 낯 모르는 남자와 결혼하였다. 그러나 남편은 결혼한 지 3일 만에 동학군이 되어 집을 나갔고 얼마 안 있어 전사했다는 소식을 접하게 되었다. 2년 후에 아버지마저 세상을 떠나자 여러 곳을 전전하다가 개성에 정착하였다. 나이 30세가 되던 1909년 우연히 개성북부교회 예배에 참석했다가 정춘수 전도사의 설교를 듣고 감명받아 기독교인이 되기로 결심하였다. 어윤희는 스스로 신앙을 고백하여 1909년 6월 갬블((F. K. Gamble)에게 세례를 받았다. 갬블의 추천으로 미리흠여학교에 입학하여 정규교육을 받고 1915년 3월에 호수돈여숙을 졸업하였다. 졸업 후 전도부인이 되어 개성 동부교회에서 목회를 시작했고 1917년부터 토산 지역에 파송되어 주로 농어촌, 산간벽지의 교회들을 순회하며 전도 활동을 했다.

어윤희는 1919년 개성에 있는 여자 성경학원 사감으로 봉직하던 중 3.1운동을 겪었다. 개성 만세시위사건은 주로 여성 중심으로 일어났다. 호수돈여학교 학생들과 어윤희(1880-1961년), 신관빈(1885-미상), 심명철

(1896-1983년), 전애라(1897-1973년) 등이 주동이 되어 개성의 만세시위가 시작되었는데, 어윤희 전도사는 군중을 제일선에서 이끌었다. 어윤희는 연행되어 재판을 받고 징역 1년 6개월 언도를 받았다. 어윤희는 서대문형무소 여옥사 8호 감방에 수감 되어 유관순과 함께 생활하였다. 그리고 1920년 3월 1일 만세 1주년 기념으로 옥중 만세시위를 벌였다.

출옥 후 전보다 조직적인 항일 민족운동을 전개하기 시작하였다. 교회의 여성을 조직화하여 이를 통한 민족계몽과 교육을 추진하는 것인데, 바로 감리교회 여선교회를 결성하는 것이었다. 1920년 남감리회 여선교회 전국연합회가 결성되었는데 이때 어윤희는 부회장으로 피선되었다. 그 이후로도 계속 일본 경찰의 요시찰 대상이 되었다. 1937년 어윤희는 개성 유지 한철호와 오기환의 도움을 얻어 고려정에 '유린보육원'이란 고아원을 설립하였다. 1941년 태평양전쟁이 발발한 후 그 어려운 상황에서도 고아들을 돌보며 봉사와 헌신의 삶을 살았다.

해방 후 그는 공산당을 피해 월남하여 서울 마포의 서강에 유린보육원을 재건하여 죽는 날까지 고아들을 돌보았다. 1952년 서강교회 장로로 피택되었고 1953년 사회사업가로 나이팅게일 기장을 받았으며 1959년 인권옹호 공로표창을 받았다. 1961년 11월 18일 유린 보육원에서 82세의 나이로 별세하였다.

| **참고** | "서대문형무소 여옥사 8호 감방의 개성 활동가 4인방". 장미경 씀. 〈기독교세계〉. 1073호. 2021년.

50. 최인규 권사(1880.-1942.12.16. 62세)

강원도 삼척군 북평읍 송정리에서 최돈일의 2남 1녀 중 차남으로 태어났다. 18세에 한 살 위인 호은선과 결혼하여 7년만인 1905년 첫 딸을 낳았다. 부인이 긴 투병 끝에 세상을 뜨자 술로 세월을 보냈다. 1921년 주위 사람의 인도로 잠시 북평교회에 출석하였지만 이내 세상으로 돌아갔고, 또다시 술로 세월을 보내던 그는 45세 되던 1924년 여름 다시 교회에 출석하여 새로운 길을 걷게 되었다.

그는 북평교회 담임인 김기정 목사에게 신앙생활의 지도를 받고 1925년 2월 15일 학습을 받고 12월 7일 세례를 받았다. 그는 주일을 엄격히 성수하였고 전도하기를 힘쓰고 속장과 주일학교 교사로 충성하여 유사직과 주일학교 교장직도 받게 되었고 예수 믿은 지 8년 만인 1932년 9월 16일 삼척구역회 천거로 권사직까지 받았다. 권화선 속장이 개척한 천곡교회(1932년)를 위해서 최인규 권사는 자신의 논 5백 39평과 밭 1천 3백 69평을 교회 대지로 헌납하여 천곡교회를 건축하여 봉헌하였다. 이 일로 최인규 권사는 전 감리교회의 모범이 되어 1938년 10월 총회 때 상장과 은재 상패를 표창받기도 하였다.

1938년 이후 더욱 가중되는 일제의 탄압 속에 교회가 변질되어 가는 모습을 지켜보면서 근심하던 중 결국 신사참배 거부로 인해 1940년 5월 체포되었다. 삼척 경찰서에 연행되어 조사받고 강릉구치소에 수감되어 고문을 받으면서도 믿음을 굽히지 않았다. 함흥재판소에서 재판을 받고 불경죄로 징역 2년 형을 언도 받았다(1941년 11월 21일). 1941년 12월 대전 형무소로 이감되었다. 그는 계속되는 고문과 단식으로 점점 몸이 쇠약해져서 음식조차 먹을 수 없게 되자, 병감으로 옮겨 치료받다가 3일 만인 1942년 12월 16일 14시 62세로 하나님의 부르심을 받았다(고문 휴유증으로 사망).

51. 차미리사 여성교육자(1880.8.21.-1955.6.1. 75세)

서울 마포에서 태어났다. 18세에 결혼하였으나 2년 만에 남편과 사별한 후 스크랜턴 대부인을 만나 기독교인이 되었다. 상동교회에서 세례를 받으면서 '미리사'라는 세례명을 받았다. 1905년에 중국으로 유학하여 남감리회 여선교부에서 운영하는 쑤저어여학교에서 공부하였다. 그 후 미국으로 건너가 안창호의 흥사단 운동에 적극 참여하였으며 켄자스티스칼대학에서 신학을 공부하였다. 1917년 남감리회 여선교부에서 파송하는 선교사로 귀국하여 종교교회에 출석하면서 배화학당에서 교사 겸 기숙사 사감으로 근무하였다.

배화학당에서 여학생들에게 민족의식을 고취하는 활동을 하다가 1920년 3.1운동 1주년을 기념하는 학생들의 시위로 학교를 떠나게 되었다. 선교사직을 사임하고 나라를 살리기 위하여 여성 교육이 시급하다는 것을 깨닫고 여성 교육운동과 여성 생활 개선 운동에 적극나섰다.

1920년 4월 19일 서울 종교교회에 우리나라 최초의 '여자야학회'를 설치하여 문맹 여성을 위해 가르쳤고 1921년에는 서울 청진동에 새 교사를 마련한 후 '근화여학교'란 이름으로 새출발하였다. 여성 노동과 직업을 위해 여성 실업을 강조하였다. 그녀의 여성 실업교육 사상은 해방 후 여자상업고등학교와 여자실업학교 확산에 영향을 주었다. 1920년에 '조선여자교육회'를 조직하여 전국을 순회하면서 강연회를 개최하였다. 그리고 교육활동 자금을 모금하기 위해서 강연회, 음악회, 연극회, 바자회 등을 개최하였다.

일제 말기에는 '근화'라는 명칭이 무궁화를 상징한다는 일제의 시비로 1938년 '근화여학교'를 '덕성학원'으로 바꾸었다. 1950년 '덕성여자초급대학'을 개교하였고 이것이 '덕성여자대학교'로 발전하였다. 1952년 덕성여자대학교 이사장에서 사임하고 1955년 6월 1일 별세하였다. 차미리사는 여성 교육의 개척자로 여성의 권익향상과 해방이 이루어져야 한다는 생각을 갖고 평생토록 이를 실천한 민족의 지도자였다.

52. 안경록 목사(1882.8.7.-1945. 63세)

평남 진남포에서 출생하였다. 1911년 서울의 감리교 협성신학교를 제1회로 졸업하였다. 졸업 후 미감리회 전도사로 평양에서 목회하던 중 '105인 사건'을 맞았다. 1910년 음력 8월 29일 압록강 철교 준공식에 참여하러 가는 데라우치 총독을 선천 역에서 암살코자 했으나 미수에 그쳐, 기독교 지도급 인사 6백 명을 체포하고 선교사 23명을 연루자로 불구속 기소하였는데 이 사건에 휘말린 것이다. 105명에게 실형을 선고하여 일명 '105인 사건'이라고 불렀다. 그는 이 사건으로 체포되어 고문을 받고 결국 6년 형의 징역선고를 받고 2년 만에 출옥(1914년)하였다. 출옥 후 강원도 영월로 목회지를 옮겼으며 1914년 6월 7일 집사목사안수를 받았다. 1915년 강릉교회로 전임하여 10년을 강릉지방에 투신하였는데 1918년에 장로 목사안수를 받았다.

1919년 강릉지방 감리사가 되었다. 4월 2일 강릉 장날 만세시위에 앞장서서 다시 옥고를 치렀다. 1924년 진남포교회(신흥리소재)로 전임하였다. 이곳에서 2년 동안 목회하였고 삼승학교 설립에도 적극 참여하였고 1927년 만주지역 선교사로 파송받아 신경 영고탑교회에서 1년간 시무하였다. 귀국 후에는 황해도 수안교회로 부임하였는데 궁벽한 산골이라 절제운동을 전개하며 자금을 모아 공동농장을 경영하여 농촌 자립운동을 전개하였다. 이 무렵 그는 일선 목회를 떠나 농장경영에 몰두하면서 지방교회를 돕고 부흥회를 다니기도 하였다. 1940년 맏아들 예겸이 감리교신학대학 4학년 재학 중 갑자기 사망하자 정신적 충격을 받아 홍제목장을 경영하게 되었다. 1945년 63세로 별세하였다.

53. 손정도 목사(1882.7.2.-1931.2.19. 49세, 순국)

평남 강서군 증산면 오흥리출신이다. 무어(J. Z. Moore)의 비서 겸 어학 선생이 되었다. 1904년 숭실중학교에 입학하여 1908년에 졸업하였다. 1907년 평양부흥운동에 자극받아 전도자가 되기로 결심하고 서울 협성 신학교에 입학하고, 1910년에 졸업하였다. 처음 목회지는 진남포이다. 집사목사안수를 받고 만주지방 선교사로 선택되어 만주 중국인들에게 복음을 전하였다(1911년). 북경 체류 중 가츠라(1849-1913년) 공작 암살음모 사건에 연루되어 수난을 당하였다. 1912년 1년간 투옥되었다. 북간도 무관학교 설립기금 모금사건으로 체포되어 1년간 전남 진도로 유배되었다. 1914년에 동대문교회에서 목회하고, 1918년 장로목사안수를 받고, 1915-1918년 정동제일교회에서 3년간 목회하였다.

3.1운동 3개월 전 1918년 정동제일교회를 사임하고 상해로 갔다. 3.1운동 후 상해에서 임시정부수립 의정원 부의장에 선출되었다. 대한민국 임시정부수립의 산파 역할을 하였다. 북경에서 개최된 감리교 동아 선교대회에 참석하여 한국 독립운동의 진상을 알리고 1921년 만주 길림으로 옮겼다. 길림 한인교회에서 담임목회를 하며 한인교회 내에

유치원과 공립학교 설립을 하였다. 과로로 건강을 해쳐서 목사직를 사임(1929년)하였다. 길림의 동양병원에 입원 투병 중 순직하였다.

| **참고** |『손정도 - 자유와 평화의 꿈』. 이덕주 저. 밀알북스. 2020년.

54. 김유순 감독 (1882.12.17.–1950. 69세, 순교)

황해도 신천 출생으로 숭실중학을 졸업하였다(1904년). 하와이에서 목회하는 아버지 김영식 목사를 찾아 미국으로 건너가서 1912년 미국 남가주 성경전문학교를 수료한 후 그해 9월에 목사안수를 받았다. 1913년에 귀국해 여러 교회에서 부흥회를 인도하고 경성지방 순회목사로 활동하였다. 1917년 다시 미국에 건너가 뉴저지 마디슨 신학교에서 공부한 후 1920년 졸업하게 된다. 귀국하여 약 1년간 미 감리회 순회부흥사로 전국을 돌며 메마른 심령에 복음의 소식을 전한다. 조국에서 첫 담임목회는 1921년 9월에 시작되는데 평양 남산현교회에서 모였던 미감리회 조선연회에서 평양 남산현교회로 파송되었고 이어서 1923년 충남 홍성지방 감리사, 1926년 황해도 해주지방 감리사, 1929년 해주지방 감리사 겸 백천구역 담임, 1930년 천안지방 감리사 겸 천안읍교회 담임, 1935년 서울남지방 만리현교회에서 각각 시무하였다.

1945년 해방 후 재건파와 복흥파로 분열된 감리교회를 통일하기 위한 통일 전권위원회를 구성하고 중부, 동부의 연합회와 통합총회를 1949년 4월 26일에서 5월 2일까지 개최하였는데 이 통합총회에서 김유순 목사가 감독으로 선출되었다. 그 당시 그는 북아현교회(현 아현교회)를 1947년부터 시무하던 중이었다. 당시 김 감독이 우선해야 할 일은 크게 두 가지였다. 첫째는 분열되었던 교단의 상처를 치유하여 산적한 행정적인 일을 정리하는 일이었고, 둘째로는 모든 교단의 역량을 총동원하여 주님의 지상명령인 선교의 사명을 감당하는 것이었다.

1950년 그가 감독이 된 지 1년 남짓하여 한국전쟁이 일어났다. 그 후 6월 27일 오후에 중앙교회에서 감리교 목회자들이 모여 대책을 논의하였을 때 김유순 감독을 비롯하여 전도국 총무인 박만춘 목사, 방훈 목사, 조상문 목사 등 많은 목회자들이 참석하였다. 공산당들에게 냉천동 총리원과 신학교를 강탈당하였으나 김유순 감독은 교회를 지키고 교인을 돌본다는 의지로 피난을 가지 않았다. 8월 23일 김유순 감독은 공산당 정치보위부원에게 끌려가 서대문형무소에 수감되었다. 이후 자세한 소식은 알 수 없지만 김유순 감독은 북으로 피랍되는 과정에서 순교한 것으로 보인다.

55. 서기훈 목사(1882.12.19.-1951.1.8. 70세)

충남 논산에서 출생하여 어려서 한학을 수학하였고 1901년 세례를 받았으며 1914년 6월 남감리회 전도사 직첩을 받고 전도생활을 시작하고 1918년 협성신학교를 졸업하였다. 1922년 원산지방 고저교회, 1923년 간성교회에서 시무하였다.

1923년 집사목사, 1925년 장로목사 안수를 받았으며 고저교회를 담임하였다. 1929년 김화교회로 전임되었고, 1931년부터 1933년까지 3년 동안 철원지방 감리사를 역임하였다. 1934년 원산 구세병원 원목, 1937년 장전, 관교동, 신고산교회 담임으로 봉직하였다. 1940년에는 일제의 박해로 7개월간 고성경찰서에 구금되기도 하였다.

해방 후 1947년 6월부터 철원지방 장흥리교회에서 시무하였다. 그러던 중 1950년 11월경 공산군 패잔병들이 침입하여 청년 교우 집에 들어와 밥을 얻어먹은 뒤 동네 청년들과 싸움이 벌어져 공산군 9명이 죽었다. 이 일로 그는 검거되어 공산군을 사살한 청년의 이름을 대라고 문초를 당한 후 일단 풀려났으나 12월 31일 정치보위부에 재검거되었으며, 1월 8일 암소고개에서 70세의 나이로 총살당했다. 1967년 3월 13일 박창국 감리사의 발의와 장흥교회 교인들의 협조로 그 교회당 앞에 그의 신앙을 기리는 기념비가 세워졌다.

| **참고** | 서기택. "순교자 우리 아버지". 〈인천일보〉. 2001년.

56. 신흥우 목사(1883.3.26.-1959. 76세)

충북 청원군 남성면 묵정리에서 신면휴의 막내로 태어났다. 한학자인 부친에게서 한학을 수학한 뒤 1894년에 배재학당에 입학하여 서재필, 윤치호 등에게서 개화사상을 받아들였고 1898년에 기독교에 입교하였다. 1899년 배재학당을 졸업하였다. 일본에 망명 중인 박영효를 영입하려 한다는 혐의로 체포되어 1902년 1월 징역 3년을 선고받고 한성감옥에 갇혔다. 당시 감옥에 있던 이승만, 성낙중, 양의종과 함께 옥중학교를 열어 영어, 지리, 문법을 가르쳤다. 출옥 후 1903년 미국으로 건너가 남캘리포니아대학교에 입학, 예과 2년을 마치고 의과대학에 들어갔으나 학비가 너무 많이 들어 도중에 그만두고 문리과대학으로 전과하였다. 학사(1910년), 석사(1911년) 학위를 받고 귀국하였다.

귀국 후 미감리회 선교부의 요청으로 1911년 6월 모교인 배재학당 학감에 취임하였다. 1902년 1월에 최초의 한국인 학당장으로 임명되었다. 19016년 배재학당의 고등보통학교로의 개편에 따라 교장이 되었다. 1918년에 〈배재학보〉를 창간하였다. 1919년 3월에 그는 미국 오하이오주에서 열림 세계감리교대회에 참석하여 3.1운동에 관해 진술하고 3개월 동안 "한국의 갱생"(The Rebirth of Korea)이라는 제목의 책을 출판하여 전 세계에 알렸다. 그러나 11월 귀국 후 한 사람을 제외한 교원 모두가 서명한 파면요청 연판장을 접수한 이사회의 권고에 따라서 1920년 사직을 당했다.

배재학교에서 물러난 후 그는 YMCA운동에 투신하였다. 1923년 일본YMCA에 속한 한국YMCA를 독립시켰고 1924년 스위스 제네바에서 열린 YMCA세계동맹에 정식 가입시켰다. 또한 클라크(F. C. Clark), 번스(H.C. Bunce) 등 외국의 저명한 농업전문가를 초빙해 농촌부흥에 노력하였으며 덴마크식 농민학교와 협동조합을 조직·확대해 나갔다. 1932년 기독교연구회(1926년)와 교회진흥운동(1927년)을 통합하여 "적극 신앙단"을 조직하였다. 그러나 보수 기독교 세력의 반대로 1935년 적극적 신앙운동은 종말을 고하고 총무직도 사임하였다. 1938년 흥업구락부에 대한 검거열풍으로 검속당한 후 일제의 회유로 친일행각에 동참케 되었다.

1939년 9월 아펜젤러 2세의 후임으로 다시 배재고등학교 교장에 취임하였다가 태평양전쟁 직전 교장직을 사임하였다. 해방과 6.25전쟁 중 8월에 도미하여 미국에서 1951년 2월 저서 『살길을 찾아서』를 출간하였다. 1952년 4월 귀국하여 제2대 대통령선거에 출마했으나 낙선하였다. 1957년 7월 민주당에 입당, 고문에 추대되어 다시 정치활동을 시작하였다. 1959년 3월 15일 만 76세를 일기로 별세하였다.

57. 조종범 목사(1884.1.14.-1966.1.3. 82세)

경기도 강화읍 길상면 건직리에서 조정식과 전경선의 3남으로 태어났다. 어려서 한학 공부를 하였으며 1899년 주사라와 결혼하였다. 그는 강화 모창학교 사범과에 입학하여 1901년 졸업하였다. 당시 강화에서 활동하던 민족지도자 이동휘 선생의 권고로 기독교를 믿게 되었다. 처음에는 강화 월오지사립학교에서 교사로 재직하여 학생들을 가르쳤다.

1908년 음력 2월 자택에 교회를 설립하였고, 개성에서 교역(1909-1911년)하고 입장교회에서 시무하였다(1915-1918년). 1917년 연회 학습인으로 1919년 11월 9일 집사목사 안수를 받고 경기, 강원, 충청남북도에서 교역하였다. 대전구역에서 시무할 때(1922년 10월 2일) 장로목사 안수를 받았다. 진천구역(1922-1924년), 논산구역(1924-1924년), 이천구역(1927-1928년), 갈산구역(1928-1931년)에서 활동하였다.

1931년 갈산교회 재임기간에 기와집 15칸의 예배당을 신축하였고 예산군 음봉면 송석리에 송석지교회를 설립하였다. 천안지방 예산, 삼척(1931-1934년), 강릉구역 및 지방 감리사(1934-1935년), 예산(1935-1937년), 갈산 구역 및 감리사(1937년)로 시무하였다. 1950년 충남 당진읍에 호서중학교를 설립하였다. 1956년 호서성경학교(당진 호서중고등학교)를 세워 교장이 되었고 1957년에 정년 은퇴하였으나 학생들과 함께 교실을 늘리는 일에 손수 힘쓰셨다. 1966년 1월 3일 오전 10시 84세로 소천하였다.

58. 김현호 목사(1884.9.3.-1965.9.18. 81세)

경기도 부천군 덕적도에서 출생하여 어려서 한학을 수학하고 25세 때 기독교인이 되었다. 교육에 뜻을 두어 향리에 사립 명신학교를 설립, 운영하였고 덕적면장을 겸임하면서 32세에 전도사로 목회를 시작하였다. 1921년 10월 2일 집사목사안수를 받았고, 1924년 강화읍교회에서 시무하였다. 1925년(41세) 감리교 협성신학교에 입학하여 1927년 수료하면서 그해 장로목사안수를 받고 내리교회에 부임하였다. 1928년 흉년과 경제적인 불황에도 누적된 교회 부채를 청산하고 낙후된 교회당을 대폭 수리하여 참신한 분위기를 조성하였다. 한편 김현호 목사는 내리교회에 재임하는 중에 내리교회 소속 학교인 영화학교의 기틀을 확립하는데 공을 세웠다. 김현호 목사의 목회 특징은 교육목회에 역점을 두면서 특히 청년들을 지도, 훈련함으로 교회를 항상 젊게 하는 활력소로 삼았던 것이다. 1931년 고향인 덕적교회에 부임하였으며 1937년 이후로 인천 순회목사로 시무하였다. 이후 인천지방 감리사를 역임하였고 인천지방을 순회하며 목회하다가 1939년 은퇴하여 고향인 덕적도 덕적교회 등에서 시무하던 중 고향에서 1965년 9월 18일 81세로 별세하였다.

59. 김종우 감독 (1884.9.21.–1939.9.17. 54세)

경기도 강화군 위량면 홍천동 천곡마을에서 유학자 김철교의 아들로 태어났다. 어린 시절 아버지를 여의고 도학자 칭호를 받던 조부(김용하)에게 정통 유학과 유교 교육을 받았다. 1901년 8월 조부가 기독교에 감화를 받아 개종하자 그도 개신교인이 되었다. 1901년 9월 스크랜턴(W. B. Scranton)에게 세례를 받고 11월에 속장이 되었다. 1907년 배재학당에 입학하여 1911년 고등과 제3회로 졸업하였다. 졸업 후 친구와 함께 조국의 독립을 위해 만주로 갔다가 마적 떼의 습격으로 친구가 절명했고 그는 간신히 살아 서울로 돌아왔다.

그는 앞으로 무엇을 할 것인가를 놓고 기도하던 중 하늘의 음성을 듣고 신학훈련을 위해 피어선 성경학원에 들어가 공부하면서 1913년부터 정동제일교회 전도사로 일하기 시작하였다. 1915년 성경학원을 졸업한 그는 계속해서 감리교 협성신학교에 입학하여 김창준, 손정도 등과 함께 1917년 졸업했다.

1916년 3월 12일 집사목사안수를 받은 후 동대문교회(1917-1919년), 정동제일교회(1919-1927년), 경성지방감리사(1927-1929년), 상동교회(1929-

1934년), 수표교교회(1932-1934년), 정동제일교회(1934-1938년) 등 서울의 주요 교회를 담임하면서 교회를 부흥시켰다.

1938년 10월 12일 제3차 총회에서 양주삼 총리사의 뒤를 이어 감독으로 선출되었다. 감독 후보자가 8명이나 되어 이틀간 21회의 투표를 했는데 당선자가 없을 때 비둘기 한 마리가 총회장 안으로 날아든 사건이 계기가 되어 23차 투표에서 42표를 얻어 감독에 선임되었다. 그러나 10개월 후 1939년 악성 패혈증으로 9월 17일 별세하였다. 장례식은 1939년 9월 21일 정동제일교회에서 '감리교회장'으로 치렀는데 전 총리사 양주삼 목사가 주례를 맡았다. 유해는 양주군 노해면 월계리에 묻혔다.

60. 신공숙 목사(1884.10.15.-1967.7.2. 83세)

경기도 개성군 송도면에서 농부의 아들로 태어났다. 6세 때 부모를 잃고 조부모 밑에서 양육되었다. 1894년까지 약 5년간 한학을 수학한 후 12세 때 점원으로 사회생활을 시작하여 18세 때에는 혼자의 힘으로 점포를 낼 수 있을 정도까지 되었다. 19세 때인 1902년 남감리회 매서인으로 개성에 왔던 이화춘 전도사의 설교와 권고를 듣고 기독교인이 되었고 개성 남부교회에 출석하면서 개화사상에 접하게 되었다.

그는 한국교회가 선교사들의 손에 의해 치리되는 것을 못마땅하게 여기던 중 청년교인 몇 명과 교회를 탈퇴, 독립교회를 세울 결심을 하였고 이를 실천에 옮겨 개성 도강 굴에 배의학교를 설립하고 자신이 먼저 상투를 자르고 그 학교 학생이 되어 수학하였다. 졸업 후 그는 이 학교 교사가 되어 산수와 영어를 가르쳤으니 그는 설립자, 학생, 교사의 3역을 거친 셈이다. 그는 이 학교 안에 그동안 바라던 독립교회로 '도강굴교회'를 설립, 선교부와 관계를 맺지 않는 독자적인 교회를 이끌어 나갔다.

그러나 선교사들의 협조 거부로 학교와 교회의 운영이 어렵게 되어 도강굴교회를 자진 해산하고 개성 남부교회로 복귀했다. 그는 선교사의 거부로 세례를 1907년 일본인 목사에게 받아야 했다. 한편 배의학교는 그대로 유지되다가 후에 중등과를 설치하여 송도중학교의 모체로 발전하였다. 남감리교회로 복귀한 그는 북간도로 건너가 자신의 꿈을 실현해 보려 했으나 배일사상 때문에 가던 도중 금천경찰서에 검거되어 북간도 행이 좌절되었다. 이때 한영서원을 경영하던 남감리회 선교사 왓슨(A. W. Wasson)에게서 돌아오라는 서신을 받고 개성으로 돌아와 매서인으로 전도를 시작하였다.

1년 동안 매서 일을 본 그는 1911년 9월 남감리회 조선연회로부터 정식 전도사로 임명받아 이때부터 목회를 시작하였다. 그가 처음 담당한 구역은 장단교회 외 3개 교회였고 1년 후에는 풍덕교회로 옮겼다. 1913년 광희문교회로 옮겨 3년간 시무한 후 다시 장단교회로 파송 받아 1년 남짓 시무한 후 개성북부교회로 전임했다. 이때 협성신학교에 입학하여 이듬해 졸업하였으며(제3회), 1915년 10월 남감리회 조선연회에서 집사목사안수를 받았다.

목사안수 받은 후 첫 부임지는 경기도 이천교회였다. 그는 이곳에서 3년간 시무하면서 40여 명의 신도를 4백여 명으로 늘렸으며, 새 교회건축을 위한 헌금 모금이 독립군자금 모금으로 오인받아 일경에 체포당해 수난을 당하기도 하였다. 신공숙 목사는 1917년 장로 목사안수를 받았고 이듬해 개성북부교회로 전임했다. 개성지방의 부흥회를 인도했는데 이 열기가 대단했으며 그를 인정한 개성지방 장로사(감리사) 크램의 요청으로 1920년에는 남감리교 선교 100주년 기념강연회 강사로 함경도, 강원도 지방을 순회하면서 전도 강연을 실시하였다. 신공숙 목사는 남북감리교회의 통합에 관여하였는데 1926년 9월 회집되었던 남감리회 조선 매년회에서 조선에 있는 남북감리교회가 통합할 방침을 연구키로 하고 위원을 각각 5명씩 택하였다. 이때 신공숙 목사도 남감리회 대표의 한 사람으로 선출되었다(저다인, 갬블, 정춘수, 신공숙, 양주삼). 신공숙 목사는 1924년 송도중학교 교장 윤치호의 요청으로 송도중학교 교목으로 시무하는 한편 개성북지방 감리사로 선임되어 개성지방의 교회를 관장하였다. 1927년 10월 일본 도쿄 한인교회(제9대)에서 3년간 목회 후 귀국하여 수표교교회, 종교교회(1934년부터)에 부임 12년 동안 봉직하였다. 이 기간 동안 신흥우의 적극 신앙단운동에 반대하다가 1942년 경기도 의정부교회로 좌천(?)되고 말았고 의정부교회에서 8.15해방을 맞았다.

해방 후 감리교회 재건을 위해 노력했으며 1946년 6월 13일에는 중앙교회에서 동부연회장으로 선임되었다. 6.25전쟁으로 피난길에 오른 신공숙 목사는 경남 가덕도에서 감리교회 교역자 및 교인 수용소 안에 교회를 설립하여 담임하다가 1952년 은퇴하였다. 은퇴 후에도 김포군 목동교회에서 1959년까지 봉직하였으며 말년에 건강과 생활고로 어려움을 겪다가 1967년에 83세로 별세하였다.

61. 전효배 목사(1885.1.6.-1950. ?, 65세, 행방불명)

경기도 강화군 양도면 삼흥리 출생으로 유학자 전병규의 장남으로 태어났다. 서울 상동교회에서 경영한 상동청년학원을 졸업하고 부친이 설립한 고향 홍천학교 교사로 교육에 종사하였다(1918년). 3.1운동 후 목회에 뜻을 두고 감리교 협성신학교에 입학하여 제14회로 졸업하고 1928년 10월 7일 목사안수를 받았다. 신학교 재학 중 1922년부터 삼청교회로 파송받아 목회를 시작하였다. 당시 여선교사 컨로우(M. L. Conrow)와 함께 동역하였다. 1924년 9월 왕십리교회, 1929년 9월에 용두동교회 전임, 1933년 3월 동대문교회, 1935년 4월 용두동교회로 다시 부임하여 경동지방 감리사를 겸하였다. 1935년 광희문교회로 전임하였다.

1942년 10월 총회를 앞두고 이 난국에 한국 감리교회를 이끌어갈 지도자는 양주삼 목사밖에 없다고 생각하여 그는 류형기 목사, 정일형 목사, 송홍국 목사, 구성서 목사 등과 함께 양주삼 목사 감독선거운동을 하다가 일경에 체포되어 혹독한 옥고를 치렀으며 목사직도 면직되었다.

해방 후 복권된 전효배 목사는 1946년 재차 광희문교회에 부임하여 시무하면서 감리교 재건에 앞장섰다. 재건파의 지도자로 재건 동부연회장으로 활동하였고, 합동 후에는 동부 연회장을 맡아 수행했고 1949년 금호동교회로 파송받아 감리사직도 함께 수행하다가 한국전쟁을 겪게 된다.

8월 23일 서울에 남아 있는 감리교 목사들의 교역자회가 중앙교회에서 열리게 된다는 통보를 받고 나갔다가 김유순 감독 등과 함께 인민군 정치보위부원에게 납치되었다. 그 후 소식을 알 수 없지만 순교했을 것으로 추정된다.

62. 윤성렬 목사(1885.-1977. 93세)

경기도 여주에서 출생하였고 1902년 배재학당을 졸업하였다. 아펜젤러, 벙커, 최병헌 등에게 배우면서 기독교인이 되었다. 졸업한 그는 샤프 선교사의 통역으로 충청도 지방을 순회전도했으며 1906년부터는 공주 영명학교 영어교사로 일했다. 거기에서 그는 변홍규, 조병옥, 안기영 등을 가르쳤다.

1908년부터는 라크웰 선교사와 함께 황해도 지방을 순회전도했고 1910년 목사안수를 받았다. 그리고 아현교회를 담임하는 한편 노블 감리사와 함께 순회전도를 했다. 1912년에는 원주교회를, 1914년에는 공덕리교회와 마포교회를 각각 담임했다. 이때에 협성신학교에 입학하여 1918년에 제5회로 졸업했다. 졸업동기생은 김종우, 손정도, 배형식, 김창준 등 12명이었다. 1919년에 신병으로 요양차 금강산에 입산한 윤 목사는 그곳에서 온정리교회를 창설하고, 또한 교역자 수양관을 창건했다. 1939년 다시 서울로 돌아온 그는 흑석동교회를 개척했다. 6.25전쟁 피난 중에는 제주도에 월정리교회, 전주에 제2 감리교회와 제3 감리교회를 각각 세웠다. 1954년 환도하게 되자 역촌동에 은평교회와 은평 교역자 수양관, 결핵 환자를 위한 은평요양원, 그리고 은평천사원을 창설했다. 한편 경기도 고양군에도 고양교회와 용두리교회 및 동산교회를 세웠다.

만년의 윤성렬 목사는 해외 미개지 주민들에 대한 선교에 그의 정성을 바쳤다. 틈이 나는 대로 노끈을 꼬아 이것으로써 선교비를 보태기도 하였다. 한국 감리교회 해외 선교인 뉴기니아 선교를 제안하고 저축한 돈과 헌금을 합하여 1973년 4월 10일 777,777원을 총리원 윤창덕 감독에게 맡겼다. 이것이 계기가 되어 특별총회에서 뉴기니아 선교를 결의하게 되었다. 1977년 93세로 별세하였다. 전 이화여대 윤정옥 교수가 윤 목사의 자녀이다.

| **참고** |

1. 『산초의 씨름』. 지식산업사. 1988년.

2. "고 윤성열 목사를 애도하며". 〈기독교세계〉. 1977년. 8·9월호.

63. 양우로더 전도부인(1887.8.16.-1943.6.6. 56세)

서울에서 양봉환의 딸로 태어났다. 우로더란 이름은 그가 세례 받을 때 얻었던 영어 이름 로다(Rhoda)를 그 당시 발음대로 표기한 것이다. 그녀는 19세에 최씨 집안에 출가하였으나 불행하였다. 남동생 양재창이 배재학당에 다니며 상동교회에 출석하였다. 동생의 권면으로 신앙생활을 시작하였다. 1907년 이후에 세례 받았다. 양우로더는 전덕기 목사의 추천을 받아 스크랜턴 부인이 기혼여성을 대상으로 세운 성경학원에 다니게 되었다. 기독교를 통해 새 삶을 얻게 된 양우로더는 보다 적극적으로 살기로 했다. 시간을 내어 서울 근방에 전도하러 나갔다.

1908년 남대문 밖 연화봉(현 청파동)에 연화봉여학교를 설립하였다. 그리고 교회도 세웠다. 연화봉교회와 연화봉여학교야말로 양우로더 남매에 의해 이루어진 귀중한 신앙의 열매이다. 1921년 3월 5일 그는 부인성서학원을 제1회로 졸업하였다. 그때 졸업 동기로는 손메례, 신알베터, 박마블 등이 있다. 양우로더는 성서학원을 졸업하고 바로 그 학원의 전도부인이 되어 학생들의 신앙지도를 책임지었고 시골의 작은 교회 주일학교도 도왔다. 김포의 밭은골교회와 염창교회, 창의문밖교회 설립은 그의 전도로 이루어진 결실이었다. 1920년 4월 성서학원을 떠나 자신이 설립한 염창교회 전도부인으로 파송 받아 2년간 시무하였고 다시 1922년에는 종로중앙교회로 옮겨 그곳에서 2년간 시무하였다.

1924년 미 감리회 여선교회 총회는 양우로더를 만주에 여선교사의 적임자로 택하여 1925년 1월 1일 만주 하얼빈으로 출발했다. 당시 만주에는 3.1운동 후로 손정도, 배형식, 동석기, 최성모 목사 등이 독립운동에 관계하고 있었다. 양우로더는 보호여회를 조직하고 불모지 상태였던 만주의 여성선교사업을 개척하고 3년 만에 본국으로 귀환하였다. 이후로 여선교회는 이베세, 박순신, 이매련, 이복녀, 남경순, 이일심 등을 파송하여 해방되기까지 만주선교를 계속하였다. 귀국 후 연화봉여학교 재건을 위해 자신의 사재를 학교에 모두 희사하였고 오직 학교발전만을 위해 노력하였다. 연화봉교회는 1938년 남감리교회가 세운 용산교회와 합하여 청파동교회가 되었다. 그 후 청파동교회 본처전도사(장로)가 되어 교회발전을 위해 헌신하였다. 일제 말기 어려움 속에서도 연화봉여학교 설립자 겸 교장으로 학교를 지키다가 1943년 3월 제23회 졸업생을 배출한 후 그해 6월 6일 56세로 별세하였다. 그가 설립한 연화봉여학교는 해방 후에 신광여자중고등학교로 발전하였다.

64. 이규갑 목사(1887.11.5.-1970.3.20. 83세)

충남 아산군 인주면 공세리에서 아버지 이도희와 어머니 박안나 사이에 2남으로 출생하였다. 이규갑은 충무공의 9대손으로 1900년 13세 때 부친을 여의고 상경하여 1906년 한성사범학교를 졸업하였다. 1907년 의병운동이 일어났을 때 충남 홍주의병에 참가하여 운양관으로 활약하였다. 1910년 일본 헌병대에 체포되어 감옥생활을 하다가 한일합방 특사로 출감하였다. 한편 감리교 협성신학교에 들어가 수학하다가 일본 유학의 길을 떠나 와세다대학 정치과에서 공부하였다.

귀국 후 공주 영명학교 교감으로 재직하였고 직산 예성학교를 설립하여 아동교육에 헌신하다가 비밀결사 사건으로 일본 헌병에 검속되어 공주형무소에서 옥고를 치렀다. 1914년 출감 후 이애라(1894-1921년)와 결혼하였고 1917년 평양으로 가서 교직에 종사하던 중 신홍식, 길선주, 안세항 등과 함께 독립운동 평양대표로 선출되어 1919년 2월 상경하여 기미년 독립선언 거사준비에 참여하였다. 그해 3월 20일 인천 만국공원에서 13도 대표의 한 사람으로서 국민대회를 개최하고 한성정부를 조직, 평정관에 선출되었다. 그리고 경성독립단 본부 특파원으로 그해 4월 10일 상해에 밀파되어 임시정부에 참여한 후 4월 13일 임시의정원 충청도의원, 5월 5일 상해대한민국청년단 서무부장 및 비밀부장을 역임하였다. 임정 육성에 전력하였고 이후로는 러시아 국경지대에서 독립군 양성에 헌신하였다.

국내에서 독립운동에 헌신하던 부인은 1921년 별세하였다. 1922년 귀국한 이규갑은 미감리회에서 목사안수를 받고 목회를 시작하여 10년간 블라디보스토크와 만주에서 목회 및 교육과 독립운동에 헌신했다. 1926년 귀국하여 안재홍, 조병옥, 홍명희, 허헌 등이 조직한 신간회 경동지회 위원장에 취임하여 활약하던 중 여러 번 일본 헌병에 체포되어 옥고를 겪었다. 1928년부터 1931년까지 돈암, 월곡, 우이동, 창동교회에서 시무하였고 1933년에는 광희문교회, 1935년에는 동부연회 소속 의정부교회 담임목회를 하였다. 일제 말인 1938년 기독교 탄압으로 검속당해 평양감옥에 수감되는 등 전후 36차례 검거되었다.

해방 후 감리교회 재건 운동에 앞장섰으며 1950년 국회의원에 당선되어 문교, 사회분과 위원장에 피선되었다. 1970년 노환으로 83세에 별세하였다. 1962년 3월 1일 대한민국 정부로부터 건국공로훈장 국민장을 추서받았다.

65. 윤태현 목사(1888.3.26.-1961.12.27. 73세)

경북(경북에 편입되기 전에는 강원도) 울진에서 출생하였다. 울진보통학교에 진학, 장성하면서 인생에 대한 고민을 하다가 그 지방에 처음 나타난 로버트 하디와 노블 선교사에게 영향받은 매서인을 통해서 복음을 접하고 예수를 믿기로 결심을 하였다. 그는 그리스도인이 된 증거로 상투를 잘라버리고 집으로 돌아왔다. 처음에는 온 집안은 물론 온 동네가 큰일 난 듯이 소동하게 하였다. 그의 아버지는 윤태현을 죽이겠다고 찾아다니고 부인(장영규)의 경우는 친정에서 데려가 버렸다. 그러나 1년이 안 되어 그의 부모님도 아들의 변화된 모습을 보고 예수를 믿게 되었고 아내도 돌아와 예수를 영접하였고 윤태현의 집에서 예배를 드리기 시작하였다.

윤태현은 처음에는 서울 피어선고등학교에 입학하여 공부하게 되었고 이 학교를 졸업하고 다시 협성신학교에서 공부하여 1928년 1월에 졸업하였다. 그해 집사 목사안수를 받음과 동시에 서부연회에 허입하였고 1930년에 장로목사가 되었다. 윤태현이 목회한 지역은 남쪽에서 북쪽까지 광범위한 지역에 해당한다. 1915년 강릉지방 망상교회에서 목회 생활을 시작하여 강원도 삼척교회(1917-1919년), 강릉교회(1919-1921년), 횡성교회(1922-1927년), 사강교회(1927-1929년), 구장교회(1929-1933년), 황해도 회천교회(1933-1934년), 구장교회(1934-1935년), 북진교회(1935-1935년), 사리원교회(1939-1942년), 강원도 이천교회(1942-1944년), 철원교회(1944-1948년) 등지에서 시무하였다. 그리고 감리사도 여러 차례 하였다. 1948년 서울 청파동교회에 부임하여 교회진흥과 전도 활동에 주력했다. 1951년 경동교회로 전임하였다가 1953년 돈암교회로 옮겨 1959년 정년 은퇴할 때까지 헌신하였다. 1961년 12월 27일 73세로 별세하셨다. 감리교신학대학 교수요, 제10대 학장이었던 윤성범 교수가 그의 아들(장남)이다. 2남 1녀의 자녀를 낳았고 아내는 윤 목사 사후 2년 만에(1963) 별세하였다.

| **참고** |『성의 신학자 - 윤성범의 삶과 신학』. 윤남옥 편저. 한들 출판사. 2017년.

66. 이재명 열사(1888.4.8.-1910.9.21. 22세)

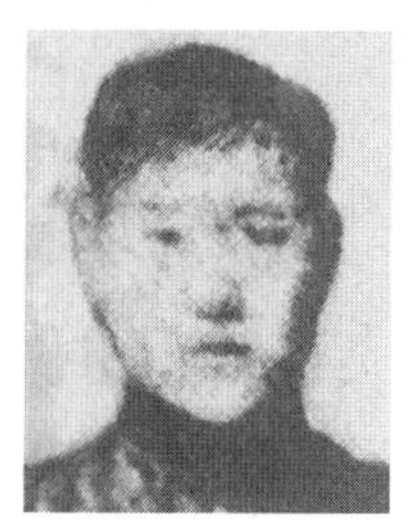

평북 선천에서 태어나 평양 일신학교를 졸업하였다. 도산 안창호의 강연을 듣고 민족운동에 눈을 떴고 1905년 미국 노동이민사의 하와이 이민모집에 응모하여 미국에 건너가 하와이 농장에서 노동하다가 1906년 3월 본토 샌프란시스코로 옮겼다. 그곳에서 '한인공립협회'(회장 안창호) 회원으로 가입하여 본격적으로 민족운동에 참여하기 시작하였다. 그가 기독교인이 된 것은 이 무렵이었다. 1907년 7월 헤이그밀사 사건이 일어나 이준 열사가 뜻을 이루지 못하고 순국하였다는 소식을 듣고 결심한 바가 있어 귀국하였다. 이재명은 만주와 시베리아, 블라디보스토크를 왕래하며 동지를 규합하였고 처음에는 초대 통감 이토 히로부미를 노렸다.

안중근이 이토를 살해했다는 소식을 듣고 매국노 이완용, 이용구, 송병준 등을 살해하기로 결심하였다. 그는 서북지방 출신의 기독교인들을 중심으로 거사계획을 세우고 서울 입정동에 있는 여관 백소사에 머물면서 기회를 노렸다. 1909년 12월 22일 종현(현 명동) 성당에서 개최되는 벨기에 황제 레오볼트 2세 추도미사에 이완용이 참석한다는 정보를 입수하고 군밤 장수로 변장, 성당 앞에서 군밤을 굽고 있다가 오전 11시 30분 미사를 마치고 나와 인력거를 타고 막 떠나려는 이완용을 칼로 공격하였다. 마부 박원문은 그 자리에서 사망하였고 이완용은 복부와 어깨를 세 차례 찔려 중상을 입었다.

그는 대한 독립만세를 부르다가 일본 경찰에 체포되었다. 이때 동지 10명(본래 13명이었으나 3명은 도피함)도 함께 체포되어 1910년 5월 18일 경성지방법원 재판에 회부 되었는데 1심에서 사형판결을 받았다. 7월 20일 열린 2심에서도 역시 사형이 선고되자 그는 큰 소리로 "무리하고 불공평한 형벌로 나의 생명을 빼앗기는 하나 내 속의 충의 혼담만은 빼앗지 못하리라, 내 영혼은 영원히 살아 생전에 이루지 못한 목적을 달성하고 말리라"고 하였다. 8월 13일 열린 고등법원에서 사형이 확정되어 결국 1910년 9월 21일 서대문형무소에서 교수형에 처 해졌다. 비록 뜻을 이루지 못했으나 이재명은 민족의 비운을 가져온 반민족적 요인을 제거하려 한 기독교 무력 저항운동의 한 예로 기억된다. 대한민국 정부는 1962년 그에게 건국훈장 대통령장을 추서하였다.

67. 권성집 목사(1888.-1966.12.22. 78세)

경기도 강화에서 아버지 권청일과 어머니 김유의의 첫아들로 태어나 부모의 영향으로 기독교인이 되었다.

1915년 9월 감리교 협성신학교를 졸업하고 해주의 홀(Sherwood Hall) 박사가 경영하는 병원에서 2년간 원목으로 시무하였다. 그 후 강화 교동교회에서 시무(1919-1920년)하고, 1921년 9월에 목사안수를 받았다. 강화읍교회(1920-1922년), 부평, 영종, 신도구역(1922-1930년), 영흥 대부교회(1932-1934년)에서 시무하였다. 강화서구역(1934-1937년), 강화 홍천교회(1938년)에 시무할 때 설립자인 '김용하·전병규 기념 예배당'으로 석조 건물을 지어 봉헌하였다. 주문진교회(1939-1940년) 시무 때 '사상범 예비 검속령'으로 체포되어 실형을 선고 받았고(이유: 정춘수의 혁신교단에 반대함) 동시에 교단에서는 강종근 목사와 함께 파면당하였다.

옥고를 치르고 1942년 출옥하여 목회를 잠시 중단하였다가 해방 후 도화동교회(1945-1950년)와 원효교회(1950-1951년)에서 시무하였다. 해방 후 교회 재건에 참여하였고 6.25전쟁 직후 강화도 조천교회(1951-1952년), 영종교회(1952-1956년), 신양교회(1957-1958년), 내가교회(1958-1959년)에서 시무하다가 1959년 정년은퇴하고 계속 내가교회를 돕던 중 1966년 강화읍 신문리 구세병원에서 78세로 별세하였다.

68. 이만규 교육자(1888.12.2.-1978. 90세)

강원도 원성군 간현에서 태어났다. 그는 의사가 되려는 꿈을 안고 1907년 4월 상경하여 경성 관립 대한의원부속의학교(경의전문 전신)에 입학하여 1910년 8월 우등생으로 졸업했다. 그는 9월 상동교회의 상동청년학원 교사로 부임했다. 1911년 5월 의사 개업 면허장을 받고 1912년 4월 개성에서 고려병원을 개업하였다. 그러나 얼마후 병원을 폐업하고 1913년 윤치호의 권유로 개성 사립 한영서원(후에 송도고등 보통학교로 개편됨) 교사로 부임했다.

여기서 생리·수학 과목을 담당하면서 학생들에게 은밀히 한글과 역사를 가르쳤다, 1919년 3.1운동 때에는 독립선언문을 인쇄 배포했고, 4월경에는 개성지역의 유력자와 독립운동을 계속 추진하려다가 발각되어 4개월간 옥고를 치르기도 했다. 1926년 3월 송도고보를 사임한 이만규는 4월 1일 배화여자고등학교 교사로 부임하였고 종교교회에 출석하였다. 1938년 수양동우회 사건으로 6개월 옥고를 치렀고 1942년에는 조선어학회 사건으로 1년간 옥고를 겪었다. 1930년 12월 2일 설립된 '기독교대한감리회'의 조직을 앞두고 남감리회의 특선위원으로 선출되어

'역사적 선언과 예문분과'에 참여해서 웰치, 양주삼, 홍병선, 김종우 목사와 함께 활동했다.

해방 직후 1945년 9월 18일 제9대 배화교장에 취임하였고 그는 혼란한 민족 상황에서 '중도좌파'의 길을 선택했다. 그는 여운형과 사돈지간으로 그와 함께 좌우세력을 총망라한 통일전선의 방향에서 자주적인 민족통일국가 형성을 위해 일하였다. 신탁통치에 대한 좌우익의 대립이 심화 되던 1946년 중반 설 자리를 잃은 그는 배화를 떠나야 했다. 그 후 1947년 월북하여 상임위원을 거쳐 문교상에 올랐다. 6.25전쟁이 터지자 인민군과 함께 서울에 입성했고 1950년 초 김창준, 박성채, 최문식, 최택, 심명섭 등과 함께 '기독교민주동맹'을 조직하여 활동했다. 그의 사위가 심명섭 목사(해방 직후 기독교교육협회에 재직했으며 소설 '상록수'의 저자인 심훈의 형이다)이다. 그는 1978년 별세하였다. 그의 저서로는 자주적이고 주체적인 입장에서 저술한 『조선교육사』 1권, 2권(을유문화사, 1947년, 1949년)이 있다.

69. 홍병선 목사(1888.12.7.-1967.7.19. 79세)

서울 종로구 사직동에서 선비 홍태준의 차남으로 태어났다. 경성학당에 입학했는데 경성학당은 조합교회 목사 와다세가 세운 일본식 학교였다. 홍병선은 이 학교에 들어가면서 기독교인이 된 것으로 보인다(1902년경). 1905년 경성학당을 졸업하고 3년 후 일본에 유학하여 동지사대학 신학부에서 신학을 전공한 후 1911년에 귀국하여 와다세가 설립한 한양교회에 전도사가 되어 목회를 시작했다. 1916년 남감리교회 조선연회에서 정식 전도사 직첩을 받고 1925년에는 본처목사로 목사안수를 받았다.

그는 목회자보다는 교육가, 사회운동가로 크게 활약하였다. 보성전문학교 교사를 겸직하고(1911년), 피어선성경학원 학감 겸 교사(1917년)와 배화여학교 교사(1918년 12월)로 봉직하면서 한국 여성교육에 대한 필요성을 깨닫게 되었다. 1920년 12월 신흥우의 권유로 중앙기독교청년회 소년부 간사로 일터를 옮긴 후 별세할 때까지 40년 이상 YMCA 운동에 헌신하였다. 1925년 농촌부 간사가 되면서 YMCA의 농촌운동을 주관하는 실무자가 되었으며 이때부터 '농촌운동가 홍병선'으로 알려지게 되었다. 그의 농촌운동은 1927-1928년 덴마크 및 미국의 농촌사업을 시찰하고 온 뒤에 본격화되었다.

그가 남긴 업적 중 큰 업적은 농촌협동조합 및 농촌센터(구락부)조직에 있다. 1929년 당시 전국 농촌협동조합 49개, 농촌센터 90개에 불과했던 것이 1930년대 초반 한창 번창할 때는 협동조합이 730개, 농촌센터가 320개로 크게 발전하였다. 1930년 남·북 감리교회 합동을 위한 특선위원으로 활동하여 '복음적, 진보적, 토착적' 교회를 설립하도록 노력하였다. 그의 농촌운동은 단순히 경제적으로 잘살기 운동이 아니라 '참사람 만들기 운동'이었다. YMCA의 농촌운동은 1935년 일제의 압력으로 신흥우가 사임하면서부터 약해지기 시작하더니 1938년 농촌부가 폐쇄되어 그의 농촌운동도 중단되고 말았다. 말년에는 한국 YMCA 역사 편찬을 위한 자료수집과 집필에 몰두하던 중 1967년에 별세하였다. 역사학자 홍이섭이 그의 아들이다.

70. 이풍운 목사(1890.-1960. 70세)

강원도 양양군 현북면에서 부친 이재홍의 8대 독자로 태어났다. 그는 26세 때 처음 미국감리교 선교사들을 통해 기독교 복음을 받아들여 27세에 유교에서 기독교로 개종하였다. 그가 기독교로 개종함으로 아버지가 그를 가문에서 축출하였는데(1919년경), 부자가 화해하여 다시 만나게 된 해는 1931년이었다. 이풍운이 서른이 넘어서 아홉 살이나 더 젊은 기독교인이었던 아내와 결혼하였다. 결혼 후 네 명의 자녀를 낳았다. 1919년 3.1운동을 경험하면서 항일운동에 참여하였다가 2년 4개월 동안 징역살이를 하였다.

그가 처음 목회한 곳은 양양읍교회(5년간)였고 그다음은 낙산사가 있는 물치교회에서 목회하였는데 4-5개의 예배처를 돌보아야 했다. 경제적으로 매우 가난한 시절이었기에 먹는 문제가 늘 힘이 들었다. 1939년 회양교회에 부임하여 1년 6개월 동안 목회를 하고 마지막 목회는 강원도 통천군 협곡교회에서 시무하였다. 1945년 해방 후 북한에 있는 목사들은 여러 가지로 공산주의자들에게 핍박을 받았다.

그리하여 대부분의 목사와 교인들이 월남을 하였다. 북한 전역에 목회자들이 20여 명 남았고 협곡교회의 경우에는 가난하고 연로한 교인들 일곱 명밖에 남지 않았지만 이풍운 목사는 월남하지 않고 끝까지 교인들과 함께 남아 목회를 하다가 1960년 70세에 별세하였다.

이풍운 목사는 '민족교회'의 입장에서 목회를 하였고 일제하에서는 신사참배에 반대하다가 일경에게 핍박과 고문을 받아야 했고 해방 후 월남하지 않고 사회주의 하에서도 가난한 사람들과 함께 동고동락하는 목회자의 삶을 살았다. 이풍운 목사는 4남매를 낳았는데 삼남이 이영빈 목사이다. 이영빈 목사와 그의 아내인 김순환 사모는 감리교신학교를 졸업하였다. 1955년 후 이영빈 목사는 독일에 건너가 공부를 하고 독일 교회의 목사로 봉직하였다.

| **참고** |『경계선』. 이영빈. 김순환 지음. 신앙과지성사. 1996년.

71. 안성호 목사(1890.3.23.-1969.2.16. 73세)

충남 공주군 정안면 운궁리에서 태어났다. 1906년 입교하면서 공주 영명소학교에 입학하여, 1913년 고등학과를 졸업하고, 1916년 배재학당을 졸업하였다. 곧바로 도일하여 일본 아오야마학원 중학부에 편입하여, 고등과를 거쳐 1919년 3월 신학부 1년을 수료하였다.

이때 3.1운동을 맞아 학업을 중단한 채 귀국하여 영명학교 동문들을 중심으로 공주지방 만세시위를 주동하였다가 그해 4월 일경에 체포되었다. 공주형무소에 수감되어 5개월간 옥고를 치른 후 출옥하여 다시 아오야마학원에 복교(1920년 4월)하여 1922년 3월 졸업하였다. 이듬해 귀국하여 4월 공주 영명여학교 교감으로 취임하였고 1924년 4월 경남 마산 호신고등보통학교로 전임되어 1927년까지 봉직했다.

그는 충북 음성교회 전도사로(1922-1923년) 목회를 시작하여 1930년 미감리회 조선연회에서 집사목사안수를 받고 중부연회 정회원으로 허입하였다. 이후 청양 및 보령교회(1928-1933년), 예산교회(1933-1934년), 부여교회(1934-1935년), 강경교회(1935-1937년), 예산교회(1937-1939년),삽교교회(1939-1942년), 천안교회(1942-1943년), 공주교회(1943-1945년), 논산교회(1945-

1946년), 연산교회(1946-1947년), 의성교회(1947-1952년), 은진교회(1952-1954), 천안 제1교회(1959-1961년) 등지에서 담임목사를 역임하고 1961년 은퇴하였다. 그는 예산교회에 시무할 때(1937년)부터 충청지방 감리사를 역임하였고 1945년 12월부터는 연산지방감리사를 역임하였다.

안 목사는 교육사업도 남다른 애정을 가지고 투신했는데 공주 영명학교, 마산 오신학교, 대전 대동여고, 논산 기민중학교에서 교육사업에 종사하였다. 또한 연산중학교를 설립하여 그곳의 교장을 역임하기도 하였다. 1969년 숙환으로 노량진 자택에서 79세에 별세하였다.

72. 김창준 목사(1890.5.3.-1959.9.29. 69세)

평남 강서군 증산면에서 태어났다. 1906년 강서군 반석면 야소교소학교를 졸업한 그는 미국인 선교사 문요한(J. Z. 무어)에게 세례를 받았다. 평양 숭실학교(1910년), 숭실전문(1914년), 감리회 협성신학교(1917년)를 졸업하였다.

감리교의 협성신학교를 졸업하자 목회자의 길에 오른 그는 미국인 선교사 빌링스가 담임자로 있던 서울 '인사동 중앙예배당'에서 전도사로 일하던 중 3.1운동을 맞는다(서명자 33인 중 1인). 3.1운동에서 그의 역할은 이갑성과 함께 평양과 선천에 독립선언서를 전달하는 일이었다. 1920년 10월 30일 보안법과 출판법 위반으로 2년 6개월의 징역형을 받고 1921년 12월 23일 경성교도소에서 출감하였다.

1922년 9월 제15회 미감리교 조선연회에서 목사안수를 받은 뒤 24년 미국 유학길에 오른다. 미국 시카고 개렛신학교와 노스웨스턴대학에서 신학의 기초과목과 농촌지도력, 사회이론을 3년 동안 공부하고 두 대학에서 신학사와 문학사 학위를 받고 1926년 12월 27일 귀국한다. 귀국 후 중앙교회에서 목회하다가 1933년 4월 감리교신학교의 전임교수(실천신학)로 부임하였다.

1932년 7월 〈신학세계〉에 발표한 논문 '맑스주의와 기독교'는 그 시대 신학자 중에는 매우 드물게 마르크스주의에 대한 해박한 분석을 통해 기독교사회주의의 이론적 근거를 전개한다. 1940년 감신대가 폐교당한 후 북만주 변강성에서 긴 망명 생활을 하다가 해방 직전 귀국했다(감신대 교수, 1933-1940년).

김창준이 해방정국에서 자신의 정치적 진로를 선택한 것은 1947년 1월 9일 좌파계열의 연합 전선체인 '민주주의 민족전선(민전)' 확대중앙위원회에 참여하면서부터다. 6인 의장단에 선출(허헌, 박헌영, 여운형, 김원봉, 김기전)되었다. 1948년 4월 평양에서 열린 "전조선정당사회단체 대표자연석회의"에 김구, 김규식, 조소앙 등 14명과 함께 참석한 뒤 평양에 머물렀다. 1948년 8월 제1기 북한의 최고인민회의에서 상임 임원과 조국통일민주주의전선 중앙위원회 초대 서기장으로 뽑힌 그는 1957년 8월, 최고 회의 부의장에 오른다. 1959년 5월 29일 뇌일혈로 69세에 별세하였다.

| **참고** | 〈한국 공산주의와 윤리〉. "김창준 목사의 생애와 사상을 중심으로". 일본인 목사. 사와 마사히코의 논문.

73. 이윤영 목사(1890.8.19.-1975.10.15. 85세)

평북 영변에서 이용필의 장남으로 출생하여 1907년 영변 숭덕학교를 졸업하고 상경하여 중앙 YMCA에서 토지측량법을 배웠다. 1912년 평양 숭실사범학교를 졸업한 후 평북의 회천, 태천 등지에서 육영사업에 종사하였는데 태천 창명학교 및 운산 광동학교, 순천 일신학교 교장을 역임하기도 하였다. 1914년에 목회에 뜻을 두고 감리교 협성신학교에 진학하면서 목회 생활을 시작하였으며 태천교회, 북진교회 전도사로 취임하였다가 1917년 6월 24일 미감리회 조선연회에서 집사목사안수를 받았고 곧 신창교회 목사로 부임하였다, 황해도 연백군 백천교회(1921-1927년)에 봉직 중에 1922년 협성신학교를 제8회로 졸업하였고 진남포지방 신흥리교회(1927년), 개성지방 북부교회(1931년), 남산현교회(1935년) 등지로 전임하였다.

그러나 1941년 3월 일제 침략 만행에 대해 항거하다가 1942년 평양 요한학교 이환신 목사와 함께 친일교단 지도자에게 목사직을 파면당했다. 그는 감리회 총리원 사회국장과 평양 기독교연합회 회장직을 역임하였다. 일제의 어용 기관인 조선혁신교단 창단을 반대하다가 경기도 경찰부에 검속 당하기도 하였다.

광복 후 조만식을 보좌하여 건국준비위원회 지방부장으로 취임하였다. 그리고 감리교 재건에 몰두하여 평안남·북도, 황해도 등지에 1백여 교회를 재건시키고 서부연회를 조직하는 활동을 하였다. 정치적으로는 조만식과 조선민주당을 창당하여 1946년 2월까지 1백 50여 처에 지부를 결성하는 등 정치 활동에도 눈부신 두각을 나타내기 시작하였다.

월남한 후 1948년 5월 실시한 제헌 국회의원 선거에서 서울 종로 갑구에서 의원으로 당선되었다. 1948년 5월 31일 중앙청에서 최초로 개회할 때에 개회 기도를 하였다. 대한민국 정부 수립 후 무임소장관, 사회부장관, 국무총리서리 등을 역임하였다. 1947년 11월에는 기독교대한감리회 재건위원장으로 활약하였다. 1975년에 서울에서 85세로 별세하였다.

74. 황애덕 교육자(1892.4.19.-1971.8.24. 79세)

평남 평양에서 태어났다. 그녀는 노블 부인(M. W. Noble)이 설립한 평양 정진소학교를 졸업한 후 서울로 올라와 이화학당 중등과에 진학하였다. 학교를 졸업한 후 평양에 돌아와 숭의여학교에서 수학교사로 재직하였다. 1913년에는 숭의여학교에서 애국심이 투철한 학생들을 선발하여 한국 최초의 여성 항일 비밀결사대인 '송죽회'를 조직하고 애국운동을 지도하였다. 황애덕은 1918년 홀 부인의 권유로 일본에 건너가 동경여자의학전문학교에 입학하였으며, '동경 여자유학생회'를 조직하여 여자 유학생 간의 친목과 더불어 기독교 종교활동, 배일사상 고취와 애국심 고양 등을 위해 노력하였다. 1919년 2월 8일 동경기독교청년회관에서 거행된 2.8독립선언에 참여하여 주동 학생으로 검거되기도 하였다.

그 후 김마리아. 송복신 등 여자 유학생들과 함께 귀국하여 국내 독립운동을 진행해 나가는 활동을 하다가 3월 19일 일경에 체포되어 서대문형무소에서 옥고를 치르고 8월 5일 석방되었다. 석방 후 김마리아와 함께 '대한애국부인회'를 새롭게 정비하고 전국에 지부를 확장하여 독립군 군자금을 모아 임시정부를 지원했다. 그러나 동료의 밀고로 체포되어 3년 형의 언도를 받았다. 1922년 가출옥한 황애덕은 이화학당 대학부에 편입하였고 졸업 후에는 이화여자전문학교 교사로 활동하였다. 그 후 조선 YWCA연합회의 헌장제정위원 겸 연합위원, 회장으로 활동하다가 1925년 미국으로 유학하였다. 1928년 콜럼비아대학에서 교육학 석사학위를 받았고, 졸업 후 펜실베이니아 주립대학에서 농촌사업을 연구하며 준비하다가 1929년 1월 귀국하였다.

귀국 후 협성여자신학교 채핀(A. B. Chaffin)의 초빙으로 신학교 교수로 부임하였고 협성여자신학교 안에 '농촌사업지도교육과'를 신설하였다. 그리고 학생들이 농촌운동에 참여토록 지도하였는데 그의 가르침을 받고 농촌운동에 헌신한 학생 중에 심훈의 『상록수』의 실제 주인공이며 경기도 화성의 샘골에 정착하여 활동한 최용신이 있다.

해방 후에 그녀는 자신의 농토를 전부 소작인에게 분배해 주고 서울로 올라와 나라의 재건운동을 시작했다. YWCA연합회 이사로 활동하면서 기독교 계열 여성운동가들과 함께 독립촉성애국부인회를 결성하였고 당시의 여성단체를 총망라한 '여성단체총연맹'을 조직하여 초대회장으로 여성운동을 이끌었다. 1947년에는 서울 남산기슭에 일신교회를 조경우 목사와 함께 설립, 건축하였고 장로로 피택되어 교회발전에도 앞장섰다. 1971년 경기도 부평에서 별세하였으며 건국포장(1977년)과 건국훈장 애국장(1990년)을 추서받았다.

75. 홍에스더 여성운동가(1892.4.25.-1975.10.8. 83세)

경기도 수원군 음덕면 남양리에서 태어나 부친 홍정후의 장녀로 외할머니에게 영향받았다. 남양교회 이성하 목사 추천으로 이화학당에 입학하여(1912년) 5년만에 소학, 중학과정을 마치고(1917년) 동시에 이화여학교 대학 본과에 입학하였다. 만주에 세워진 무관학교에 지원할 목적으로 "동지회"를 조직(1917년)하였고, 1920년 여름 김활란, 김폴린, 윤성덕, 김항가, 김애은, 김신도 등과 "이화 7인 전도대"를 조직하였다. 1922년 이화여학교 졸업 후 이화여자고등학교 교사, 조선 여자기독청년회(YWCA) 기성회 부회장을 역임하고, 세계기독교여자절제회 한국지부를 설립(1923년 9월)하고 조선기독교여자절제회를 조직(1923년)하여 1924년 초대회장을 하였다.

일제 말기 강제로 폐쇄하였으나 해방 후 1952년에 재건하여 1961년 제6대 회장으로 취임하였다. 1924년 미국에 유학하여 테네시주 스카릿 대학을 졸업(1926년)하였다. 귀국 후 감리교여자신학교 교수, 조선여자기독청년회(YWCA) 회장(1927년 8월-1932년 6월), 부회장(1934년 8월-1936년 7월), 연합위원(1927년 8월-1940년 8월까지), 감리교 여선교회 초대회장(1931-

1945년), 감리교총리원 이사(1935년), 감리교신학교 이사(1937년)를 역임했다. 1933년 44세 때 결혼하였는데 남편은 YMCA 운동가 이명원이다. 감리교 총리원 부녀국장(1949-1952년), 한국전쟁미망인상조회장(1954-1964년), 기독교세계봉사회 부회장(1956-1960년) 명덕학사 이사(1958년), 정동교회 장로로 1975년 10월 8일에 소천했다.

76. 이배세 전도사(1892.8.12.-1969.2.5. 77세)

충청남도 마산군 영치면 백암리에서 출생하여 1916년 충남 배영여학교를 졸업했고 1920년 3월 감리교여자신학교를 졸업하였다. 같은 해 공주 영명학교 교사로 부임하였다. 1921년 4월 천안지방 및 충북 진천교회 전도사로 시무하고 1922년 9월 충남 공주교회로 전임하고 1924년 10월 충남 강경리교회에서 시무하고 1925년 충북 진천교회 전도사로 시무하였다. 1927년 미감리회에서 이배세 전도사를 북만주지방 신경에 파송하였다. 1928년에는 사평가교회로 부임하고 1929년 길림교회로 전임했다. 1931년 다시 사평가교회로 재부임하여 새 예배당을 마련하였다. 1932년 공주령교회에 부임하여 5년간 시무하였는데 이곳에서도 1938년 5월 35평 중국식 벽돌예배당을 마련하였다. 공주령교회 건축을 마친 이배세는 1938년 고유수교회로 부임하여 교회에 활력을 불어 넣었다. 이배세 선교사는 여교역자로서 만주선교에 크게 기여하고 1944년 17년 만에 만주를 떠나 귀국하였다.

그는 귀국하여 인천지방 자월도, 소무의도 감리교회에서 시무하였고 1946년 대무의도에 파송되어 전도하여 신자를 수십 명 얻었으며 떼무리교회도 겸임하여서 목회하였다. 그녀가 대무의도에 파송될 때는 55세의 나이였다. 1947년 충남 아산읍교회를 개척하였다. 1951년 북제주도 월정리교회, 1952년 제주도 함덕리교회를 개척하였다. 1955년 북제주도 광양교회, 1956년 4월 천안지방 직산교회 등지에서 시무하다가 1958년 선교 일선에서 은퇴하였다. 그 후 정릉 안식관에서 생활하던 중 1969년 77세로 별세하였다. 그녀가 38년 동안 섬긴 교회가 열여섯 교회이다.

77. 김병서 의사 (1893.1.15.-1976. 6.25. 83세)

평북 영변군 독산면 화죽동 금촌에서 부친 김정학과 모친 김성덕 사이에서 태어났다. 부친은 심약(궁중에 바치는 약재 조사를 맡는 벼슬)을 역임한 인물로 평북 박천읍에 한의원을 개원하였고 1887년 흑사병이 만연하였을 때 이를 퇴치하는데 힘썼다. 그는 아들에게 신학문을 가르치고자 영변에 유학시켜 유신학교를 졸업하도록 하였으며 의료선교사 노튼(A. H. Norton) 박사의 조수가 되어 예수를 믿고 의학과 영어, 독일어를 배우게 하였다. 1913년 해주에 노튼기념병원과 남본정감리교회를 세운 노튼은 김병서를 불러 약국 일을 맡기는 한편 의학을 가르쳤고, 1917년에는 세브란스의전에 입학하도록 하였다. 김병서는 재학 중 의사면허시험에 합격하여 세브란스의전을 채 마치지도 않고 수료하였다.

3.1운동 때 구세병원 직원들과 함께 독립만세를 부르며 시가행진을 하였는데, 그때 일경이 돌에 걸려 넘어지며 자기 칼에 죽는 사건이 일어났는데, 일제는 이를 김병서가 죽였다고 체포하여 1년간의 옥고를 치렀고 의사면허까지 취소하였다. 1920년 말에 출감한 그는 조선약학교를 졸업(1922-1923년)하고 약제사가 되어 구세병원에서 근무하였다. 이 무

렵 남본정감리교회의 장로가 되어 황해도 평신도 대표로 선임되었다. 1926년 김병서의 부탁으로 로제타 홀이 아들인 셔우드 홀을 원장으로 보냈다. 홀과 김병서는 1928년 구세요양원과 결핵위생학교를 설립하고 결핵 퇴치를 위한 교육을 시작하였다.

한편 윤봉길 의사 사건으로 상해에서 체포된 안창호가 한국으로 압송돼 2년 6개월의 징역을 살고 나와 폐결핵에 걸렸을 때 그를 치료하여준 것을 빌미로, 황해도 흥사단 사건에 연루되었다고 체포, 고통을 당했다가 무혐의로 석방되고 요양원에서 추방되었다. 이후 황해도 연백군 용도면 천태리에 가서 황해의원을 개업하는 한편, 형편상 중학교에 진학하지 못하는 농촌 청소년들에게 학문과 성경을 가르치고자 백천 복음농민학교를 설립하였다.

6.25전쟁 직전 어느 날 옛날 그에게 신세를 진 공산당원 임홍수가 밤중에 찾아와 17번째 숙청대상이니 이 밤중으로 피신하라고 일러주어 38선을 넘어 월남하였다. 1950년 6.25전쟁이 터지자 대구로 피난 간 그는 황해의원을 개업하고 주로 피난민을 치료하는 한편, 대구 피난회장으로 일하면서 삼덕동 동인교회와 유치원을 설립하였다. 1959년 66세의 김병서는 여생을 평안히 쉬시라는 자녀들의 만류를 무릅쓰고 경기도 양평 서종면 문호리에 월급 5천 원의 공의로 떠났다. 해주 결핵요양원과 크리스마스 착안, 항일 투쟁과 농촌운동, 전도에 힘쓰던 그는 1976년 6월 25일 83세에 노환으로 별세하였다.

78. 김인영 목사(1893.5.1.-1953.6.11. 60세)

서울 사직동에서 출생한 김인영은 1896년 세례를 받았으며 1913년 개성 한영서원 중학과를 졸업하고 1913년 남감리교회에서 전도생활을 시작으로 목회를 했던 그는 1915년 피어선성경학원을 수료하였다. 1917년 경성지방 동구역장으로 시무하고, 1918년 12월 감리교 협성신학교를 졸업하고 석교교회 전도사로 시무하였다. 1922년 9월 집사목사안수, 1924년 9월 장로목사안수를 받았다. 1925년 미국으로 유학하여 에모리대학에서 신학을 전공하였다. 1928년 귀국해서 감리교 협성신학교 성서학 교수로 취임하였다. 1932년부터 9년간 이화여자전문학교 교수 겸 교목으로 재직하였다. 1941년 3월 조선감리회 특별총회에서 연회가 해산되고, 폐쇄되었던 감리교 협성신학교가 다시 개교될 때 교장으로 추대되어 일제에 순응하는 자세를 취했다.

해방 후 남산교회를 개척하였고 1946년 6월 정동제일교회 담임자로 초빙되었다. 1947년부터는 서울남지방 감리사의 직책까지 겸임하였다. 6.25전쟁 중 피난을 가지 못하고 공산군 정치보위부에 1주일간 구류되는 등 3개월간 공산 치하에서 생활하였다. 이런 와중에서도 매 주일 예배를 드렸다. 9.28 수복 후 '재경파'와 '도강파'의 대립 와중에 아들이 부역자로 몰려 총살을 당하자 1.4 후퇴 때 부산으로 피난하였다가 1952년 초에 단독 상경하여 목회를 시작했다. 1952년 7월 서독 빌링겐에서 국제선교협의회(IMC)와 세계기독교협의회(WCC)가 공동으로 주최한 "교회의 선교적 책임"에 대한 연구회에 한국 대표로 참가하고 돌아와 보고 강연을 하는 등 분주하게 활동하다가 1953년 6월에 고혈압으로 쓰러져 60세에 별세하였다.

79. 한기모 목사(1893.11.3.-1978.9.20. 85세)

평안북도 영변에서 한석홍의 4남매 중 둘째로 태어났다. 열일곱살 되던 해에 결혼하였으나 일 년도 안 되어 사별하고 생을 비관하며 지내던 중 그 지역에 감리교선교사가 와서 전도하는 것이 계기가 되어 예수를 영접하고 숭실학교에 다니게 된다. 1916년 숭실학교를 마친 후에 밀러라는 의료선교사 밑에서 일하면서 공부하는 중에 목사가 되기 위해 협성신학교에 진학한 것이 평생 목회자로 사는 계기가 되었다. 류형기 감독은 그와 서당에서부터 알게 된 동료였다.

그가 전도사 시절 처음 부임한 교회가 제암리교회였다(1919년). 교인들과 주민들을 불 질러 죽여서 남은 교인은 전동례 과부 속장과 가족없는 처녀 한두 명뿐인 교회였다. 그는 1920년 협성신학교를 졸업하고 부여, 공주 등 중부지역에서 목회하다가 일제 치하를 벗어나기 위해 만주로 이주하는 동포들을 위한 교역 길에 오른다. 만주의 장춘, 길림, 하얼빈 등지에서 목회하다가 만주사변 직전에 고국으로 돌아오는데 당시 아무도 안 가는 강원도 목회를 자원하여 강원도 목회를 시작하였다. 양양교회에서 강릉교회로 파송되어 갔을 때 교회 내에 분규가 발생하여 강릉교회는 금정교회로, 분리된 교회는 대화정교회로 명명했다.

분규 와중에 한 목사의 부인이 6남매를 두고 별세하였다(1937년). 당시 강원도의 상황은 목회자가 모자라 한때는 일곱교회를 돌보는 순회목사로 강릉, 삼척, 양양, 도계, 묵호, 장성, 죽변 등지에서 목회하던 중 6.25전쟁으로 죽변에서 배를 타고 제주도로 피난하게 된다. 천안제일교회에서 목회하다가 1955년 삼청교회로 부임하여 서울 목회를 시작하였다. 한 목사가 천안제일교회에서 목회할 때에 1954년 류형기 감독을 반대하는 '호헌파'에 가담하였다. 1955년 3월 그가 담임하고 있던 천안제일교회에서 총회와 연회가 열렸다. 그는 '호헌파'의 핵심 인물이었다. 그가 삼청교회에 부임한 후 교회 분규로 사임하고 김광우 목사의 주선으로 삼선교회에 부임하였다. 3년 후 1961년 4월 5일 청량리교회에 부임하여 1964년 3월까지 시무하고 은퇴하였다.

그의 목회는 한마디로 은근과 끈기의 목회였다. 그는 '소의 철학'을 지녀서 소처럼 희생의 삶을 살았다. 그는 은퇴 후에도 친구인 윤성렬 목사의 주선으로 역촌동에 있는 은평수양관 관리를 하면서 서부병원, 서부경찰서 유치장 전도, 갱생원, 실로암결핵환자요양소 등지를 순회하였다. 그리고 중환자결핵요양소 지역에 실로암교회를 세우기도 하였다. 1978년 9월 20일 지병으로 86세의 일기로 소천하였다. 그는 죽은 후 시신을 세브란스의과대학에 바친다는 유언을 남겼다. 소천 후에 약속대로 시신을 병원에 기증하여 현재 유골이 연세대학교 의과대학 해부학 실습실에 표본으로 제작되어 있다.

80. 전영택 목사(1894.1.18.-1968.1.16. 74세)

평양 사창골에서 부친 전석영과 모친 강순애 사이에서 셋째 아들로 태어났다. 1907년 14세 때 평양 대성학교에 입학하여 도산 안창호 선생을 만났다. 1909년 부친이 사망하자 대성학교를 중퇴(1910년)하고 실의에 잠겨있을 때 '문학'을 접하는 한편 작은 형의 인도를 받아 교회에 나가 김창식 목사에게 세례를 받았다.

1911년 서울로 이사하고 1912년 일본 유학길에 올랐다. 청산학원 중학부 4학년에 편입하여 2년 후 고등부까지 졸업하였다. 이어 청산학원 대학의 문학부(1915-1918년)를 마치고 그해 동 대학 신학부에 입학하였다. 〈창조〉지 동인으로 참여하였고 문학과 신학의 양립을 도모하였다. 1919년 동경 유학생 독립선언에 가담했다가 일경의 눈을 피해 3월 말 일시 귀국하여 4월 29일 이화학당 출신 채혜수와 결혼하였다. 그런데 그 다음 날 아내의 3.1운동 가담이 탄로나 일경에 체포되는 통에 9개월간 아내 옥바라지를 하고 이듬해 1921년 다시 일본에 건너가 신학부에 재입학하여 30세 되던 1923년 청산학원대학 신학부를 졸업하고 귀국하였다. 귀국 후 창문사에서 발행한 〈신생명〉의 주간으로 일하는 한편, 1924년 죽첨정

(현 충정로)에 있던 협성여자신학교 교수로 봉직하면서 중앙교회, 창천교회 소속으로 목회를 도왔다. 1927년 5월 감리교회 목사로 안수받고 이듬해인 1928년 10월 아현교회에 부임하였는데 행정적인 구역담임자였을 뿐, 실질적인 목회는 김영렬 목사의 지원을 받는 '공동목회' 였다.

1929년 신학교와 목회를 사임하고 1930년 1월 미국으로 유학가 퍼시픽신학교에 입학하였다. 그리고 시카고에서 흥사단에 입단, 독립운동에도 헌신했으며 1932년 12월 퍼시픽신학교를 수료하고 귀국하였다. 귀국 후 1933년 황해도 봉산교회에 파송 받아 시무했는데, 가난과 교회 내에 알력, 선교사와의 불화 등으로 고생을 하다가 1935년 교회를 사임하고 서울로 이사와 집필에 전념하였다. 기독교 문서사업에 뜻을 두어 1937년 1월 교계 개인잡지인 〈새사람〉을 창간했는데 그해 6월 수양동우회 사건에 연루되어 검거됨으로 정간되었다.

한편 검거 뒤인 1938년 6월 그를 비롯한 현제명, 홍난파 등 수양동우회원 18명이 변절하여 친일단체인 대동민우회에 가입하였고 이듬해인 1939년 10월 친일문인 단체인 '조선문인협회' 의 발기인으로 참여하는 등의 오점을 남겼다.

1938년 〈기독신문〉의 주간을 하다가 1939년 이후 평양 신리교회를 담임하던 중 배일 설교로 수감되었다가 출옥하니 신리교회가 폐합당해 설자리조차 잃었다. 1945년 해방 후 조선민주당 문교부장이 되고 그해 월남하여 이듬해인 1946년에 미군정 문교부 편수관이 되었다. 1954년 대한기독교서회 편집국장 등을 역임하였다. 1961년 한국문인협회 초대 이사장에 취임했고, 단편 "금붕어"로 서울시 문화상(문학 부문)을 수상했고 1963년 대한민국 문화포상 대통령 상을 수상했다. 1968년 1월 16일 종로에서 교통사고로 74세에 별세하였다. 경기도 금촌에 묘비가 세워졌다.

81. 조병옥 박사 (1894.2.15.-1960.2. 66세)

충남 천안에서 태어났다. 서병천교회에 다니고 공주 영명학교를 거쳐 1911년 평양 숭실학교와 1914년 연희전문학교를 졸업하고 곧 미국으로 건너가 펜실베니아 주 킹스턴의 와이오밍고교에 입학하여 1918년에 졸업했다. 이어 뉴욕 콜롬비아대학에서 경제학을 전공하면서 흥사단 등의 단체에 참여하여 독립운동을 하였으며 1925년 동 대학 대학원에서 철학박사 학위를 받았다(박사학위 논문 : "한국토지제도"). 귀국하여 연희전문학교의 경제학 전임강사로 부임 봉직하던 중 1929년 권고사직 당하였다(기독교사회주의 주창). 1925년 신흥우 등 YMCA 중진 인물로 구성되었던 '태평양문제연구회'에서 함께 활동하였다. 1925년 반기독교운동에 대한 기독교적인 대안으로 사회 참여적인 적극성을 띠었다. 1927년 신간회에 조직적으로 참여하여 창립위원, 재정 총무를 역임하였다. 1929년 11월 광주학생운동과 관련하여 체포되어 실형을 선고받아 3년간 복역하였다. 1937년 수양동지회 사건으로 체포되어 2년 가까이 옥고를 치렀다.

1945년 해방 이후 창당된 한국민주당에 참여하고 그해 10월 미군정하에서 초대 경무부장으로 취임하여 1949년 1월까지 활동하면서 제주 4.3 사건 진압 등을 주도하였다. 1950년 6.25전쟁 직후인 7월 제5대 내무부 장관에 취임하였다. 그 후 이승만과의 의견충돌로 1951년 5월에 사직하였다. 1951년 6월부터 1952년 9월까지 제16대 대한체육회 회장으로 활동하고, 1956년 민주당 대표최고위원에 선출되었다. 1958년 제4대 민의원에 재선되었고, 1960년 민주당의 공천으로 대통령선거에 입후보하였으나, 선거를 1개월 앞두고 미국의 월터리드 육군의료센터에서 치료받던 중 66세에 별세하였다. 노병선의 맏딸인 노정면과의 사이에 2남을 두었는데 장남 조윤형은 전 민주당 국회의원, 차남 조순형은 새천년민주당 국회의원을 지냈다. 1962년 건국훈장 독립장이 추서되었다.

82. 구성서 목사(1894.5.9.-1969.10.18. 76세)

경기도 광주군 도척면 궁평리에서 감리교 초기 전도사 구연영의 차남으로 태어났다. 아버지와 형 구정서는 그가 13살이 되던 해인 1907년 항일운동을 하다 함께 총살형으로 순교하였다. 그는 서울 공옥학교와 배재학당에서 공부하였다. 그리고 평양의학강습소(평양의전)에 수학하던 중 만주로 갔다. 1919년 3.1운동이 일어났을 때 아버지에게 전수된 애국정신과 독립운동의 피가 흐르는 그는 독립선언문을 배포하다가 체포되었다. 모진 악형 끝에 석방된 후 감리교 협성신학교에 입학하였다. 1921년에 견습인으로 허입하고, 1923년 협성신학교 졸업(제11회)과 동시에 장로 목사안수를 받아 정회원이 되었다.

여주군 북내면에 있는 당우리교회(1921-1924년), 이천읍 중리에 있는 이천읍교회(1924-1926년), 여주군 주내면 창리에 있는 여주교회(1926-1927년)에서 목회를 하였다. 1927년에서 1930년까지는 건강상의 이유로 휴직하고 원주에서 치료를 받았다. 1931년에 다시 충주교회(1931-1932년)에서 목회를 시작하였다. 이후 선교사 홀드크로프트(J. G. Holdcroft) 와 함께 만주지방을 순회하며 전도하였고 전국지역을 돌면서 복음을 증거하고 민족정신을 고무시켜 일본 경찰에 수십 차례 구금되었다.

특히 정춘수 감독이 '혁신5조항'을 발표하고 한국교회를 일본교회에 병합시키고자 할 때, 류형기, 송홍국, 정일형, 전효배 목사 등과 혁신안에 대해 반대하였다. 1942년 10월 총회 시 감리교회의 체제를 바꿔 보려고 시도하다가 정보가 누출되고 체포되어 평양경찰서로 압송되었다. 6개월간 취조를 받고 재판에 회부되어 구성서 목사는 징역 8개월을 선고받아 서대문감옥에 갇혔다.

해방 후에는 감리교회 재건을 위하여 활동하였으며 이천, 여주, 수원 등지에서 감리사로 활약하였다. 여주에 여광고아원을 설립하였고 서울에서는 마포, 서강, 동자동, 장사동 등지에서 노년 목회를 하였다. 순국선영유족회 회장, 신간회지도위원, 광복회 이사, 독립운동사 편찬위원을 역임하였다. 1965년 3월에 정년으로 은퇴하고 1969년 10월 76세를 일기로 별세하였다.

83. 장석영 목사(1894.8.3.-1982. 86세)

경기도 강화읍에서 부친 장형래와 모친 박마르다 씨의 셋째 아들로 태어났다. 1902년 9월 강화 잠두교회 학당에 입학하여 종교교육을 받으며 기독교에 입문하였다. 이후 1909년 데밍(Deming) 선교사에게 세례를 받았다. 1906년 3월 강화읍 보창고등소학교를 졸업한 후 이동휘 교장의 주선으로 1907년 9월 서울 보성학교에 입학하였고 1911년 3월 졸업 후에도 밤에는 보성전문학교 법률과 낮엔 종로 YMCA영어과(2년제)에서 동시에 학업을 했다. 1913년 3월 영어과를 졸업한 후 감리교신학교 영문신학과(2년제)에 들어가 우수한 성적으로 수료했다.

1915년 3월 충남 논산읍교회 청년지도 전도사로 초빙되어 약 3년간 열심히 일하다가 1918년 서울로 올라와 수표교교회와 자교교회 주일학교장 및 서울지방 종교교육사업을 관장하면서 감리교신학교에 적을 두고 계속 공부하였다. 또한 감리교신학교 교수였던 피셔(Fisher) 선교사의 어학 선생으로도 활약했다. 1926년 미국으로 유학하여 9월 테네시주 내슈빌에 있는 스카릿대학에 입학하였고 다음 해 2월 뉴욕 콜럼비아대학에 입학하여 교육학을 전공하고 1932년 3월 M.A 학위를 취득했으며 그 후 1년간 유니온신학교에서 신학을 전공하여 B.D 학위를 받았다. 1933년 3월 미감리교 뉴저지연회에서 목사안수를 받고 귀국하였다.

그해 5월 연희전문학교 교수 겸 교목으로 취임하여 10여 년 동안 봉직하였다. 1942년 11월 조선총독부 학무부에 의해 교수직에서 해임되었다. 1942년 12월부터 개성 중앙남부교회를 담임하다가 1945년 강화 신문리교회에 부임하여 해방을 맞이하였다. 1945년 해방 후 대한적십자사 사무총장을 지내면서 연세대학교 교수로 복직하여 1948년 9월까지 교수 및 신학대 학장으로 봉직했다. 1948년 1월부터 1949년 5월까지 분열된 감리교회의 재건파 감독으로 추대되었다. 1953년 9월 정동제일교회 담임목사로 부임하였고, 1955년 4월부터 이화여자대학교 교수 겸 교목으로 재직했으며 1956년 4월 기독교학교 교목회장, 1958년 2월 대한기독교교육협회장을 지냈다. 1960년 3월 공직에서 물러나 충남 예산읍교회 담임목사로 시무하였고 1962년 2월에 한국기독교협의회 회장으로 선임되었으며 1963년 1월 연세대학교 재단이사 등에 선임되었다가 1967년 10월 은퇴하였다. 1982년 86세로 별세하였다.

84. 송정근 목사(1895.1.12.-1950. ?, 55세)

황해도 서흥군 도면 도리에서 송경호의 장남으로 출생하여 유학자인 부친의 영향을 받아 어려서부터 엄격한 유교적 교훈을 받고 자랐으며 7세 때부터 한학을 수학하였다. 동리에서 10리 떨어진 양몽학교 고등과를 졸업하고 1913년 평양의 숭실학교에 입학하였는데 이 무렵 기독교인이 되었다. 숭실에서 배우는 동안 특히 베어드 교장에게서 깊은 감명을 받아 복음 전도자로 평생을 바칠 것을 결심하였다. 1917년 숭실중학교를 졸업하고(13회) 1920년 첫 전도사업을 실행하였다. 처음엔 장로회 평양신학교에 입학하여 1921년 1학년 과정을 수료하였으나 이후 감리교회로 옮겨 1923년 서울의 협성신학교에 편입하여 1927년에 졸업하였다.

전도사로 개성지방 토산구역에서 시무하였고 1927년 신학교졸업(14회)과 함께 미감리회 조선매년회에서 목사안수를 받았다. 그 이후 양양교회(1926-1929년), 거저교회(1929-1932년), 고성교회(1932-1935년), 비석리교회(1935-1937년), 강서읍교회(1937-1943년)에서 시무하였다. 특히 강서읍교회에서 시무하는 7년 동안 강서지방 감리사를 역임하였는데 도산 안창호와 함께 2대 강서 인물에 꼽힐 정도로 주민들에게 추앙받았다. 일제 말기 평양 기림리교회로 옮겨 시무하였으나 일제에 동조하지 않았다는 이유로 목사직을 박탈당하였다.

황해도 산골에 은거 생활 중 8.15해방을 맞아 배덕영 목사의 주선으로 이북 제일의 감리교회인 평양 남산현교회 담임목사로 취임하게 되었다. 송정근 목사는 불타 없어진 남산현교회당을 4년 만에 옛 모습 그대로 복원시켰다. 강제 해산된 서부연회를 5년 만에 재건시키는 데 공헌하였고 서부 연회장에 취임하였다. 동시에 기독교민주당을 창당하여 부당수로 당선되었다. 1947년 6월 15일경부터 북한정권은 기독교 자유당의 창당발기인들을 검거하기 시작하여 송정근 목사도 반동으로 연행되어 모진 고문을 당하였다. 6.25전쟁이 일어나기 전날인 6월 24일 저녁 공산당은 송정근 목사의 집을 습격하여 연행해 갔다. 그 후 그의 생사는 확인할 수 없으나 1950년 10월 10일 후퇴하던 공산군이 그를 살해하고 도주하였다는 말이 전해질 따름이다.

| **참고** |『순교자 송정근 목사전』. 1976년.

85. 이효덕 전도사 (1895.1.24.-1978.9.15. 83세)

평남 용강에서 농부였던 이인수와 박성일 사이에 6남매 중 막내로 태어났다. 다섯 살 무렵 부모가 예수를 믿게 되어 온 가족이 30리나 떨어져 있는 예배당에 나가게 되었다. 이효덕의 부모는 자식들에게 신학문을 가르치기 위해서 나이 7세부터 교회 목사에게 맡기기도 하고 8세에는 진남포에 유학시키면서 공부시킬 방법을 찾았다. 사경회 후에 이효덕은 광혜병원 전도사 집에 맡겨졌고, 정진소학교애 입학하였다. 졸업하고 숭의여자중학교에 입학하였으나 그의 셋째 오빠가 독립운동과 관련하여 만주로 망명하게 되어 집안이 어려워졌지만 1911년에 졸업을 하였고, 고향 삼화읍교회에 초청을 받아 교사와 전도부인으로 활동하였다.

1912년에는 모교인 숭의여학교 교사로 부임하여 학생들을 가르쳤다. 학생들에게 민족정신을 불어넣는 그녀는 그와 뜻을 함께하는 사람들을 만나게 되었다. 황애덕, 안정석, 김경희 등이었다. 1913년 황애덕과 함께 상급생들을 중심으로 '송형제'와'죽형제회'를 조직하고 이 둘을 합하여 '송죽 형제회'를 조직하였다. 이 회를 통하여 임시정부와 비밀히 연락하며 독립기금을 모아 보내기도 하였다. 3.1 운동이 일어났을 때는 중화 곤양 장거리 양무학교에 시무했는데 학생들과 함께 만세운동에 앞장서서 시위하다가 3월 3일 경찰에 호송되어 1920년 4월까지 1년간 옥고를 치렀다. 그러나 어머니가 병으로 사망하였다는 소식을 듣고 충격으로 중병을 얻어 절망하기도 하였다. 병에서 완쾌 된 후 서울 협성여자신학교에 입학하여 1924년 제1회로 졸업하였다.

졸업 후 태화사회관 성경학원의 교사(1925-1928년), 전주 기전여학교 교사로 전주YWCA 활동에 참여하였다(1928-1929년). 1929년 '대한기독교여자절제회연합회'의 총무로 활동을 시작하였다. 초대 총무였던 손메례에 이어 1929년부터 1937년까지 8년간 활동하였으나 건강상의 이유로 사직하였다. 그 이후 이효덕은 수표교교회(1938-1942년)와 동대문교회(1943-1956년)에서 전도사로 시무하였는데 그녀에 의해서 화양교회와 청량리교회가 시작되었다. 1956년부터 1966년까지 기독교대한감리회 여선교회연합회 부녀국 총무로 활동하였다. 그녀는 평생을 독신으로 나라와 민족을 위해 활동을 하였고 감리교 안식관에서 여생을 보내다가 1978년 83세로 별세하였다.

86. 전진규 목사(1895.6.25.-1950. ?, 55세)

경기도 장단군 읍내에서 전사명의 장남으로 태어났다. 그의 아버지 전사명은 1903년 원산부흥운동의 영향으로 기독교에 입교한 후 소실을 내보내고 주초를 금하고 철저한 가정예배와 십일조를 이행하는 등 독실한 신앙생활을 하였다. 그는 장단읍교회에서 교역자가 많이 나기를 기도하였는데 맏아들인 진규를 목사가 되게 하였다 그의 기도대로 장단읍교회에서 목사가 다섯 사람이 났으니 전진규, 이호빈, 신후승, 이인구, 이진구 등이며 장단군에서 감리교 남녀교역자만 50여 명을 배출하였다. 아버지의 영향을 받은 전진규는 1911년 5월 한영서원을 졸업하고, 1918년 3월 송도고등보통학교를 졸업한 이후 일본에 유학하여, 칸사이학원 신학부(1918년 4월-1916년 6월)에서 수업하였고 1925년 3월 연희전문학교 문과를 졸업하였다.

1909년 8월 15일 세례를 받은 그는 1919년 10월 1일 강원도 이천읍교회에서 전도를 시작하여 1920년 8월까지 활동하였고 1920년 3월 27일 전도사 직첩을 받았다. 남산교회 전도사(1921년 9월-1922년 8월), 1924년 연회학습, 1925년 4월부터 강원도 이천읍교회 시무 중 집사목사안수

(1924년 9월)를 받고, 연회정회원에 허입(1926년 9월)하였다. 개성 동문교회(1926년 9월), 개성 중앙교회(1927년 9월) 전임, 철원읍교회(1931년 6월), 철원지방 감리사(1934년 4월), 원산 중앙교회(1935년 4월), 진남포 신흥리교회(1942년), 해주 남본정교회로 전임하였다.

해방 후 1946년 9월부터 1948년 3월까지 장단중학교 교장으로 시무하고, 의정부교회, 성동교회(현 보문제일교회) 담임 겸 서울동지방 감리사(1949년 8월)를 역임했다. 이때 복흥파와 재건파 합동추진위원장을 맡아 양파 합동총회 사회를 보며 통합을 위해 수고하였다. 성동교회 시무 시 교회 개축을 위해 노력하던 중 6.25전쟁으로 뜻을 이루지 못하였다.

그는 공산군 지배하에서도 서울을 떠나지 않았다. 8월 23일 감리교 목사들의 교역자 회의가 중앙교회에서 열리게 되어 그도 모임에 참석하기 위해 집을 나갔다가 김유순 감독 및 박만춘 전도국장 등과 함께 인민군 정치보위부원에게 납치되어 행방불명되었다. 보문제일교회는 1993년 10월 24일 전진규 목사의 순교를 기념하는 비석을 세웠다.

87. 김종필 감독 (1896.5.20.-1978.5.17. 83세)

경기도 시흥군 안산읍에서 농부인 김용배의 4남으로 출생, 1922년 개성 공립간이 상업학교와 1925년 개성 송도고등보통학교를 마치고 1928년 일본 고베 관서학원 신학부를 졸업하였다. 졸업 후 귀국하여 평양 남산현교회 부목사로 파송 받았으며 1930년 9월 28일 목사안수를 받고 평양중앙교회(1930-1934년), 진남포교회(1934-1935년), 개성북부교회(1935-1942년), 남산현교회(1942-1943년)에서 각각 목회하였다.

이후 일제의 탄압을 피해 중국으로 망명하여 북경에서 한국인학교 교장으로 교포교육에 힘쓰다가 1946년 5월 교포 7백여 명을 인솔해서 목포로 귀국하였다. 목포에서 문태중학교 교장으로 잠시 재임한 후 1947년 이화여자대학교 교목 겸 교수로 전임하여 1958년까지 근무하였다. 이 기간에 미국으로 유학하여 1955년 오하이오주 북대학을 졸업하였다.

1958년 10월 4일 감리교 제8회 총회에서 32회의 투표 끝에 제8대 감독으로 선출되어 당시 호헌파와 총리원파로 분열된 교단을 통합하는데 힘쓴 결과 1959년 3월 교회통합의 결실을 얻었다. 감독 재임 기간 중

4.19의거에 의한 교계 정화 운동 및 '박이남 공금유용사건'으로 어려움을 겪기도 하였다. 1962년 감독 임기를 마치고 이듬해 3월 인천 내리교회로 부임하여 화재로 불타버린 예배당을 다시 건축 봉헌하는 등 교회 부흥에 힘썼다. 1967년 4월 8일 중부연회에서 은퇴하면서 그의 40년 교역생활을 마감하였다. 1977년 10월 30일 내리교회에서 설교 중 뇌일혈로 쓰러져 누운 지 7개월 만인 1978년 5월 17일 83세의 일기로 별세하였다.

88. 조민형 장로 (1896.9.19.-1950.8. 54세)

함경남도 북청에서 농부의 아들로 태어났다. 경성고등보통학교 졸업 후 일본으로 건너가 아오야마학원신학부를 졸업하였다. 귀국하여 종교교회에 출석하면서 남감리교회가 설립하고 운영하던 배화여학교의 부속 광희문여학교 교사로 활동하였다. 3.1운동 당시에는 배화여학교 교사 김응집, 이정찬과 함께 각종 유인물을 제작 배포하여 출판법 위반 협의로 체포되어 징역 6개월을 선고를 받았다. 그 후 아오야마학원 동창인 전영택 목사의 소개로 협성여자신학교에서 가르쳤다. 그는 종교교회 전도사(장로) 등을 맡았고 서울과 지방을 순회하며 전도 집회를 개최하였다.

순회 전도집회를 하면서 당시 피폐해진 농촌의 실정을 생생하게 체험한 조민형은 우리 민족의 살길은 농촌의 계발에 있음을 절감하였다. 그는 돌연 학교를 사직하고 농촌운동에 투신하였다. 그는 직접 농사를 지으면서 1924년경에는 김포에 있는 농장에 들어가 본격적인 농촌운동을 전개하였다. 그는 선진 농업기술을 도입하여 농촌에 보급하였고 농업 협동조합을 구상하여 농촌 발전을 위한 다각적인 노력을 기울였다. 1925년 을축년 대홍수가 발생하자 이 위기를 극복하기 위해 1927년 김포 포내면 걸포리에 '걸포리산업저축계'를 조직하여 자신이 시도하는 농촌운동의 시험장으로 삼았다. 다음으로 착수한 사업은 식량의 공동 구입이었다. 걸포리산업저축계는 1년 동안 상당한 성과를 거두어 1928년에는 김포 일대 8곳에 계가 조직될 수 있었다. 그는 체계적인 농촌운동을 위해 1929년 〈조선농촌구제책〉이라는 책을 저술하였다. 이 책은 한국에서 전개된 농촌운동에 큰 도움이 되었을 뿐만 아니라 기독교 농촌운동의 선구적이고 핵심적인 지침서로 사용되었다. 1930년에는 황해도 신천에서 '이상적인 모범농촌'을 건설하기 위해 설립된 신천농민학교 교장으로 부임하여 1년 정도 후진 양성에 힘썼다. 그 후 황해도 연백의 송포농장에서 몇 년 동안 활동하다가 다시 김포로 복귀하였다. 1940년경 서울로 이주하여 서울 공덕교회로 교적을 옮겨 교회를 섬겼다. 해방 후 1949년 5월에 김포 군수로 임명되어 1년 동안 활동하였다. 1950년 6.25전쟁 발발 후 8월 붙잡혀 납치된 뒤 소식이 끊겼다.

89. 박현숙 장로 (1896.10.17.-1980.12.31. 84세)

평남 평양에서 박정규의 8남매 중 2녀로 출생하였다. 어머니 최광명에 이끌려 5세 때부터 남산현교회에 다니기 시작하여 11세(1907년)에 노블 선교사에게 세례를 받았고, 정진소학교를 졸업하고 15세 되던 해 숭의여학교에 입학하였다. 숭의여학교 재학 중 '송형제회'에 가입하여 활동하였다. 1915년 숭의여학교를 졸업한(제6회) 박현숙은 기전여학교에서 교편을 잡다가 1917년 4월 다시 모교로 돌아와 교사로 부임하였는데, 김경희 선생에 이어 송죽결사대 회장으로 선출되었다.

송죽결사대를 중심으로 형성된 여성운동 세력은 평양의 3.1운동 중심 세력으로 연결되었다. 평양 남산현교회 목사인 신홍식에게 3.1운동에 참가해 달라는 정식 요청을 받고 송죽결사대 회원들이 중심이 되어 만세운동에 참가하였다. 이때 박현숙은 할머니 복장으로 변장하여 시위에 참가하였다가 체포되었다. 그는 1년 형의 징역 언도를 받고 복역 중 8월 하순 병보석으로 출옥하였다. 출옥 후 독립운동가 김성업과 결혼하였고 가정주부로 가정을 꾸려나가면서도 독립운동자금을 모금하였고 11월 평양을 중심으로 대한애국부인회를 조직할 때 평양감리교회 지부 부회장으로 참여하여 지하운동을 계속하였다. 이 조직이 일경에 탐지되어 1920년 10월 다른 임원들과 함께 체포되어 1년 6개월 징역형을 받고 복역 중 1924년 집행유예로 출옥하였다. 건강이 회복되자 평양 숭의여학교 교감으로 취임하였고 평양 YWCA 회장이 되어 문맹퇴치, 농촌사업 등을 통한 부녀운동에 적극 참여하였다. 일제 말기 1939년 2월 세계여성기도일에 사용할 기도문이 반전적이라는 이유로 일경에 검거되어 1개월가량 구금되었다. 한편 남편 김성업은 수양동우회 사건으로 1937년 검거되어 5년 징역형을 받고 복역 중이었다. 1945년 여름 남편이 병보석으로 출감하자 평양을 떠나 서울로 옮겼다가 8.15해방 직전 평양으로 귀환하였다.

해방되자 조만식을 비롯한 애국 동지들과 건국준비위원회를 조직하고 신탁통치 반대 입장을 표명하였다. 월남하여 이승만과 함께 정치 일선에 참가하여 1958년에는 자유당 소속 국회의원, 3.1운동 여성동지회 회장, 대한부인회 부총재 등으로 활동하였다. 1953년에는 숭의여학교를 서울에 재건하고 이사장으로 취임하였다. 1963년 대통령 표창을 받은 그는 남산교회 장로로 봉사하다가 1980년 마지막 날 서울에서 84세로 별세하였다.

90. 황도문 장로(1897.5.26.-1950.9.25. 54세)

강화도 길상면 선두리에서 태어났다. 본관 창원 황씨, 부친 황호삼의 맏아들로 1912년 사립 홍천 합일학교부설 보습과를 졸업하고 1914년 배재학당 본과를 졸업하였다. 1917년 연희전문학교에 입학하여 3.1운동이 일어난 1919년 2학년 재직 시 김원벽, 윤화정, 정석해 등 학생회 선배들의 지휘를 받으며 파고다 공원에서 개최된 독립선언식에(하오 2시) 참가하여 시위를(3월 1일) 하였다. 남대문 밖 학생들만의 만세시위에 가담한(3월 5일) 후 강화도로 피신하였다.

강화에서는 길직(강화초대)교회에 거주하며 강화 남구역을 담임하던 이진형 목사와 유봉진 권사, 다루지(선두)교회 본처전도사인 황유부, 황도문은 1919년 3월 8일 이진형 목사의 집에서 만난다. 그리고 9일 주일 예배를 마치고 길직리에 사는 장윤백, 조종환, 황명희, 홍관후, 선두리에서 온 염성오, 유희철 등이 더 참석하였다. 이들은 모두 강화 남구역 교회의 교인들이었다. 3월 11일 황유부, 유봉진, 황도문 등(길상 결사대원)은 다시 모여 거사 일을 3월 18일, 강화읍 장날로 잡고 장소도 강화읍으로 하여 전 강화도 주민들이 참여하는 만세시위를 전개하기로 하였다. 황도문이 가져온 〈독립선언서〉, 〈국민회보〉를 인쇄하였으며 '강화 인민에게' 라는 제목의 유인물과 이외에 〈독립보〉란 유인물도 제작하였다. 3월 18일 강화 만세운동을 조직(작전참모 역할)하여 시위(약 2만 명 참가)를 하였다. 그 후 황도문은 제물포를 거쳐 제주도까지 갔다가 3년간 도피 생활(강원도 등지)을 한 후 3.1운동 지도자들이 옥에서 풀려나던 1922년 무렵 공소시효 만료 후 피신 생활을 정리하고 고향으로 돌아왔다.

귀향하여 신흥학교, 합일학교 등에서 교사로 봉사하였다. 1922년 9월 22일 강화군 신문리 예배당에서 열린 '인천지방회' 에서 황유부, 염성오 등과 함께 다로지(선두)교회 본처전도사(장로)로 임명되어 교회를 섬기게 된다. 1931년 5월 26일 인천 내리교회에서 개최된 '인천지방회' 에서는 강화 남구역 달오지교회 전도사로 신천되고, 지방에서는 인천지방 교육협회 '엡윗청년' 부원으로도 활동하였다. 1932년 2월 29일 인천 내리교회에서 개최된 '제2회 인천지방회' 에서 강화 남구역 월오지구역 전도사로 임명되어 1936년까지 월오지교회에서 본처전도사로 봉사하였다. 1937년부터는 전도사 직첩을 받지 않다가 1940년 제10회 인천지방회에서 강화동구역 산준교회 전도사로 임명되어 1941년 지방회 서기로 활동했다. 또한 은밀하게 상해임시정부에서 파견된 독립운동가들과 접촉하며 독립군 군자금 모금 운동에 참여하여 당시 군자금 지원방법의 하나로 개성에서 홍삼을 사다가 쪄서 배편으로 중국에 보내는 일을 추진했다. 8.15해방 후 길상면 면장, 선두리교회 장로(1947년)로, 6.25전쟁 직후 9월 28일 후퇴하는 괴뢰군에게 납치되어 개성에서 순사하였다(9월 30일경).

| 참고 |

1. 『하늘에 소망을 바라보며 - 김영자 장로 일대기』. 살롬출판사. 1992년.

2. 『감리교회를 빛낸 평신도』. 조이제 저. KMC. 2018년.

91. 박인덕 교육자 (1897.-1980.4.3. 83세)

평남 용강에서 유학자 박영하의 5남 1녀 중 외동딸로 출생하였다. 1902년 전국을 휩쓴 콜레라로 부친과 형제를 모두 잃고 어머니와 둘만 살았다. 실의에 빠진 모녀는 친척의 권유로 기독교인이 되었고 박인덕은 기독교인이 경영하는 진남포의 삼성학교에 입학하여 1908년 졸업하였다. 졸업한 그해 동창인 윤심성의 권유로 서울에 유학하여 1912년 이화학당 중학과를 졸업하였고 1916년에는 이화학당 대학과를 제3회로 졸업하였다. 박인덕은 졸업과 함께 모교에서 기하, 체육, 음악을 맡아 가르쳤으며 프라이(L. E. Frey) 당장의 총애를 받고 있었다.

3.1운동 때에는 민족정신을 고취하고 학생들을 선동하였다는 죄목으로 동료 교사 신준려와 더불어 경찰에 연행되어 4개월 동안 감옥생활을 하였다. 그리고 출옥한 지 얼마 지나지 않은 그해 11월에 '대한민국애국부인회' 조직이 경찰에 탄로나 "이화학당 내 회원 20명 대표자"로 또다시 투옥되는 고초를 겪었다. 연이은 두 번의 투옥 후에 그는 이화학당에서 교사생활을 하다가 1921년 아펜젤러(A. R. Appenzeller)의 주선으로 미국 유학의 길이 열렸으나 이를 포기하고 김운호라는 부호와 결혼을 하

였다. 그러나 얼마 후 파경을 맞게 되어 배화학교 교사(1921-1926년)로 다시 교육에 복귀하였다.

그 후 배화학교의 교사였던 루비 리(Ruby Lee)의 협조로 미국 유학의 길이 열려 1926년 조지아주 웨슬리안대학에 입학하여 사회학석사 학위를 받고 1928년 졸업하였으며, 계속하여 콜럼비아대학 사범대에서 교육학석사 학위를 받고 1930년 졸업을 하였다. 미국에서도 그는 사회활동을 계속했는데 학생자원운동(Student Volunteer Movement)에 적극 호응하여 각자의 대학에 나가 강연하고 미국은 물론 유럽 각지에 조선을 소개하는 활동을 벌였으며 동남아와 중국을 거쳐 1931년 귀국하였다.

귀국 후 그는 황애덕, 최활란과 함께 여성들을 위한 경제학 강연회 등을 열었으며 농촌 여성에 대한 계몽운동에도 참가하여 1935년에는 『농촌교역지침』을 발간하기도 하였다. 일본이 패망할 때까지 각종 토론회. 강연회의 연사로 친일 활동을 하였다. 해방 후 1946-1947년 미군정 장관 러치와 하지의 요청으로 미국에서 개최된 자유국가 여성대회에 한국 대표로 참가하여 강연하였다. 미국에서의 저술 활동과 강연을 통해 얻은 인세와 강연료 등을 기금으로 1961년 서울 성북구 월계동에 3만6천 평에 달하는 대지를 구입하고 '인덕실업학교'를 설립하여 인덕 학원 이사장이 되었다. 1980년 4월 3일 서울에서 83세로 별세하였다.

| **참고** |〈감리교회와 독립운동〉. 홍석창 목사 논설집. 에이멘. 1998년.

92. 류형기 감독 (1897.11.17.-1989.6.28. 92세)

평안북도 희천 남면 월명동(영변)에서 출생하였다. 1906년 영변 숭덕학교에 입학하여 고등과 2년까지 마치고 1914년 평양 숭실중학교에 진학하였다가 서울 배재학당에서 한 학기 공부한 후 다시 평양 숭실학교로 편입하여 1916년에 졸업하였다. 1917년 숭실대학에 입학한 후 1년 만인 1918년 3월 일본에 유학하여 아오야마학원을 거쳐 1921년 다시 미국으로 건너가 1923년 오하이오주 웨슬리안대학 문학부를 졸업하였고, 1926년 보스턴대학교 대학원, 1927년 하버드대학교 대학원을 졸업하였다.

류형기 목사는 미국에서 공부를 마치고 1927년 8월 25일 결혼하였다. 신부는 신 줄려(Julia), 한국 이름은 신형숙이었다. 신형숙은 1898년 12월 23일 경기도 가평에서 출생하였고 김활란보다 1년 먼저 이화를 졸업하였고 중학교 교사로 근무하다가 3.1운동에 연루되어 1년 징역에 3년의 집행유예선고를 받고 출감한 독립투사였다. 그 후 북경대학에 유학하여 1년을 수료한 후 도미하여 웨슬리안대학을 마쳤으며 결혼한 그해 류 목사와 함께 서울로 오게 되었다.

1927년 겨울에 귀국한 류형기 목사는 감리교 총리원 교육국 청년부 간사로 취임하여 활동하였고 1933년 김준옥 총무의 후임으로 교육국 총무에 취임하여 1941년까지 14년간을 교단을 위해 봉사하였다, 그러나 1941년 감리교 혁신안을 반대했다는 이유로 목사직 파면을 당했다.

해방 후 그는 미군정청으로부터 국내에서 가장 큰 인쇄소(조선인쇄주식회사)의 관리책임을 맡아 운영하며 많은 책을 출판하였다. 1948년 감리교신학교 제9대 교장에 취임하여 1953년까지 재직하였다. 6.25전쟁으로 김유순 감독이 납북되자 1951년 감독으로 피선되었고, 재임하면서 7년 동안 6.25전쟁으로 파괴된 감리교회의 재건을 위해서 많은 수고를 하였다. 1958년 10월 감독생활을 마치고 은퇴하여 미국에 거주하였다. 그는 은퇴 후 1960년 성경주해(전 4권) 저술을 계획한 후 새로운 자료를 구할 겸 미국 유니온신학교(1960-1961년), 독일 하이델베르크대학(1961-1962년), 영국 옥스퍼드대학(1961-1962년) 등에서 연구한 바 있었다. 류형기 목사의 일생은 좋은 책을 저술하고 출판시키기 위한 삶이라고 해도 과언이 아닐 만큼 그의 일생은 책(약 26권 출판 발행)으로 일관되어 있었다. 1989년 6월 28일 92세로 별세하였다.

| **참고** |

1. 『은총의 팔십오년 회상기』. 류형기 저. 한국기독교문화원. 1983년.

2. 『감격의 구십년』. 류형기 저. 한국기독교문화원. 1992년.

93. 김폴린 교육자(1898.4.10.-1996.10. 99세)

평남 강서군에서 출생하였다. 그의 할머니인 전삼덕은 서북지방에서 여성으로 제일 먼저 세례를 받고 전도부인으로 활동했다. 신앙의 전통이 있는 가정에서 자란 김폴린은 1916년 이화학당 중학부, 1919년 이화학당 대학부(예과)를 졸업하였다. 1920년 6월에는 홍에스더, 김활란, 김함라, 윤성덕, 김애은, 김신도와 함께 이화학당 교사. 학생으로 구성된 '이화7인전도대'로 활동하였다.

1923년 대학과를 제8회로 졸업하고 그해에 이화학당 교사로 부임하였으며 3.1운동 이후 본격적으로 전개된 절제운동에도 참여하여 1926년부터 여자절제회 임원으로 활동하기도 하였다. 1930년 남·북감리교회가 연합되는 과정에서 전권위원 평신도 대표 중의 한 사람으로 참여하였으며 1930년 12월 기독교조선감리회 총회 때에는 미감리회 여선교회 총회 특선위원으로 총회 창립에 일조하였다. 1931년 미국에 유학하여 일리노이주 에반스톤의 내셔널대학에 입학하여 1933년에 졸업하였다. 귀국 후 1934년부터 총리원 교육국 간사로 일하다가 다시 도미하여 1939년 일리노이 주 노스에스트대학에서 종교학을 전공하고 다시 일본으로 건너가 아오야마학원에서 수학하였다.

해방 후 1946년 서울 여자기독교청년회(YWCA) 총무로 선임되었고 1947년 다시 도미하여 내슈빌주 스카릿여자대학에서 기독교 교육을 전공하였고 역시 내슈빌의 피바디(Peabody)대학에서 일반 교육학을 연구한 후 귀국하였다. 이후로 감리교신학대학에서 강의하면서 여성 및 기독교 교육에 참가하였다. 기독교대한감리회 여선교회연합회 교육부장(1957-1965년) 등 연합기관과 관련하여 활동을 하였다. 1990년 감리교 '자치 60주년 기념대회'에서 표창을 받기도 한 김폴린은 백 세를 두 달 앞둔 1996년 10월 99세의 나이로 별세하였다.

94. 장정심 여성운동가(1898.9.9.-1947. 49세)

경기도 개성에서 장효경의 딸로 출생하였다. 개성에 감리교회가 들어간 해는 1897년 2월로 남감리교 선교사 리드(C. F. Reid)와 윤치호가 개성을 방문하여 윤치호의 이모부 되는 이건혁의 지원을 받아 선교사업을 시작하였다. 그 후 콜리어(C. T. Collyer)는 1888년에, 하디(R. A. Hardie)는 1898년에 개성으로 와서 선교사업(예배 및 의료활동 등)을 하였고 교인들의 자녀들을 위한 학교를 세웠는데 여학교로 호수돈(1904년), 남학교로 한영서원(1906년)을 세웠다. 장점심의 부친인 장효경은 개성 선교 초기역사에 최초의 개성 교인으로 교회설립과 전도에 큰 공을 남겼다. 장정심이 태어난 1898년은 개성 선교가 막 시작될 무렵이었다. 그는 호수돈여학교에서 신교육을 받았다. 1915년에 호수돈여학교 고등과를 졸업하고 바로 이화학당 유치사범과를 졸업하였다(제3회). 졸업 후 고향의 호수돈유치원(1917년 시작)에서 유치원 교사로 봉사하였고 유치원 교사로 재직할 때 3.1운동을 겪었다. 20대 때 장점심은 개성감리교회의 청년 조직인 엡웟청년회와 개성여자교육회 등에 적극 참여하였다. 그는 1920년 중반 서울의 감리교 협성여자신학교에 입학하였다.

신학교에 입학하여 기숙사 생활을 하면서 본격적으로 시를 쓰기 시작하였다. 〈청년〉이 주된 발표 무대였다. 1929년 3월 학교를 제3회로 졸업한 후에도 서울에 머물면서 문학 활동에 전념했다. 첫 시집 "주의 승리"(1933년)를 발행했다. 이 시집에는 2백 편의 시가 실려 있는데 그중 90편은 성경을 읽으며 느낀 단상을 시로 승화시킨 것들이다. 두 번째 시집 "금선"(1934년)에는 빼앗긴 조국을 그리워하는 마음, 조국 강토의 회복을 기리는 강렬한 희망이 담긴 시가 대종을 이루고 있다. 그는 일제 말기 조선기독교여자절제회 제4대 총무가 되어 절제 운동을 전개하였다. 그는 1934년에 『조선기독교 50년사화』를 편찬하기도 하였다. 무엇보다도 한국기독교 역사를 여성적 시각에서 정리했다는 점에서 귀중한 역사적 자료이다. 평소 건강이 좋지 못하여 해방 후 활동을 못 하다가 개성 자택에서 1947년 49세 일기로 별세하였다.

95. 김활란 박사 (1899.2.27.–1970.2.10. 71세)

경기도 인천에서 김진윤과 초기기독교인 박또라 사이에서 출생하였다. 어머니 박또라는 전도부인 백헬렌과 밀러 선교사의 끈질긴 전도 활동으로 믿게 되고 온 식구가 인가귀도 되었다. 그는 어려서부터 어머니에게 기독교적인 교육을 받으며 자랐다. 7세에 내리교회에 나간 지 6개월 만에 세례를 받고 8세 때(1907년) 인천 영화여학교에 입학하였다. 이듬해에 온 가족이 서울로 이주하여 이화학당에 전학하였다. 10세 때인 1908년에 고등과에 진학하였고, 1918년 유일한 대학과 졸업생으로 이화학당을 제5회로 졸업하였다.

1920년 6월에 이화학당 교사와 학생 7명으로 '이화 7인전도대'를 조직하여 전국을 순회하며 여성계몽 강연을 열었다. 김활란은 1922년 3월 27일 김필례, 유각경과 함께 '조선여자기독학생청년회 1차 발기회'를 열었으며 4월 북경에서 개최되는 세계기독학생회총연맹-WSCF총회에 장로교 대표인 김필례와 함께 참석한 후 6월에 조선여자기독교청년회(YWCA)를 창설하였다. 1926년 7월 미국 유학길에 오른 김활란은 웨슬리안대학에서 2년을 수학한 후 보스턴대학 대학원에서 문학석사 학위를 취득하였다. 미국에서 박사학위 과정을 준비할 즈음 이화학당의 아펜젤러(A. R. Appenzeller) 교장에게서 귀국하여 모교를 도와 달라는 부탁을 받고 1925년부터 이화여자전문학교 교수로 재직하게 되었다. 1928년 4월에 예루살렘세계선교대회에 참석하였고 5월에는 미국 캔자스에서 개최된 북미기독교감리회대회에 여성대표로 참석하였다. 1930년 여름 미국 유학길에 올라 콜롬비아대학에서 "한국의 부흥을 위한 농촌교육"이란 논문으로 박사학위를 받고 귀국하였다.

외국인 교장이 물러가고 김활란은 1939년 4월 제7대 이화여자전문학교 교장으로 취임하였다. 학교 이사장까지 겸임하게 된 김활란은 학교를 지키기 위한 수단으로 정신대 독려 강연 등 일제의 시국 정책에 협조하는 일생의 최대 오점을 남겼다.

1945년 9월 이화여자대학교 초대 총장에 취임하여 재단법인 이화학당의 이사장을 겸하였다. 1950년에는 대한공보처장에 임명되었다. 1956년부터 1959년까지 네 차례에 걸쳐 국제연합총회의 한국 대표로 파견되었다. 1959년에 대한적십자사 부총재로 임명되었다. 1961년 9월 30일에 43년에 걸친 이화 봉직을 마무리하며 총장직을 제자인 김옥길에게 인계하였다. 1965년 다락방교회를 세우고 '전국복음화운동의 해'로 선포하고 한국을 복음화하는 운동을 제안, 주도하였다. 1970년 2월 10일 자신이 죽은 후에는 장례식 대신 음악회를 열어 달라는 유언을 남기고 71세에 별세하였다.

96. 백학신 목사(1899.4.1.-1950. 51세, 순교)

평안북도 용천군 양하면 입암동에서 출생하였다. 1911년 의성학교를 졸업하고 1912년 1월 24일 세례를 받았다. 1913년 의주 농업학교를 졸업하고 1924년 피어선 성경학원과 1928년 3월 감리교 협성신학교를 14회로 졸업하였다. 1929년 9월 8일 남감리회 연회에서 목사안수를 받았다. 목사가 된 후 한포, 도문, 강경, 영변, 순천, 이천(1939년) 등지의 교회에서 시무하였다. 1940년에는 만주 간도 연길현교회로 전임되고 1941년 만주구역 도문교회를 담임하다가 1941년 9월 충청교구 강경중앙교회를 담임하고 1942년 11월 평안교구 영변교회 주관자 및 평안교구 평북지교구장으로 피임되었다. 1944년 평안교구 순천교회로 전임하여 시무하다가 8.15해방을 맞았다. 1948년 월남하여 강화의 내리교회에서 목회하고 1949년 5월부터는 강화읍교회(현 강화중앙교회)에 부임하여 강화지방감리사를 겸임했다.

1950년 6월 25일 전쟁 후 피난을 가지 않고 숨어지내다가 9월 26일 밤 12시 백안나의 집에서 보안대원들에게 백학신 목사와 큰아들. 백태현, 둘째 아들 백인국 등 삼부자가 잡혀갔다. 10월 1일 둘째 아들 백인국이 먼저 끌려갔고 나중에는 백학신 목사가 끌려갔다. 큰아들은 저녁에 혼란스런 틈을 타 남은 모든 사람과 같이 도망쳐 나왔다. 백학신 목사의 행방은 알 수 없지만 순교 당했으리라 생각된다.

| **참고** |『강화기독교 100년사』. 이덕주·조이제. 강화기독교 100주년기념사업편찬위원회. 1994년.

97. 조상문 목사(1899.5.14.-1950. 51세, 순교)

경기도 강화군 길상면 선두리 출생이다. 1925년 감리교 협성신학교를 졸업하고 1926년 부평 및 부천구역 전도사로 부임하여 목회를 시작하였다. 1928년 10월 7일 미 감리회 조선연회에서 전영택, 이은택, 변홍규 등과 함께 목사안수를 받았다. 이후 1931년 홍천서 구역, 1932년 단양구역, 1933년에는 횡성구역에서 시무하며 원주지방 감리사를 겸직하였다. 1935년 충주구역, 1937년 원주구역에서 시무하며 같은 해 원주지방 감리사를 역임하였다. 1939년 수원구역으로 옮겨서 수원지방 감리사를 역임하였고, 춘천, 단양, 강화읍교회를 담임하였다. 1942년 11월 변홍규 통리 시절에 감리교단 본부 사무국장 이동욱의 비서과장으로 임명되어 본부에서 근무하였다. 그는 본부 근무를 사임하고 강화읍교회로 전임 시무 중에 8.15해방을 맞이하였다. 1946년 4월 재건파 연회에 참석하여 전후 교회 재건에 힘을 쓰는 한편 인천지방 감리사로 피선되어 활동하였다. 1949년 감독에 선출된 김유순 감독의 후임으로 북아현교회 13대 담임목사로 부임하였다.

북아현교회에 시무하던 중 한국전쟁의 비극을 맞았다. 교인들은 조상문 목사에게 피난 가기를 권하였으나 교인들이 아직 남아 있는데 어떻게 목사가 먼저 피하겠느냐고 사양하였다. 8월 23일 중앙교회에서 열리는 감리교 목회자들의 회의에 참석한다고 나간 후 다시 돌아오지 못하였다. 같은 날 김유순 감독 등과 함께 인민군 정치보위부원에게 납치되었으며 그 후 소식을 알 수 없지만 순교했을 것으로 추정된다.

98. 변홍규 감독 (1899.5.28.-1976.7.27. 78세)

충남 천안에서 출생하였다. 선교사의 권유로 공주 영명학교에 진학하여 1913년 졸업하고 만주 안동으로 건너갔다. 여운형의 안내로 상해 임시정부의 김규식을 만나 독립운동을 하겠다는 뜻을 보였으나 김규식은 변홍규의 나이가 어려서 불가능하다고 거절하고 계속 공부할 것을 일러 주었다. 그는 독일인 루터교 목사를 만나 그의 배려로 1919년에 청도에 있는 덕화서원을 졸업하고, 다시 미국 유학길에 올랐다. 변홍규는 1926년 미네소타주에 있는 햄린(Hanmline)대학을 졸업했으며, 1928년 드류신학교에서 구약학으로 신학석사 학위를 취득했다. 어학에 능한 그는 재학 중에 독일어 강의를 맡기도 했다. 1929년 목사안수를 받았으며 1931년 6월 신학박사 학위를 받았다. 그는 학업이 끝난 1931년부터 1933년까지 하와이 호놀룰루 한인 제일 감리교회의 담임자로 시무하였다. 귀국하여서는 잠시 만주 하얼빈에서 목회하다가 1934년부터 감리교신학교 교수가 되었다.

1939년, 일제에 의해 해임당한 빌링스 교장 후임으로 한국인으로서는 처음으로 감리교신학교의 제6대 교장으로 추대되어 교역자 양성에 헌신하였다. 그러나 1940년 6월 초 창씨개명 및 일본의 학정을 비난하는 격문이 감리교신학교 교정에 뿌려진 소위 감리교신학교 삐라 사건으로 기숙사 사감이었던 정일형과 함께 구속되었다가 3개월 만에 풀려났다. 결국 학교는 그해 10월 2일 정춘수 감독 등으로 구성된 이사회에 의해 휴교가 결정되었고 10월 3일 무기 휴교에 들어갔다. 출옥 후 변홍규는 반혁신파의 입장이었으나 협박으로 회유당하여 1942년 12월 통리자에 6개월 동안 취임하여 이용당하였다. 그리고 1943년까지 종교교회에서, 1943년부터 1946년까지 동대문교회에서 목회 생활을 하였다.

해방 후 1945년 9월 8일 남부대회에 반대하고 동대문교회에서 감리교회 재건중앙위원회를 결성하여 재건에 참여하였다. 1946년 3월부터 수업이 재개된 감리교신학교의 교장에 취임하여 1948년까지 교수하였다. 이 기간 재건위원회 측 중부 및 동부연합회에서 동부 연회장에 선출되었다. 1948년 감리교신학교 교장직을 사임하고 남산교회에서 목회하였고 1967년 3월 특별총회에서 제10대 감독으로 선출되었다. 그는 1970년 5월 정년퇴직과 함께 감독직을 사임하였다. 이후 미국에 이주하여 로스앤젤레스 한인 성서학원 및 신학교 교장, 콜로라도주 덴버 한인교회 목사로 시무하던 중 1976년 7월 27일 78세의 나이로 별세하였다.

| **참고** |『하와이의 한인과 교회』. 그리스도연합감리교회 85년사. 유동식 지음. 그리스도연합감리교회. 1988년.

99. 현동완 청년운동가(1899.6.12.-1963.10.25. 64세)

서울 마포구 현석동에서 출생하여 1916년 보성 고등보통학교를 졸업하였다. 1918년 서울 중앙 YMCA 간사로 취임하면서 이후 별세하기까지 평생을 YMCA 운동에 헌신하였다. 신흥우가 윤치호의 뒤를 이어 YMCA연합회와 서울 YMCA의 겸임 총무로 취임하자 인재양성의 필요에 따라 구자옥에 이어 현동완을 선발하여 1992년 미국 오하이오주 클리블랜드 YMCA에 수습 간사로 파송하였다.

그는 4년간의 미국 생활을 통해 그의 인생관에 중대한 변화가 일어났다. 이 시절 퀘이커교도들과 깊이 사귀었다. '복음의 사회화 운동'이 한참 격렬해 가던 1926년에 귀국하여 경건주의 운동을 태동시켰는데 YMCA 소년들로 구성된 '평화구락부' 클럽을 창설하였다. 매년 제1차 세계대전이 끝난 11월 11일을 기념일로 삼고 평화기념식을 열었으며 연말에는 "동지야, 빈민을 위하여 3일간 노상에서 걸인이 되자"라는 격문을 내걸고 모금하여 그 수입으로 구제 활동을 폈다. 1930년 구자옥의 후임으로 부총무가 된 후 이 평화주의운동을 '참 운동'이라는 이름으로 역점사업화하였다. 1935년 5월 연합회 순회 간사로 임명된 후 원산, 함홍 등 각 지방을 출장하여 지방지도자들과 수습책을 협의하여 일체의 사회활동을 중지하고 종교적 수련과 일반을 대상으로 하는 전도와 불우한 이를 위한 봉사활동에 역점을 두는 정책을 제시하였다. 1937년 7월 연합회 순회 간사직을 사임하고 이후 함북지방에 은둔하였다.

해방 후 1948년 6월 서울YMCA 총무로 취임, 각 부 사업을 활발히 전개하였다. 1950년 6.25전쟁과 1.4후퇴로 부산으로 피난 갔다가 1952년 서울로 복귀하여 YMCA의 재건에 힘썼으나 뜻을 이루지 못한 채 1957년 3월 총무직에서 사임하였다. 1959년 12월 병으로 투병 생활을 하다가 그를 다시 명예 회원으로 추대하는 서울 YMCA 60주년 기념식(1963년 10월 28일)을 사흘 앞두고 64세로 별세하였다.

100. 임영신 박사(1899.11.20.-1977.2.17. 78세)

충청남도 금산에서 아버지 임구환과 어머니 김경순 사이에서 출생하였다. 기독교 신앙의 분위기 속에서 자랐으며 1900년 고향의 심광학교(1914-1918년), 전주의 기전여학교에서 공부하였다. 그는 전주 기전여학교로 부임해온 박현숙 선생의 영향으로 '공주회'에 참여하였다. 전주 기전여학교를 졸업하고 1918년 천안 양대학교, 1921-1922년 공주 영명학교와 이화학당 교사로 지냈다. 일본 히로시마 기독여자전문학교에서 공부하였으며 1925-1931년 미국 남캘리포니아 주립대학과 대학원에서 공부하였는데 석사학위 논문은 '한국 불교도들의 기독교 신앙으로 전향하는 길'이었다.

귀국하여 1932년 4월 중앙보육학교를 인수하여 설립자 겸 교장으로 취임하였다. 1937년 임영신 교장이 도미하여 중앙보육학교 유지 발전을 위한 모금 운동을 전개하여 명수대에 8백여 평의 석조 교사를 신축하였다. 1938년에는 임영신 교장이 파이퍼(Annie M. Pfeifer)에게 30만 달러를 희사받고 중앙보육학교 유지재단인 'A. M. 파이퍼 재단'을 설립하여 이사장에 파이퍼 여사, 부이사장에 임영신 교장이 취임하였다. 1945년 해방을 맞아 다시 개교하여 '중앙여자전문학교'로 승격하였다. 6.25전쟁 후 1953년 2월에 종합대학으로 승격하여 총장에 임영신이 취임하였다.

1932년 YWCA 농촌계몽사업에 참여하고, 최초의 여성 장관, 초대 상공부장관(1948년 8월), 최초 여성 국회의원(1946년 9월, 1950년 재선), 대한부인회 회장(1963-1971년), 1971년 민주공화당 고문, 1972-1976년 국민회의 대의원과 운영위원 등을 지냈다. 그녀는 문화훈장 대한민국장과 아이젠하워 상, 청조근정훈장을 받았다. 남산교회 장로로 시무하다가 1977년 2월 17일 78세로 별세하였다.

3. 한국 감리교회 희망의 뿌리

선교사들이 한국에 들어와 복음증거(생명의 씨앗)를 통하여 교회의 지도자들을 육성한 결과(열매) 비록 일제식민지통치로 말미암아 민중들이 고통당하고 절망 가운데 처하여 있었지만, 3.1운동을 통한 독립 만세운동의 참여와 3.1운동 직후 농촌경제가 파탄 나는 상황 속에서도 민족과 교회공동체의 경제를 지켜보고자 하는 노력을 함으로써 민족과 교회의 미래를 준비할 수 있게 된 것이다.

앞에서 언급한 100명의 감리교회의 지도자들은 1843년생부터 1899년생까지 해당 된다. 이들은 1840년대부터 1890년대 말경에 태어난 분들로써 미감리교회가 복음을 전하기 시작한 1884년 이후 복음을 받아들이거나 선교사들과 관계를 맺고 영향을 받아 교육을 받고 세례를 받아 교회와 관련하여 신앙생활을 시작하거나 독립운동에 참여하였고 교육 활동에 참여하였고 의료 및 농촌, 여성계몽 및 교육 등에 다양한 모습으로 참여함으로써, 민족과 사회, 그리고 교회에 영향을 주는 지도자로서 자리매김하게 된 분들이다. 이들은 특히 우리나라의 근대화와 민족의 독립, 그리고 교회의 성장(교회설립 및 전도)과 교육 분야에서 협력자, 지도자로서 일정한 역할과 영향력을 행사하는 위치에 있었으며, 교회와 학교·신학교, 병원, 여선교회기관, 연합기관(YMCA, YWCA), 사회운동(절제 운동), 농촌, 농민운동, 그리고 해외 선교(만주연회 등)에 동역자로서 함께 참여하기도 하였다. 이들은 대부분 서민·민중 계층의 출신(69명)으로 선교사들에 의해 복음을 받아들였고 세례를 받았다.

이들의 출신 지역은 이북 출신(평남 19명, 평북 7명, 황해도 11명)이 37명으로 제일 많고, 서울 및 경기도(서울 13명, 경기 22명)가 35명이고, 그리고 충청(남북) 17명 순으로 나타난다(강원도 3명, 함남 3명, 경남북 3명). 이들의 다수(67명)는 국내의 교육기관 및 학교에서 교육을 받았지만 33명은 해외(특히 미국 24명, 일본 9명)에 유학한 지식인들로 구성되어 있다. 그리고 성비는 남성 74명, 여성 26명으로 구성되어 있다. 이들은 민족독립 운동에 참여하였으며 교회 부흥과 교회일치(교회 합동 등)에서 지도력을 나타내기도 하였다. 특히 민족독립 운동과 관련하여 감옥에 갇히는 경험(고난과 수난)을 지닌 분들이 44명이나 되며, 순교(고문, 사형, 총살, 자살 등)한 분들과 납치되어 순교하거나 병으로 일찍 사망하신 분들이 23명이나 된다. 100명의 지도자들 외에도 이 시기에 태어난 지도자들이 있지만 지나치게 친일했거나 기독교적인 입장에서 반교회적인 행태를 보인 분들은 명단에서 제외하였음을 양해하시기를 바란다.

자치교회가 세워지기 전(1930년) 46년 동안 교회의 치리는 미국 교회의 지도자들(감독들과 선교사들)의 도움(신앙적, 신학적, 행정적, 교육적, 의료적, 재정적 등)을 받았지만, 자치교회가 세워짐으로 비로소 한국 감리교회는 위에 언급한 토착적인 지도자들에 의해서 자치교회의 모습을 갖추어 나갈 수 있었다.

제2부

화해와 일치

- 민족의 독립과 통일에 역행한
과거 역사의 반성

자치교회의 시대

1) 조선감리교회의 탄생(1930-1945년) – 친미파와 친일파의 대립

1930년 11월 18일 합동전권위원회가 구성되었고 12월 2일 "기독교조선감리회" 창립총회가 서울 냉천동 협성신학교 강당에서 개최되었다. 임시회장 웰취 감독의 사회로 시작되었고 기독교조선감리교회의 합동 성명서가 낭독되었다. 1930년 남북감리교회 합동과 조선감리교회 총회의 탄생과 함께 조선감리교회는 중부, 동부, 서부, 만주 등 네 연회로 조직되었다. 1930년의 조선감리교회 창립은 다음 다섯 가지의 중요한 의미를 갖는다.

첫째 : 한국 감리교회 창립에 있어서 한국 감리교인의 주체적인 의식이 나타났다.

둘째 : 한국 감리교회의 최고지도자가 지휘하는 행정기구가 탄생되었다.

셋째 : 교회여성 운동의 전환점을 이루었다.

넷째 : 평신도 운동에 중요한 전기를 마련했다.

다섯째 : 한국 감리교회는 개인의 영혼 구령과 함께 사회구원에 대한

1898년 감리교 연례회 후 기념사진

1903년 미감리교회 선교사

1920년대 한국인 사역자와 미감리회 선교사

1925년 제1회 철원지방 사경회

1928년 미감리회 여선교부 건물에서 찍은 미감리교 선교사

1928년 예루살렘대회

책임을 강조하는 교회로서 자리매김하였다(참고: 『한국 감리교회 역사』. 유동식 저. p.271-273. 기독교대한감리회. 2007년).

조선감리교회. 한국 감리교회 탄생의 씨앗은 1907년 남·북감리교회가 신학교육의 일치를 위해서 '협성신학당'을 설립함으로 시작되었다. 남·북감리교회의 지도자들이 조선인의 교회, 조선인이 지도하는 교회, 조선인이 자치하는 교회를 이룩한다는 에큐메니컬 정신으로 전권위원(북 감리교회 - 김찬홍, 오기선, 노블, 김종우, 모리스/ 남감리교회 - 전요섭, 감보리, 정춘수, 신공숙, 양주삼)과 특선위원(북감리교회 - 김영섭, 채부인, 김득수, 김보린, 최재학/ 남감리교회 - 윤귀련, 홍병선, 이만규, 오화영, 김인영)을 세워 이들에게 합동을 위한 작업을 위임하였다. 이들은 분열에서 일치와 연합을 이끌어 내었던 것이다. 비록 이 시기는 세계적인 경제공황과 더불어 1931년 7월 만주사변을 전후하여 일본의 식민지 지배와 착취가 더욱 노골적으로 고도화하는 시점이었지만, 조선감리교회는 세계의 보편적인 교회와의 선

조선남북감리회 통합전권위원회 위원들

교적 연대와 신앙적 일치(1928년 예루살렘선교협의회 등)를 지향하면서 선교적인 독립교회의 기초와 가능성과 기회를 갖게 된 것이다.

남북 감리교회 합동 조직한 전권 위원 일동

제1회 총회는 11일 동안 회무를 처리하고 조직을 정비하였으며 초대 총리사로 양주삼 목사(1879.1.25.-1950. ?)를 선출하였다(제4차 투표에서 95표 중 65표를 받아 당선). 한국 선교 45년만에 한국인인 양주삼 목사가 교회의 수장인 총리사가 된 것은 매우 상징적인 의미를 갖는다. 한국 감리교회 136년의 역사 중에서 양주삼 총리사의 재직기간인 8년은 가장 중요하고 가능성이 주어진 시간이었다.

조선감리교회는 제1차 총회의 회장인 웰취 감독(Bishop. H. Welch), 조선남·북감리교회합동전권위원회의 언급처럼 "진정한 기독교회", "진정한 감리교회", "조선적 감리교회"라는 3대 원칙을 선포하였다. 그리고 신앙 및 신학 원리로 8개 조를 담은 "교리적 선언"과 16개조를 담은 "사회신경"을 채택하였다. 총회에서 채택 결의된 조선감리교회의 3대 제도는 의회제도, 교직제도, 행정제도를 특징으로 갖는다. 그리고 모든

의회 구성을 평신도와 성직자 동수로 하였고, 여성 성직의 문호를 개방하였다. 조선감리교회의 민주정신과 토착화의 열의는 당시 세계 어느 나라 감리교회보다 진보적인 특징을 갖췄다. 물론 자치교회가 세워졌지만 미국교회로부터의 완전한 독립을 이룩한 것은 아니었다. 그때까지 45년 동안 미국교회의 영향하에서 성장해 왔기 때문에 쉽게 독립할 수 있는 상황은 아니었다. 특히 경제적인 자립이 없이는 완전한 자주 자립은 불가능하기 때문이다. 그 예가 "중앙협의회 제도"를 설립한 것이다. 중앙협의회는 35명(이 중 15명이 조선교회의 대표자)으로 구성되었다. 이 중앙협의회는 자치교회는 허락하지만 독립교회를 허락하지 않겠다는 미국교회의 의도가 반영된 것이었다. 제1대 총리사인 양주삼 목사에게는 "감리교회의 조선화"의 과제가 주어진 것이었다.

제1회 총회 이후 1931년 6월 10일부터 19일까지 제1회 연회가 연합연회로 개성 북부 예배당에서 10일 동안 개최되었는데 전국에서 모인 회원은 출석 365명, 결

웰치 감독

웰치 감독 100세

웰치 감독 부부

석 113명이었다. 제1차 합동연회에서 기존의 3개 연회(서부, 중부, 동부)에 만주연회가 분립되었다. 1930년대 만주지역의 한국인 이민 숫자는 약 61만 명으로 추정된다. 남·북감리교회가 합동된 이래 최초로 만주선교연회가 1931년 12월 4일 간도 용정 렘버드예배당에서 개최되었다(당시 만주선교연회의 교세: 지방수 2지방, 구역수 15구역, 교회수 42처, 교인총수 4,990명). 제1차 합동연회 시에 한국 최초로 여선교사 14명에게 목사안수가 베풀어졌다(당시 미국교회에도 없는 여목사제도가 한국교회에서 처음으로 실시되었다). 조선인 총리사 앞에서 무릎을 꿇고 목사안수를

기독교조선감리회 휘장

1930년 12월 2일 기독교대한감리회 제1회 총회원

1930년 9월 남북감리교회 연합연회

930년 기독교조선감리회 1회 총회 후 양주삼 총리사 취임예배

대한감리회 제1회 총리사 취임식 – 1930년 12월 10일 정동예배당

1931년 제1회 만주선교연회

1931년 6월 10일 제1회 연합연회 회원

1931년 6월 14일 여선교사 목사안수

받는 14명의 미국 여선교사들의 모습을 보면서 자치교회를 허락한 미국 감리교회에 대한 조선 민중들의 신뢰를 확인할 수 있는 순간이었다. 이름 없이 살아온 여성들에게는 새로운 신뢰와 희망의 표징이 되었다.

1934년 6월 19일부터 25일까지 감리교회 한국 선교 50주년을 기념하는 행사가 서울과 평양에서 성대하게 개최되었다. 그리고 한국 감리교회는 1934년부터 그 이듬해까지 2년에 걸쳐 "선교 50주년" 행사를 진행하였다. 1934년 12월 31일 현재까지 기독교조선감리교회 통계표를 참조하면 연회수 4개, 지방수 26지방, 구역수 185구역, 교회수 717처, 선교사 89명(남자 25명, 여자 64명), 목사 223명, 전도부인 177명, 입교인 16,692명(남자 6,745명, 여자 9,947명), 학습인, 세례인, 원입인 등 전체 교인수는 60,273명이었다. 선교 50년 만에 6만 명의 그리스도인이 신앙생활을 하게 된 것이다. 그러나 자치교회가 세워졌지만 경제적으로는 여전히 미국감리교회의 후원이 필요한 상태였다.

제2회 총회가 1934년 10월 3-11일. 냉천동 감리교신학교 강당에서 열렸다. 선교 50주년 행사의 진행일정과 제2회 총회가 서로 병행하여 진행되었다. 총리사 선거에서는 제1차 투표에서 압도적 다수로 양주삼 목사가 총리사로 재선되었다. 총회의 중요한 안건 중에는 교역자 보수문제였는데 '교역자봉급평균제'를 실시하기로 결의하였다. 의회제도 중에는 매년 교역자를 파송할 필요성이 없음으로 2년에 한 번씩 모이기로 결의하였고, 총리원은 4국(전도국, 교육국, 사회국, 재무국) 체제를 유지하였다. 양주삼 총리사의 재임 중 가장 큰 과오는 일제의 신사참배 강요에 굴복한 것이었다. 그는 신사참배하는 것은 종교 행위가 아니라 단순한 국가의식이라고 설명하면서 1937년 6월 17일 선교사들과 함께 신사참배에 대한 성명서를 발표하였다.

제3회 총회가 1938년 10월 5일부터 개최되었는데 이 무렵 전후로 일제의 노골화된 황민화 정책이 강화되는데 일제는 모든 교회에 신사참배와 동방요배, 국민서사낭독 등을 강요하면서 일본식 기독교 체제와 조직으로의 전환을 요구하였다. 때 맞춰 10월 7일 총회 세 번째 날 오후에는 배재학교 운동장에서 '애국일' 행사를 거행하였다. 총회에 참석한 총대는 물론 서울 시내 감리교회 목회자와 평신도, 감리교 계통학교 학생들을 총동원하여 일본국가 봉창, 동방요배, 국민서사낭송 등으로 이어졌고, 참가자들이 전원 총독부까지 행진하여 미나미 총독의 고사를 들은 후 남산의 조선 신궁으로 가서 참배까지 하였다. 이러한 현상은 1937년 중일전쟁을 전후하여 '수양동우회사건'(1937년 6월)과 '흥업구락부사건'(1938년 5월)에 연루된 대부분의 기독교계 지도자들의 친일화로 노골화되었다.

제3회 총회에서는 양주삼 총리사 후임으로 김종우 목사가 23차 투표 끝에 제 2대 총리사로 선임

제1, 2대 감독 양주삼

제3대 감독 김종우

1938년 3월 12일 기독교 조선감리회 3회 감독 취임식 – 김종우 감독

되었다(호칭이 감독으로 변경됨). 그러나 1939년 10월 17일 김종우 감독이 재임 10개월 만에 갑자기 파상풍으로 임종하였다. 10월 28일 총리원 이사회가 소집되어 감독선출을 위한 투표가 있었는데 아홉 번째 투표결과 정춘수 목사가 후임 감독으로 선출되었다. 정춘수 감독은 3.1운동 때 민족대표의 한 사람으로 민족적 지도력을 발휘한 인물이었다. 그러나 홍업구락부사건(1938년 5월)으로 검속되었다가 전향서를 발표하고 풀려 나오면서 친일인사로 활동하기 시작하였다.

특히 일본의 군국주의자들은 대동아공영권을 내세우면서 만주침략(1931년)과 중일전쟁을 일으켰고(1937년) 일제는 조선에 대한 지금까지의 수탈에 더하여 전쟁 수행을 위한 병참기지로서의 역할을 강요하게 되었다. 1940년부터 일제는 중일전쟁의 장기화와 국제정세가 불리함을 느끼고 한국인들과 교회에 대해 압박과 강요의 수위를 높혀 갔는데, 1940년 2월 '창씨개명'을 공포하였고 이어 4월에는 '종교단체법'을 시행하여 교단을 통제하는 법을 만들었다.

정춘수 감독과 감리교회 집행부는 일본감리교회와의 합동을 적극 추진하는 한편 신사참배와 창씨개명, 국민정신총동맹결성 등 총독부의 종교정책을 적극 지지하며 이를 실천에 옮겼다. 1940년 10월 감리교 총리원 이사회에서는 일본기독교로 혁신하라는 "혁신안"을 발표하였다. 이와 동시에 교단 차원에서 선교사의 간섭과 영향력을 일체 배제하고 선교사와 한국교회협의기구인 중앙협의회를 해산하고 궁극적으로 한국감리교회를 일본감리교회에 통합시켰다. 조선감리교회 창립 10주년 만에 조선감리교회는 사라지게 된 것이다. 혁신안을 받아들여 이끌어간 인물들은 정춘수 감독, 이동욱, 신홍우, 박연서, 심인영, 심명섭 등이다.

정춘수 감독은 혁신안을 통과시키기 위해 1941년 2월 5일 중앙교회에서 임시총회를 소집하였는데 반대파의 강력한 이의제기로 총회가 무산되었지만, 3월 10일 정동제일교회에서 특별총회를 열어 반대파들이 참석하지 못하게 하고 일본 경찰의 감시하에 회원들에게 위압감을 주면서 입을 봉하게 함으로써 혁신안을 일사천리로 통과시켰다. 기존의 '기독교조선감리회'를 해산하고 혁신안을 골자로 하는 '기독교조선감리교단'을 조직하였다.

제4대 감독 정춘수

혁신안에 반대한 사람들은 양주삼 목사를 비롯하여 윤치호, 류형기, 정일형, 김활란, 김종만, 김준옥, 이윤영, 문창모, 이환신, 마경일, 전희철, 송정률, 배덕영 등 주로 이북 출신 인사들이었다. 이때부터 혁신 교단의 조처에 불만을 표시하거나 비협조적인 교계 인사들은 파면, 휴직, 대명 등의 조치로 목회현장에서 추방되었고 반발의 강도가 심한 사람들은 경찰 당국에 체포되어 조사를 받거나 구속되었다.

일본 기독교조선감리교단 – 해방전 감리교회 마지막 안수식

다른 한편에서는 혁신교단이 조직된 이후 일제는 황민화 정책을 수행하기 위하여 서양문화와 사상을 배격하고 외국의 세력을 제거하기 위해 선교사 배척 운동을 펼쳤다. 이리하여 1930년 중반 이후부터 반서구, 반선교사 운동을 펼쳐왔고, 1939년부터는 선교사들은 기독교 각 기관의 주요 책임자가 될 수 없었다. 더군다나 미국과 일본 사이에 전쟁의 암운이 보이자 일제는 선교사들에게 압박을 가하여 한국에서 물러가도록 조치를 취하였다. 일제 당국은 선교사 추방의 빌미를 마련하기 위해 '만국부인회 기도사건'(1941년)을 조작하였고 이로 인해 만국 기도회를 주도한 선교사들과 한국교회 교인들 27명을 기소하고 주도적으로 참석한 교인들 672명을 체포 심문하였다(1941년 3월 26일). 선교사들의 철수는 이미 시작되었는데 1940년 11월 16일 각 선교부에는 최소한의 인원만 남겨두었고 219명의 선교사들이 한국을 떠났고 1941년 10월 완전히 철수하게 된다.

1941년 12월 8일 일본은 드디어 진주만을 폭격함으로 미국과의 전쟁(태평양전쟁)을 시작하였다. 이미 미국과의 전쟁을 시작하기 전에 총독부의 정책에 순응하는 자들을 중심으로 전시체제를 구축해 나간 것이다. 그러나 1942년 총회가 가까워지자 미국 선교부와 밀접한 관계를 지니고 있었던 교역자들을 중심으로 양주삼 목사를 감독에 재추대하려는 선거운동을 하게 되는데 이와 같은 이유로 일제의 탄압을 받게 된다. 후임 감독(제4대)에 변홍규 목사와 정춘수 목사가 출마하게 되는데, 실은 골수 친일파였던 정춘수 목사는 일제를 배경으로 혁신 교단을 만들었음으로 이를 반대하던 김광우 목사, 송정율 목사 등이 중심이 되어 총독부의 방침에 이의를 제기하였고, 이를 관철하는 뜻으로 변홍규 목사를 감독으로 세웠다. 그러나 변홍규 감독은 총독부의 지원을 받지 못하게 됨으로 결국 정춘수 목사가 다시 감독이 되었다. 감독이 되자 친미적 성향의 교역자들을 파면(50여 명)하기 시작하였다.

일제 말기에는 윤치호, 김활란, 신흥우, 홍병선, 조민형, 장정심, 박인덕 등 감리교 평신도 지도자들의 경우 시국강연, 연설과 징병 및 정신대 찬양 연설, 친일적 언론 활동 등 노골적인 친일행각을 벌이는 반민족적인 행위에 참여하였다.

총리원은 친일세력에 의하여 완전히 장악되어 버렸다. 이들은 황국식민화정책에 앞장섰으며 젊은이들을 징용으로, 정신대로, 전쟁터로, 내보냈으며, 교회의 부동산과 종을 팔아 일제의 전쟁 수행에 필요한 비행기 헌납금을 강요하여 받치도록 하였다. 1945년 2월에는 심지어 교회 폐쇄령까지 내려졌다(참고: 『한국 감리교회 백년 - 제도 변천기』. 김광우 저. 전망사. 1990년).

1930부터 1939년까지의 기간은 친미세력이 교권을 장악하였지만, 1940부터 1945년까지의 기간은 친일세력이 교권을 장악하게 된 것이다. 각 세력을 대표하는 양주삼 목사(친미파)와 정춘수 목사(친일파)를 중심으

1940년 철수 직전의 선교사

로 교권이 양분되었다. 이와 같은 분열은 민족의 위기에 적절하게 대응할 수 없도록 하였다.

2) 분단 시대의 시작(1945-1950년)-재건파와 복흥파의 대결

1945년 8월 15일 일본 왕이 항복을 선언함으로 제2차대전은 막을 내리게 된다. 그러나 해방된 조선반도의 상황은 일제 36년 동안 고통을 받다가 자유를 얻게 된 조선 민족의 모든 민중의 염원처럼, 독립된 나라에서 자주민으로써의 삶을 보장해 주는 것이 아니었다. 제2차대전 후의 세계질서인 국제적인 냉전 구도와 정치는 미국과 영국, 그리고 소련(러시아) 등의 패권주의 세력의 지배에서 우리 민족을 바로 독립시키지 않고 5년간 신탁통치를 하기로 이미 합의를 본 상태였다. 즉 새로운 식민지 지배가 시작되고 있는 냉엄한 현실을 파악하지 못한 잘못을 범하게 된다. 36년 동안 오로지 민족의 독립을 위하여 치열하게 운동을 전개하였던 민족의 지도자들은 해방 이후에 좌우의 대립이 격화될 경우 민족의 통일과 독립이 성취되기는커녕, 남·북이 오랫동안 분단될 운명에 처하게 될 것이라는 문제의식을 의식하지 못하였고, 일제가 언제 폐망할지도 모르면서 교권을 휘두르던 정춘수 감독을 비롯한 친일세력들은 해방의 충격으로 일시적으로 자숙을 강요당하게 되었고 정춘수 감독은 가톨릭으로 개종하였다.

한편 일제 말기 파면 등으로 교권에서 축출되었던 재야교역자들은 비록 힘은 약한지만 감리교회의 재건을 명분으로 잃어버린 교권을 재장악하려는 교회의 지도자들(한국 감리교회의 경우- 재건파와 복흥파의 대결 등)의

1945년 8월 11일
미군 장교 딘 러스크와
찰스 본스틸이
《내셔널 지오그래픽》의
벽걸이 지도에
그어놓은 한반도의
38선.
(《한겨레》 자료사진)

1945년 8월 11일 한반도 38선

자세는, 현실 인식과 대처 방안에 있어서 다가오는 분단상황을 극복하기에는 많은 한계가 있었으며 반역사적인 범죄을 저지르고 있음을 깨닫지 못하고 있었다. 해방 후 한국 감리교회의 경우 왜정 당시 교권을 향유했던 교역자들과 재야교역자들 사이에 교권 장악을 중심으로 심각한 대립이 생기게 된 것이었다. 그 때문에 미·소의 새로운 식민지 지배(냉전 구도)가 시작될 것이라는 사실을 파악하지 못하였다. 1930년대 전후로 치열하게 전개하였던 독립운동에 비하면 해방 이후의 민족의 지도자들(좌·우의 대립)과 교회의 지도자(한국 감리교회의 경우 - 재건파와 복흥파의 대결 등)들의 현실 인식과 대처방안은 다가올 분단상황을 극복하기에는 많은 한계가 있었다. 한국 감리교회의 경우 왜정 당시 교권을 향유했던 교역자들과 재야교역자들 사이에 교권에 대한 심각한 대립이 생기게 되었다. 일제 말기 파면당했던 교역자들을 중심으로 "감리교재건중앙위원회"가 조직된다(1945년 9월 8일). 재건총회는 후에 장석영 목사를 감독으로 추대한다. 그러나 한편 왜정 당시 교권을 향유했던 세력은 재건파 감리교회에 대항하여 1946년 6월 수표교교회에서 회집하여 복흥파 감리교회를 조직하고 강태희 목사를 총회장으로 추대한다. 해방 이후 약 10개월(300일)은 이후 민족분단의 깊은 골이 만들어지는 기간이었다.

해방 직후 9월 8일 미군은 인천항을 통하여 한반도에 '점령군'으로 상륙하였고, 소련은 해방되기 전에 이미 북한에 '해방군'으로 입성하였다. 미국과 소련의 의도는 우리의 생각과는 정반대의 입장이었다. 5년 동안의 신탁통치안은 처음부터 우리 민족과 민중들을 기만한 음모였다는 사실을 부인할 수 없다. 3년 후 남한에서 단독정부가 세워지는 과정을 보면 알 수 있다. 1948년 8월 15일 남한만의 단독 선거가 실시되어 새로운 정부가 세워져 이승만 장로가 대통령으로 취임하기까지 3년 동안 일반 정치사에서 벌어졌던 좌우의 대립과 갈등의 역사를 반성해 볼 때, 교회나 정치나 별 차이 없이 대동소이한 과정을 겪었다.

해방 후 북한지역의 감리교회(서부연회)의 상황은 남한과는 많은 차이가 있었다. 1949년 4월 복흥측과 재건측으로 나뉘었던 감리교회가 다시 통합을 이루는 총회가 열렸을 때 같은 감리교인이면서도 그 자리에 참석하지 못한 교회와 교인들이 있었다. 엄밀한 의미에서 1949년의 "통합총회"도 반쪽 감리교 총회라 할 수 있다. 왜냐하면, 그 자리엔 서부연회에 속한 북한교회 대표들이 참석 못 했기 때문이다.

1948년 남과 북에 별개의 정부가 들어서면서 정치, 경제, 문화적 교류가 단절된 것은 물론 종교적 교류마저도 단절되었다. 해방 이후 서부연회를 비롯한 북한의 감리교회들도 재건작업에 착수했다, 일제 말기 혁신교단 출현과 함께 연회명칭을 박탈당하고 대신, 평안교구, 황해교구 등으로 불렸던 북한 감리교회는 남한에서와 마찬가지로 일제 말기의 역사 청산 문제로 내적인 갈등요인을 안고 있었다. 그러나 북한교회는 해방되자마자 공산주의 세력에 의해 견제와 압박을 받게 되면서 내적 갈등요인이 교회분열로 나타날 시간적 여유조차 얻지 못했다. 북한 감리교회의 재건작업은 배덕영, 송정근, 이진구, 이피득, 조윤승 목사 등이 주도하였다. 이들 외에 3.1운동 때 민족대표 33인 중 1인으로 참여했던 신석구 목사를 비롯해 일제 말기 때 혁신 교단에 의해 시골로 쫓겨 났던 이윤영 목사, 그리고 1941년 만국부인 기도회 사건 때 주모자로 몰려 수개월 구속당했던 박현숙 등은 조만식, 오윤선 등 장로교 지도자들과 연락을 취하며 민족주의 세력을 규합하고 있었다.

서부연회는 1946년 10월 평양중앙교회에서 '재건' 되었다. 해방 후 남산현교회를 담임했던 송정근 목사가 이때 연회 회장에 선출되었다. 그러나 재건된 서부연회 3년의 역사는 곧 수난의 역사였다. 반기독교 세력으로 등장한 공산당에 의한 간섭과 통제가 이어졌다. 1947년 5월 미·소 공동위원회 재개에 맞추어 북한의 민족주의 세력을 규합하려는 취지로 '기독교 자유당' 을 결성하려 했다가 사전에 발각되어 주모자들이 체포됨으로 기독교에 대한 본격적인 박해가 시작되었다. 이 사건으로 서부연회장 송정근 목사가 체포되었다. 이 무렵 공산당은 기독교도연맹을 만들어 목회자와 교인들에게 가입을 강요하며 조직적인 종교탄압을 가했다. 서부연회 관계자들도 같은 시련을 겪었다. 이때부터 대부분의 서부연회 목회자들과 평신도 지도자들은 대거 월남 피난하게 된다.

북한에 남아 있던 목회자 중에는 소수이지만 서부연회를 지키며 교인들을 돌보며 함께하는 이들도 있었다. 1949년 4월 신석구 목사가 '반동비밀결사'를 조직했다는 협의로 재차 체포되어 10년 징역형을 언도 받고 평양형무소에 수감되었다가 옥사하였다. 남한교회가 노선 갈등으로 재건, 복흥으로 나뉘어 교회분열이란 수치스러운 역사를 체험하던 때에

1948년 7월 24일 이승만 대통령 취임식 – 1948년 8월 15일 대한민국정부수립축하식

북한교회는 생존을 위한 처절한 투쟁을 벌이며 수난의 피를 흘려야만 했다(참고: 『수난기 한국 감리교회 북한교회사(1910-1950년)』, 김진형 저. 기독교대한감리회 출판국. 1993년).

남한교회는 다행스럽게도 3년 만에 교회가 하나로 통합을 이루었다. 1948년부터 양측 평신도와 소장 목회자들을 중심으로 두 교회통합이 논의되기 시작했고 마침내 1949년 3월에 '양측 교회는 무조건 통합한다'는 통합원칙에 합의, 그해 4월 29일 통합총회를 열고 김유순 목사를 감독으로 선출하였다. 이로써 일제 말기 오욕의 역사를 청산하는 문제로 나뉘었던 감리교회가 다시 하나가 되었다. 그러나 당시 감리교회 지도자들은 일제하에서 친일 세력에게 당했던 것에 대한 감정적인 분풀이를 하는데 집착하였음므로, 해방이후 국가건설(Nation Building) 과정에서 교회가 어떤 역할과 사명을 해야할 것인지에 대하여 소극적일 수밖에 없었다.

제5대 감독 김유순

해방 후 미군의 남한 진주와 함께 1941년 이후 추방되었던 미국감리교회의 선교사들이 다시 돌아오기 시작하였다. 남한을 점령한 미군정청과 관련하여 입국한 선교사들은 다음과 같다. 초대 군정청장으로 부임한 하지(J. W. Hodge) 휘하 부대원으로 선교사 2세들이 들어 오게 되었는데, 공주에서 활약했던 프랭크 윌리

김유순 감독 총리원 업무

엄즈(Frank. E. C. Williams)의 아들 조지 윌리엄즈(Gworge Z. Williams), 개성, 원산에서 활약했던 윔즈(C. N. Weems)의 아들 클레어렌스 윔즈(Clarence Weems) 등이 군정청 참모로 들어온 것이 그러한 경우이다. 1946년 2월에는 2세 선교사 아펜젤러(H . D. Appenzeller)가 미국 경제사절단을 인솔하고 귀환하였으며, 이어서 4월에는 기독교세계봉사회(Church World Service) 대표 자격으로 빌링스(B. W. Billings)가, 여름에는 미감리교 선교부 대표 자격으로 벡커(A. C. Becker), 젠센(A. K. Jensen), 스나이더(L . H. Snyder)가 각각 내한했다. 1946년에 이처럼 선교사 귀환이 급증한 것은 1945년 11월 하지가 미국 정부에 한국에서 활동했던 '정규 선교사' (Regular Missionary) 귀환을 정식으로 요청했기 때문이다. 이는 미군정청이 남한을 통치함에 기독교 분야에 비중을 두고 있었음을 감지하게 하는 증거이다. 6.25전쟁이 일어나기 전까지 이 무렵에 40명 이상 되는 여선교사들이 추가로 귀환 입국하였다.

해방 이후 남한 정치세력의 상황은 매우 복잡하였다. 사실 해방 직후(8월 15일 저녁) 여운형을 중심으로 하는 정치세력은 건국준비위원회 조직를 선포하고 8월 28일 선언과 강령을 발표하였다. 그리고 9월 6일 서울 종로구 북촌로(재동) 옛 경기여중 강당에서 전국 인민대표 3백여 명이 참석한 가운데 임시의장인 여운형이 사회자로서 회의를 개최하여 조선인민공화국 임시조직법안을 통과시켰다. 그러나 불행한 것은 이

1945년 12월 – 신탁통치반대–신탁통치찬성

날의 "전국인민대표자회의"에 참석한 "인민대표"는 사실은 건준 구성원, 공산당 당원 및 김삼룡이 동원한 노조원들로 인민들이 뽑은 대표와는 거리가 멀었으며 이들 참석자 3분의 2는 공산 계열이었다. 좌익세력 내부에서도 대립과 갈등이 격화되었다(여운형과 박헌영). 이승만과 김구를 비롯한 지도자들은 '건준'이 선포된 이후 거의 개인적인 자격으로 귀국하였다. 1946년 11월 23일에 이르러 조선공산당과 조선인민당, 그리고 남조선 신민당이 통합하여 남조선노동당(남로당)이 탄생한다. 민족진영(김구)과 우익진영(송진우) 역시 서로 통일하지 못하고 사분오열(신탁통치문제, 좌우 합작, 남북협상 등에 대한 입장차이 등)되기 시작하였다. 이러한 과정에서 이승만을 중심으로 남한만이라도 선거를 하여 단독정부를 세우려는 계획이 성사를 이루게 된다. 이 과정에서 민족의 지도자들(송진우, 장덕수 1945년, 여운형 1947년 7월 19일, 김구 1949년 등)이 암살되는 비운을 맞이하게 된다.

1. 해방정국의 두 좌익지도자 박헌영(좌)은 1945년 8월 18일 서울로 상경해 일제 때 해산된 조선공산당을 재건했으며, 여운형(우)은 해방 당일인 1945년 8월 15일 저녁 건국준비위원회를 결성했다. 건준은 16일자로 민중들의 자중과 안정, 그리고 경거망동 자제를 촉구하는 격문을 거리에 게시했다.

2. 여운형은 1945년 8월 17일 서울 YMCA 강당에서 건준 중앙조직 구성을 발표, 건준의 정식 활동을 개시했다. 사진=손치웅 제공. 〈동아닷컴〉, 2004.10.9

해방정국 두 좌익지도자

해방 직후 북한 체제에서 생존하기 어려워 월남한 서북지역의 청년 학생들이 중심이 되어 남한에 내려와서 1946년 11월 30일 종로 YMCA

대강당에서 모여 결성한 단체가 '서북청년회' 인데, 회원들은 대부분 정치적, 사회적으로 북한에서 '반동분자' 로 낙인찍힌 청년들이었다. 이날 선언서를 채택하고 강령 규약 등을 통과시킴과 동시에 중앙집행위원 120명을 선출하였다. 김구와 이승만을 비롯한 민족진영은 이를 적극적으로 지지했다. 서상용, 강기덕, 백영엽, 이윤영, 김병연, 백남훈, 장덕수, 김선량 등 월남한 인사들도 참석하였다. 강령으로는 조국의 완전한 자주독립 전취, 균등사회건설, 세계 평화에 공헌 등이 채택되었다. 회원의 자격은 서른다섯 살 이하였다. 위원장에는 선우 기성이 선출되었다.

서북청년회의 주요활동이 서북지역의 '애국적 민족운동' 을 계승하는데 있었다. 서북청년회의 주요활동 중 대북활동은 첩보와 선전 중심으로 이루어졌다. 그리고 서북청년회원 중 일부는 제주 4.3사건 당시 경찰병력으로도 투입된 경험이 있었다. 서북청년회는 처음에는 이승만에게 기대를 걸고 정권수립과정에서 중요한 역할을 담당하였다. 1947년 2월 24일 역사적인 '남조선기독교민주동맹' 의 결성식이 있었는데 이를 주최한 이는 김창준 목사였다. 그러나 대회 첫날부터 경찰과 오재도를 중심으로 한 서북청년단원 300여 명이 뛰어 들어와 회의장을 습격하고 장내를 파괴하며 간부를 검거하는 동시에 연맹의 해산을 강요하기도 하였다(참고: 『한국전쟁과 기독교』. 윤정란 저. 한울. 2015년).

해방은 되었으나 5년 가까운 세월, 내부 문제로 진통을 겪고 있는 동안 남북은 완전히 분단이 고착화되기 시작하였다. 특히 해방 후 북한은 토지개혁을 실시하여 사회주의 체제를 공고히 했지만, 남한에서는 일제하에서 친일했던 기득권세력들이 이승만 정권과 야합함으로써 처음의 입법 취지와는 동떨어지게 토지개혁은 후퇴하기에 이른다. 예를 들면 국회에서 일제하에 부역했던 친일분자들을 처벌할 수 있는 "반민특

1948년 4월 평양의 남북연석회의장 – 김일성, 박현영, 허헌

위법"이 제정되어 한동안 특위 활동이 진행되는 듯하였으나 얼마 되지 않아 흐지부지 끝나고 일제 잔재청산의 과제는 75년이 지난 현재까지도 미완의 과제로 남겨지게 되었다.

1948년 8월 15일 남한만의 정부가 수립되었고 미국의 영향력은 더욱 확대되었다. 그러나 이로 인한 피해와 희생되는 사건들이 남한 내에서 발생하게 되었다. 예를 들면 1948년 매국적인 단독 선거를 반대한다는 명분으로 좌익 성향의 게릴라에 의한 경찰과 우익단체들에 대한 공격이 일어났던 4월 3일을 계기로 발생한 제주 4. 3항쟁과 여수, 순천 사건에 대한 잔인한 유린에서 나타났다(참고: 『태백산맥』, 조정래 저). 그리고 이어진 1950년 6.25전쟁(남한과 북한 간의)으로 인해 500만 이상의 사람들이 희생되는 민족적 비극를 초래하게 되었다(참고: 『한국 진보세력 연구』. 남시욱 저. 청미디어. 2018년).

3) 6·25전쟁과 휴전체제(1950–1959년) – 성화파와 호헌파의 대결

6.25전쟁이 일어나기 전 1948년 8월 15일 이후에는 3.8선을 경계로 남·북이 서로 나뉘어져 자유롭게 왕래할 수 없게 되었다. 이미 해방 직후 북한 공산주의자들의 탄압을 계기로 북한의 많은 교회 지도자들과 교인들이 월남한 상태였다. 1945년 10월부터 1948년 4월까지 약 80만 명이 월남하였다. 그리고 월남하지 않은 북한 동포 중 상당수 기독교인이 공산주의자들에 의해서 순교, 또는 학살당하였다(참고: 『서광선의 정치신학 여정-거기 너 있었는가 그때에』. 서광선 저. 한울. 2018년).

6.25전쟁으로 서울이 점령 당한(6월 28일) 후 전혀 새로운 상황이 전개되었다. 처음 3개월 동안은 대부분의 사람(약 10만 명)이 서울에 남아 있었는데, 이 시기 공산군과 함께 서울에 온 월북했던 감리교회 지도자들이 중심이 되어 '인민군 환영대회'가 준비되었다. 환영대회 준비는 기독교민주연맹을 통해서 하달되었다. 연맹의 위원장은 김창준 목사였는데 그는 1947년 '북조선 제1차대의원 회의'에서 초대의원으로 임명을 받고 월북하였다가 전쟁이 일어나자 서울에 다시 내려왔다(총무 : 박성채 목사, 그리고 교단별 책임자로 장로교는 최문식 목사, 감리교회는 최력 - 원로 고 최병헌 목사의 손자).

그 외에 각 교단은 자체적으로 대표를 뽑아 숙의하게 하였는데 장로교 유호준, 김종대 목사, 감리교회는 박만춘, 심명섭 목사 등이었다. 인민군 환영대회가 1950년 7월 10일 YMCA에서 300명이 모인 가운데 개최되었는데 슬픈 것은 이 순간 한 사람의 저항이나 이의도 없었다는 사실이다. 환영대회를 주선했던 지도급 인사들은 거의 전부가 남한 출신들이었다. 이들은 아직도 공산주의의 실체를 파악하지 못하였다. 각 교단 본부는 한동안 활동을 계속했다. 감리교회의 경우는 중앙교회에서 김유순 감독 이하 전원이 평상근무를 하였다. 당시의 교권은 6.25직전까지만 해도 거의 이북 출신들이 자리를 차지하고 있었기에 6.25전쟁의 돌발 사태로 모두 자리를 비운 기회에 남부 지도자들이 교권을 장악할 수 있겠다는 저의가 가능했고, 이러한 태도가 공산당의 유혹에 쉽게 협조한 것이 아닐까?

공산당의 정치보위부는 석 달 동안의 통치 기간 중 온갖 만행을 일삼았다. 정치보위부는 서울 진주를 끝내자 바로 연맹 목사들을 동원하여 교역자를 내사하고 자술서를 강요하기 시작하였다. 자술서의 내용은 대충 본적, 주소, 성별, 연령, 교파, 약력, 가족, 동기, 사상 등 아주 자세하게 되어 있었다. 자술서는 평신도에게도 적용되었다. 이 자술서의 내용은 8월, 9월 전후로 하여 교역자의 납치와 북송, 학살에 큰 자료가 되었다. 6.25 후 남한에서는 기독교민주동맹의 재조직을 위해 7월 초 중앙교회에서 감독을 비롯한 상당수의 교역자들이 모였는데 이 모임을 위해서는 심명섭 목사의 역할이 컸다(심명섭 목사는 이만규 문교상의 사위였다). 이 모임에 이만규와 김창준 등이 참석했다. 이 모임에서 이만규를 연사로 한 교역자 대상 공산강연회가 있었다. 이만규는 1947년 월북하여 상임위원을 지내고 거기다 문부성 장관직을 가지고 있었다. 이 강연이 끝나고 기독교 민주연맹이 발부한 연맹증이 배부되었다.

6.25를 전후로 교계는 상당수의 신학생이 좌경화 되었다. 그 이유는 학생들이 공산주의를 잘 몰랐고 경제적인 궁핍과 교계의 부패 등에 실망한 학생들의 일부가 좌경화 되었다. 감리교신학교의 재학생 중에는 하○○, 이○○, 황○○ 등이 있었다. 하군의 경우는 경상북도 영일 출신으로 평소 사회주의 노선에 서서 활동하여 각종 불온문서를 학교에 가

져와 배부하기도 하였다. 그는 좌익혐의로 안양교도소에서 3년간 복역하였다. 좌익 학생들은 교계의 첩보 활동, 1950년 8월에는 신학생들을 내세워 일선 목사의 거처를 조사하고 체포 활동에 이용당하기도 하였다. 종교교회의 김희운 목사의 경우는 이군과 황군 등 두 학생에 의해서 검거되어 납치된 것으로 알려졌다.

심지어 1950년 6월 28일 인민군이 서울을 함락한 후 서울을 비롯한 전국 각처에서 함락을 경축하는 대회가 열렸다. 예를 들면 1950년 6월 29일 원산중앙교회에서 조희렴 목사, 이진구, 한준명 등 6명의 교역자와 각 교회로부터 동원된 평신도 약 600명이 모여서 대대적인 관제 경축예배를 드린 바 있었다. 사회는 한준명(중앙신학교 교수) 목사가 하고 설교는 조희렴 목사가 하였다. 그러나 경축 행사 다음 날 공산당은 보위부원을 시켜 교역자들은 물론 중요 교인에 대한 일체 검거를 실시하였다. 원산장로교회 조희렴 목사는 형무소 축사 옆에서 총을 맞아 죽었고, 권의봉 목사는 함흥 닉켈광산에서 시체로 발견되었다. 예수교회 한준명 목사는 여러 날 동안 원산감옥소에 수감되었다가 학살 더미 시체 속에서 기적적으로 살아남았다.

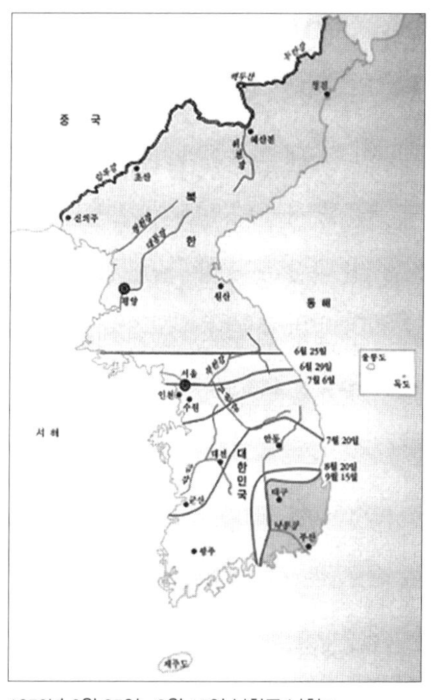

1950년 6월 25일~9월 15일 북한군 남침도

전쟁이 한창 진행되고 있는 중 공산당에 의한 기독교인들에 대한 납치 및 살해 등은 두 차례에 걸쳐 집중적으로 이루어졌다. 첫 번째는 1950년 8월 23일 전후로 유명인사들의 납치 및 북한 이송 계획이 있었다. 공산당들은 8월 초부터 북송계획을 세웠고 23일 새벽부터 종교인들을 체포하기 시작했다. 두 번째 납치 및 학살은 9.28을 전후로 해서 이루어졌는데, 9월 15일 맥아더 장군의 인천상륙작전이 시작되고 공산당이 패색이 짙어지자 후퇴하면서 원색적인 방법으로 납치 학살을 자행하였다.

이북으로 납치되거나 끌려가다가 중도에 희생된 교역자만 64명에 이르고 평신도 숫자까지 합치면 상당수에 이른다(김유순 감독, 양주삼 목사, 조상문, 백학신, 전진규, 심명섭, 황유부 등). 납치자 중 대부분이 끌려가는 도중에, 또는 목적지에 가서도 말할 수 없는 수모와 고통을 당한 것으로 알려져 온다. 대충 끌려간 이들은 3진으로 나눌 수 있는데 제1진은 7월 말의 지사, 과학자이고, 제2진은 8월 초순의 문화인, 법조계 등의 약 100여 명, 종교인은 제3진에 포함되어 끌려간 것이다. 납치된 사람 중 12월 20일까지 생존한 이들 가운데 50여 명은 만포까지 연행되어 갔다. 만포에서는 남궁억, 박상건, 송창근, 장덕조, 오택관, 이건, 송태용, 박현명, 김유연 등 50여 명의 거물급 지도자들이 생존해 있었는데, 그들을 앉혀 놓고 김창준 목사가 기독교 민주연맹 위원장 자격으로 나와서 회유하는 연설을 하였다고 한다. 이들 중 1953년 7월 27일 휴전협정이 이루어질 때까지 살아남은 자들은 10여 명뿐이었다. 전쟁 중 공산당들에 의해서 죽은 교인만 7,500명에 달하고 교역자는 540명 이상이 희생되었다(참고: 『6.25공산 남침과 교회』. 장병욱 저. 한국교육공사. 1983년).

남한에서도 6.25전쟁 초기에 '민간인에 대한 집단학살'이 자행되었다. 예를 들면 '국민보도연맹'과 낙동강 전선 형성기 대구. 경북을 비롯한 '경상도 지역 집단 희생사건' 그리고 아산(10월)과 서산 등지에서 남한 기독교인들에 의해 자행된 학살사건 등이었다(참고: 『한국전쟁 70년과 이후 교회, 학살과 기독교』, p.232-265, 최태육의 글. 도서출판 모시는사람들. 2021년). 그리고 충남 고령골에서 1950년 6월 28일-7월 17일 사이 대전, 충남지역에서 좌익으로 몰린 민간인들이 1차 6월 28-30일, 1,400여 명, 2차 7월 3-5일 1,800여 명, 3차 7월 6-17일 3,800여 명 등 7,000여 명이 군경에 의해 집단 사살된 것으로 추정된다(참고: "골령골의 기억전쟁", 박만순 저. 〈한겨

맥아더 원수

1951.4.3 전선으로 향하는 맥아더 원수

인천 상륙

한국전쟁집단학살지 발굴 – 대전 골령골 210812 한계레

6.25전쟁 중 학살 – 다큐멘터리 레드 문의 장면

레신문〉 참조, 2021년 8월 12일). 특히 대통령인 이승만과 내무부 장관 조병옥, 치안국장 장석윤 등 감리교회의 평신도들이 관련된 학살사건들도 있었다(참고: 〈6.25전쟁 개전 초기-1950년 6-9월, 민간인 집단희생과 한국기독교의 관계〉. 최태육 씀).

6.25전쟁으로 감리교 본부는 1950년 말 임시로 부산으로 피난을 가게 된다. 1949년 4월 재건파와 복흥파의 통합으로 새로운 집행부를 구성하고 김유순 목사를 감독으로 선출하였지만, 6.25전쟁 후 8월 23일 공산당에 의해 납북되어 가고 공석인 상태가 되었기에 1951년 11월 1일 감리교 중부, 동부, 서부 연합연회가 피난지 부산에서 개최되었다. 새로 연회장을 선출하였는데 중부연회에서는 류형기 목사, 동부연회에서는 조신일 목사, 서부연회에서는 이진구 목사가 각각 선출되었다. 중부연회장으로 선임된 류형기 목사는 김유순 감독 납북 이후 "총리원 원장"으로 선임되어 감리교 대표역할을 하고 있었으며 장로교회의 한경직 목사와 함께 미국을 방문하여 한국전쟁과 교회 상황을 소개하고 돌아온 직후 연합연

제6대 7대 감독 류형기

1951년 11월 2일 부산에서 – 전쟁 중의 총회

류형기 감독 성서주석 출판

회를 주관하게 된 것이다.

둘째 날인 11월 2일, 연합연회 총대들로 특별총회가 소집되었다. 이 특별총회의 최대 안건은 김유순 감독 후임을 뽑는 것이었다. 2차 투표를 거쳐 류형기 목사가 감독으로 선출되었다. 그러나 감독 후보 자격에 관한 이의제기로 논쟁을 하다가 총회를 참관하고 있던 모어 감독(Bishop Moore. Arthur)의 중재로 이번 총회 기간만 후보자

1951년 11월 27일 – 분계선 지도에 서명

류형기 감독의 모금 활동

격 조항을 적용하지 않기로 하고, 일동 기립으로 류형기 감독의 당선을 받아들였다("임시조치규정"). 사실 류형기 목사의 감독 3년은 전후 복구사업으로 일관되었다. 그 일은 외국에서 들어오는 선교비와 구제비로 이루어졌다. 류형기 감독은 수차례에 걸쳐 미국을 왕래하여 한국교회의 사정을 미국교회에 알리고 한국교회의 복구비를 모금해 가지고 왔다(200만 불).

전후 시기에 류형기 감독을 중심으로 형성된 정치세력이 '성화파'이다. 류형기 감독은 북한 출신의 감리교 목사로서 양주삼 감독 재임 기간 중 교육국 총무 연임을 훌륭하게 감당하였다. 그러나 1941년 정춘수 감독 측으로부터 파면되어 해방될 때에는 한직에 머물러 있었지만, 그의 출신 지역은 이북이었고 친미적인 인간관계의 중심인물이었다. 8.15 이후 미군정 치하에서 바로 교직에 복귀하지 않고, 한국에서 제일 큰 출판사를 적산으로 물려받아 책을 출판하는 사업에 종사하고 있었다.

6.25전쟁으로 경제적으로 가장 어려움을 겪고 있을 때 경제적으로 도움을 주었고, 의지할 수 있는 곳은 미국, 특히 미 감리교 선교부와 선교사들의 지원과 도움이 절대적으로 필요한 현실이었다. 이와 같은 상황에서 류형기 감독은 지도자로서 적합한 인물이었고 그 역할을 잘 수행할 수 있는 능력과 위치에 있었다. 그러나 이 과정에서 소외된 그룹이 있을 수밖에 없었다. 남한 출신 교역자들과 특히 일제 치하에서 친일의 경

력이 있거나 복흥파의 입장에 서있었거나 경제적으로 열악하고 지방 출신으로 힘이 없는 사람들이 이에 해당 된다.

1954년 3월 18일, 대전에서 특별총회가 개최되었다. 이 특별총회에서는 총리원 '재산유용사건'(종교불 사건)에 대한 책임규명과 함께 류형기 감독에 대한 공격이 제기되었다. 이번 총회에서는 새 감독을 선출해야 했다(특히 1953년 3월 임시총회에서 감독 임기를 2년에서 4년으로 연장하기로 결정함). 3월 20일 감독선거가 실시되어 류형기 목사가 다시 압도적인 표차로 감독에 재선되었다. 그러나 바로 거센 반발이 일어나자 류형기 목사는 감독직 사임 의사를 표명하였다. 이때 또다시 '모어 감독'이 나서서 "류 감독은 10년에 걸쳐 감리회 정회원이었으며 이미 본 교회 감독으로 임기를 끝마친 류 감독이기에 감독 후보 자격을 문제 삼을 수 없다."라고 유권해석을 하였고, 또 김활란, 황치헌, 도인권 등이 감독 승낙을 강력하게 요청하며 '기립박수를 쳐서' 류형기 목사의 감독취임을 유도하였다. 이 같은 결정에 이의를 제기한 총대 중 엄재희, 정등운, 박설봉, 조화철 목사 등이 퇴장을 하였고, 서울 인사동 중앙교회에서 '감리교 수습대책위원회'를 조직하고 총회와 감독선거의 부당성을 주장하였다. 결국 이들은 1955년 3월 3일 충남 천안에서 별도로 "호헌"연회와 총회를 조직하고 김응태 목사를 감독으로 선출함으로 해방 후 감리교회 2차 분열이 이루어지고 말았다. 이로써 소위 '호헌파' 감리교회가 생겨나게 된 것이다(참고: 『하나님께 솔직하게 자신에게 정직하게』. 박설봉 감독 회고록. 협성대. 2007년).

박설봉 감독

실제로 호헌파 주류를 이루고 있던 인물들은 과거 복흥파에 속했던 인물들이기도 했다. 반대로 류형기 감독을 중심으로 한 총리원 측은 재건파 주류였던 인물들이었다. 이처럼 과거 다수를 점했던 복흥파가 1954년 총회에서 소수로 몰린 데는 여러 가지 이유가 있겠으나, 6.25전쟁 중 납치된 감리교 지도자급 인사 중에 방훈, 김희운, 박영서, 도복일, 차경창 목사 등 복흥파 중진급 인사들이 다수 포함되어 있었기 때문에, 재건파에 비해 인적 손실이 컸던 데서 그 원인을 찾아볼 수 있겠다. 이로써 감리교회는 1949년에 통합된 지 5년 만에 분열을 다시 체험하게 되었다. 호헌파의 분열은 교권과 물질을 둘러싼 이기주의적 충돌로 해석할 수밖에 없다.

제8대 김종필 감독

1958년 10월 4일 김종필(1896년 5월 20일-1978년 5월 17일) 목사가 32차의 투표 끝에 제8대 감독으로 선출되었다. 김종필 감독은 경기도 시흥군 안산읍 출생으로서 해방 후 이화여자대학교 교목 겸 교수로 재직하였고, 재직 중 1955년 미국 오하이오주 북 대학을 졸업하였다. 김종필 감독은 재직 중 총리원파와 호헌파로 분열된 교단통합에 힘썼는데 다행히 평신도 계층으로부터 교회합동운동의 분위기가 되살아나 분열 5년 만에 1959년 3월에 교회통합의 결실을 얻었다. 그럼에도 불구하고 통합된 후 감독선거 선출과정이 3일에 걸쳐 30회나 감독선거를 했다는 사실은 골이 깊이 파인 감리교회의 현실을 잘 드러내 주는 예이다. 그러나 재임 기간 중 4.19 학생혁명의 여파로 교계 정화 운동과 '박이남 공금 유용 사건' 등을 수습하느라고 어려움을 겪기도 하였다.

남한에 대한민국 정부가 세워진 지 10년, 그리고 6.25전쟁으로 동족상잔의 아픔을 겪은 뒤에도 한국교회는 자기반성을 하지 못하고 있었던 때에 처음으로 자기반성을 하는 기독교 지성의 글이 사상계 1956년 1월호에 게재되었다. 함석헌 선생이 쓴 글인 "한국기독교는 무엇을 하고 있는가?" 그리고 1958년 8월호에 "생각하는 백성이라야 산다."이다. 해방과 6.25라는 중대한 시기에 당파싸움과 교파 싸움만 하는 정치와 교회에 대한 예언적인 비판의 글이었다. 특히 계파정치와 교권 투쟁에 매몰되어 있는 한국 감리교회의 현실에 대한 경종이라고 생각된다(참고: 『한국기독교는 무엇을 하려는가?』. 함석헌 전집 3. 한길사. 1983년; 『생각하는 백성이라야 산다』. 함석헌 전집 4. 한길사. 1983년).

함석헌 옹

교단 내의 현실은 1960년 4.19 혁명으로 정동제일교회의 교인이며 장로인 이승만 대통령을 낸 자유당 정권이 독재와 선거부정을 자행하다가 민중들로부터 배척을 당하고 결국 하야하는 모습을 보면서도, 그리고 박정희 등 군인들의 5.16 군사쿠데타라는 사회 정치적 격변 상황 속에서도 여전히 감리교회 경우에는 계파간의 갈등이 더욱 심화 되고 있었다(참고: 『한국 보수세력 연구』. 남시욱 저. 청미디어. 2020년).

4) 4.19 혁명과 군사독제체제(1960–1970년) - 성화파, 호헌파, 정동파, 경기연회의 대결

1960년 4.19 혁명 이후 잠시 정치적인 변화에 대한 희망이 구체적으로 정착되기도 전에 5.16 군사혁명으로 인해 민주적인 정부에 대한 기대는 물거품이 되었다. 대신 새로 집권한 박정희 군부정권은 제1차 경제개발 정책을 실시하였고 이어서 제2차 경제개발 정책을 추진하였다. 정부의 산업화 정책의 추진으로 농촌 인구가 도시의 공장지역으로 집중되어 급격한 도시화가 이루어졌다. 이와 같은 급격한 사회변동은 교회로 하여금 도시 노동자들에게 복음을 전할 필요성을 불러일으켰다. 처음으로

1960년 4월 19일 – 국회의사당으로 향하는 학생들

박정희 5.16 군사 구테타

1960년 4월 19일 – 종로일대에서 합류한 시민시위대

산업전도의 필요성을 자각한 교역자들은 주로 인천지방에 속한 분들이었다. 1961년 봄 당시 인천서지방 감리사이며 인천 내리교회 목사인 윤창덕 목사가 동일방직공업주식회사의 기숙사에 있는 여성 근로자들을 위한 예배를 시작하였고, 인천동지방 감리사이며 주안교회 목사인 조용구 목사가 한국기계공업 주식회사 식당에서 점심시간을 이용하여 노동자들을 위한 예배와 상담 활동을 시작하였다. 그러나 이들은 공장노동자들에게 전도해야 되겠다는 단순한 열의에서 교회전도의 연장으로 생각하여 교회적 방법으로 시작하였다.

그러던 중에 미감리교 선교사로 한국에 선교하기 위해서 온 오명걸(George E. Ogle) 목사로 하여금 인천에 와서 산업선교를 할 수 있도록 윤 목사와 조 목사가 요청을 하였다. 오명걸 목사는 미국 필라델피아에서 태어났으며 듀크대학에서 신학을 공부하였다. 처음 내한한 해는 1954년이었는데 대전과 공주 지역에서 청년과 학생들을 대상으로 활동하였다. 영명학교에서는 목요일마다 영어를 가르쳤으며 감리교 대전신학교에서도 영어를 가르쳤다. 3년 후 오 목사는 미국 시카고로 가 산업선교와 노사관계를 공부하였고, 메코믹신학교에서 3개월 과정의 산업선교 훈련을 받았고, 루즈벨트대학에서 노사관계와 경제학을 공부했다. 그가 서울로 다시 돌아온 해가 1960년 2월이었다. 그리고 인천에 가서 본격적인 산업선교 활동을 시작하게 된 것은 1961년 9월부터이다.

1961년 10월에 윤창덕 목사와 조용구 목사를 중심으로 인천도시산업전도위원회를 조직하여 1962년 3월에 인천 동·서지방 선교사업으로 정식으로 시작하게 되었다. 처음 노동현장에 참여한 목회자는 이승훈 전도사였는데 1962년 3월 12일 인천 판유리와 대성목재에서 5개월간 노동을 하였고, 두 번째는 1962년 6월부터 조문걸 전도사가 인천중공업주식회사에서 노동을 시작하여 1967년까지 노동목회를 하였다. 세 번째는 조승혁 목사인데 대성목재공업주식회사에서 1964년 1월 4일까지 노동을 마치고 1월 5일부터 인천기독교산업선교회에서 선교활동을 시작하였다. 조화순 목사가 산업선교 활동을 시작한 해는 1966년 10월부터인데 인천 만석동 소재 동일방직공업주식회사의 총무과 소속 식당에서 노동목회 훈련을 시작하였다.

제9대 이환신 감독

김광우 목사

제9차 총회(1962년 7월 4-6일)가 개최되어 감독선거를 하는데 이번에는 후보에 이환신(성화파), 변홍규(호헌파), 김광우(정동파), 장석영, 임광빈 목사 등 5명이나 출마하여 치열한 선거운동이 벌어졌는데 41차 투표 끝에 이환신 목사가 제9대 감독에 당선되어 취임하였다. 60년대 초반까지는 여전히 성화파의 힘을 이길 계보가 없었다. 이환신 감독 재직 시에 교단적 차원에서 해외 선교에 대한 정책이 수립되어서 사락와 등에 선교사를 파송할 수 있게 되었다. 이후의 상황은 많이 달라지고 있었다. 1966년 이후 성화파가 점차 소멸되면서 파벌이 더욱 다원화되는데 정동파, 호헌 신파 등이 결성되어 서로서로 이합집산하여 감독 및 본부 임원을 장악하려고 다투게 되어 교단은 교권 쟁패의 아수라장이 되어 가고 있었다.

1966년 9월 20일(화) 정동제일교회에서 시작된 제10회 총회는 정해

제10대 변홍규 감독

진 일정을 연기하면서 1967년 3월 4일 총회위임 특별총회에서야 결말이 나게 되었다. 제10회 총회에서 감독 후보로 출마한 목사는 이환신 감독(성화파), 변홍규 목사(호헌파), 김광우 목사(정동파) 등 3파전이었는데 처음으로 호헌파가 지원한 후보인 변홍규 목사가 제10대 감독에 당선됨으로 호헌파가 처음으로 교권을 장악하게 된 것이다(111회의 투표를 하여 최종적으로 164표 중 125표를 득표함).

변홍규 감독 재임 시 1967년 3월 특별총회에서 개정안으로 상정한 연회장 제도를 채택하여 감리교회의 특성인 감독 중심의 중앙집권제가 무너지고 연회장을 중심으로 한 지방분권화가 새로 탄생하였다. 감독의 권한에 속했던 인사권이 구역회와 연회의 인사위원회로 넘어갔다. 이와 같은 개헌은 감리교회로서는 혁명적인 것이었다. 1967년 4월 연회에서 연회장 제도가 실시됨으로 3부 연회의 연회장을 선출하였는데 중부연회 김광우 목사, 동부연회 윤창덕 목사, 남부연회 이강산 목사가 선출되었

1968년 온양선교협의회

이병설 목사

다(참고: 『빛으로 와서』. 김광우 목사 자서전. 탁사. 2002년). 총리원 기구도 간소화하여 총무국과 교육국으로 축소하여 총무국장에 이병설 목사(참고: 『목양일념』. 이병설 목사 은퇴기념 설교집. 이병설 저. 성서연구사. 1996년)와 교육국 국장에 라사행 목사를 선출하였다. 변홍규 감독은 1968년 온양에서 '제1회 선교정책협의회' (1968년 11월 4-7일)를 개최하여 1930년 자치교회 이후 처음으로 선교재단을 이양한다는 합의를 이끌어내었다.

1970년 제11大 윤창덕 감독의 선출과정은 호헌파와 성화파(로얄회)의 담합으로 제1차 투표로 결정되었다. 교육국장에 나사행 목사(성화파), 총무국장에 김창희 목사(호헌 신파)를 임명함으로 정동파를 배제하고 소외시켰다. 윤창덕 감독취임 후 온양 합동선교정책협의회 결의 사항 중 선교국을 신설하기로 하여 선교국장에 최종철 목사를 임명하였다(처음에는 박설봉 목사였으나 본인이 사임 의사를 표함으로). 그러나 1970년 10월 제11회 총회에 참석할 총대 선출과정에 중부연회(70년 3월)에서 부정 개표가 있었으니 시정을 요구한다는 김철, 이원구, 황호열 등의 호소문이 발단이 되어 경기연회가 분열되어 나갔다(137교회). 그러나 사실 중부연회 부정 개표에 대한 시정 요구는 표면적인 이유일 뿐 이미 1970년 7월에 송도교회에서 경기연회 창설을 추진

제11大 윤창덕 감독

1971년 6월 11일 감리회관 점거

하는 창립총회가 개최되었다. 이와 같은 와중에 사회에서는 1970년 11월 13일 감리교회의 노동 청년 전태일 열사의 분신 사건이 일어났는데 교회에서는 자살했다고 장례식도 거부하는 일이 벌어지기도 하였다.

전태일 열사

1970년 12월 7일 경기연회는 창설 선언문을 발표하였고 제1회 경기연회를 1971년 3월 5일에 숭의교회에서 소집하기로 결정하였다(창설 추진 위원장 : 김정구 목사).

그동안 계파정치에서 소외되어 왔던 그룹들이 70년대 체제를 주창하는 개혁세력으로 등장한 것이다(참고 : 『경기연회 분립운동과 연회장 석천 김정구 목사』. 이상윤 저. 누림과이름. 2019년). 경기연회 관련 목회자와 교인들이 광화문에 위치한 감리회 본부를 점거하고 농성할 때에 필자는 감리교신학대학 2학년 학급대표로서 당시 감리교신학대학의 학생회장이었던 김동완 목사와 학생들과 함께 본부 농성장에 가서 함께 참여한 적이 있었

1971년 3월 5일 경기연회 – 인천 숭의교회

1972년 12월 유신선포

1973년 10월 2일 유신반대시위

1975년 2월 17일 – 김찬국 교수 석방

2009년 9월 30일 – 민청학련 재심을 통한 무죄판결 환영

大統領 緊急조치 4號

「데모學校」廢校가능

違反者는 최고死

「民主青年學生聯」同調

地方長官, 兵力요청 할수

8日까지 自首하면 不問

不純요인塞源 安保다지

大統領긴급조치 違反 피의자 懸賞수배

懸賞金 200萬원

1974년 4월 3일 – 민청학련 신문기사

다. 경기연회의 교회개혁 운동은 지금까지 논의되어 온 '다원화 감독 제도'의 법제화와 감독 파송제에 대한 제고 및 개체교회 중심의 선교구조 실현, 인사 구역회에 평신도의 참여 등을 가속화시키게 되었다. 윤창덕 감독은 '경기연회' 사태와 동시에 인천 내리교회의 공동묘지매각문제, 삼농원 고소문제 등을 수습하면서 감리교선교 100주년을 향한 선교정책을 입안, 추진함으로 침체 된 감리교회의 새로운 신앙 부흥 운동의 불을 지피려는 노력을 하였다. 예로 제1회 감리교부흥전도대회(1972년 5월 8-20일)를 개최하였다(주제 : 급히 일어나 빛을 발하라!).

1970년대의 국정은 박정희 공화당 정권이 1969년 삼선개헌을 추진하는데 만족하지 못하고, 영구집권을 위한 명분으로 1972년 12월에 유신헌법을 제정 공포하였고 1974년 헌법 개정 운동을 금지하는 대통령긴급조치와 이어 인혁당(참고: '1975년 4월 9일 사법살인', '인혁당 재건위 사건' 재심청구/상고, 항소이유서 자료집. 천주교인권위원회/ 인혁당사건 진상규명 및 명예회복을 위한 대책위원회. 2002년)과 민청학련사건(참고:『영구집권을 꾀했던 박정희 정권에 온몸으로 맞선 청년학생들의 기록 - '민청학련' 유신 독재를 넘어 민주주의를 외치다』. 민청학련계승사업회 지음. 에디치. 2018년)을 조작 발표하는 등 비민주적이며 강압적인 조치를 관철시키고 있었다. 필자는 1974년 1월부터 구로공단 입구에 있는 경수산업선교회가 세운 갈보리교회에 전도사로 부임을 했는데 4월 민청학련사건과 관련하여 서대문 경찰서에 연행되어 조사를 받고 서대문형무소에 수감되었다. 그리고 1975년 2월 15일에 석방되었다(긴급조치로 구속된 감리교인들 - 김찬국 목사, 김경락 목사, 김동완 전도사, 정명기 전도사).

5) 민주화 투쟁과 회복(통합)의 시대(1970–1978년) – 호헌파(신·구파분리)와 복음동지회의 연대, 경기연회 및 갱신파의 대결

제12대 김창희 감독

마경일 감독

1974년 10월 23일 제12회 총회가 개최되어 회의를 진행하였는데 예정된 일정을 연장하고 재소집(12월 12일)하면서 감독선거를 강행하였다. 호헌 신파에 속한 김창희 감독 후보(복음동지회가 지원함)가 감리교신학대학장인 홍현설 감독 후보(성화파와 경기연회 등 정동파 일부가 지원))를 이기고 제12대 감독으로 선출되었다. 그러나 감독선거 방법에 문제를 제기한 회원 40여 명이 퇴장하여 종교교회에서 모여 갱신총회를 창립하고 마경일 목사를 총회장으로 선출함으로 또 하나의 분열사태가 발생하였다. 갱신총회의 분열은 중부연회(정동제일교회 및 흑석동교회 등) 및 동부연회에 속한 일부 교회가 중립을 선언하게 하였다. 이러한 분열사태는 개체교회의 분열로 연결되었는데 구체적인 예의 하나는 흑석동교회(현: 한남제일교회. 담임 정병기 목사-1925년 11월 7일-1983년 3월 23일. 58세)이다. 흑석동교회가 중립입장을 취하자(1975년 4월 4일) 김창희 감독은 흑석동교회 담임자인 정병기 목사(필자의 부친)를 교회 재판에 회부하고 재판하여 정회원 직무를 정지시켰다(참고: 〈기독교세계〉. 1975년 12월, 교직 정지 - 1975년 10월 29일, 판결공고 - 1975년 11월 17일. 감독 : 김창희). 그리하여 흑석동교회는 갱신총회에

정병기 목사

속하게 되었고 법통(김창희 감독)측을 지지하는 일부의 교인들은 분리하여 흑석동교회(정광훈 목사를 파송함 - 1975년 12월 22일)를 세움으로 결국 개체교회가 분열되기에 이르렀다(참고: 『생수가 넘쳐흐르는 교회 흑석동제일교회 - 사진으로 본 70년사』. 1936-2006년).

경기연회 사태에 이어 갱신측까지 분리된 상황에서도 김창희 감독은 각국 후보자를 추천하여 총회의 인준을 받았다(선교국장 : 김준영 목사, 교육국장 : 라사행 목사, 재단사무국장 : 박영대 장로). 김창희 감독은 제12회 총회에

1939년 흑석동교회 예배당

흑석동교회 초기 교인들

13. 흑석동교회를 「흑석동제일교회」로 명칭 변경

세 차례 재판에서 패소한 총리원(정광훈 목사)측은 본교회에서 이탈한 수십명의 교인
규합하여 흑석동 시장 부근에 별도의 교회를 설립하고 명칭을 '흑석동교회'로 같은 명
사용하였다. 이로인해 흑석동 지역 안에 '흑석동교회'가 둘이 되어 혼란을 가져왔다.
명칭을 놓고 양보 없는 힘겨루기를 하는 것은 은혜스럽지 못하다고 판단한 본 교회는
년 1월 1일에 임원회 결의로 '흑석동교회'를 '흑석동제일교회'로 명칭을 변경 사용하
였다.

1988년 흑석동제일교회로 명칭 변경

흑석동교회 – 1968년 증축된 제2성전

서 발생한 총회분열사태를 수습할 수 있는 타개책의 하나로 1976년 3월부터 연회 감독제를 실현하였다. 1975년 세계의 감리교회가 "세계선교의 해"로 제정하여 지구 위에 있는 모든 감리교회가 총력을 다하여 선교에 집중하고 있는 때에 맞추어, 한국 감리교회도 '선교 90주년 기념 선교대회'를 개최하여 '100만 신도운동'을 추진하고 동시에 감리교 100주년을 준비하는 정책을 입안하면서 갱신총회와의 통합작업을 병행하였다. 그 결과 1978년 배화여고에서 모인 합동총회에서 교단의 통합을 성취하게 된다(감리교인 수 46만 명, 교역자 수 2천 명, 교회 수 2천 교회, 재정 71억 원).

갱신파 총회

불행 중 다행스럽게 제12회 총회 4년 동안은 1930년 자치교회가 세워진 이후 자치교회의 시대를 끝내고 독립교회의 위상을 세우는 과정이 되었다. 1968년 온양 합동선교정책협의회 때부터 미국교회가 소유하고 있는 한국 내의 감리교회 재산 등을 이양하는 협의를 해 왔으나 현실적인 문제로 제대로 이루어지지 못한 상태였는데, 1974년의 제12회 총회에서 호헌 신파의 김창희 목사가 감독에 취임하는 과정에서 미국교회 선교부와 관계가 깨어지게 되었다. 미선교부에서는 한국 감리교회를 위해서 선교비를 지원해 왔었는데, 미국 감리교 실무자가 당시 한국 감리교회의 지도부가 1972년 박정희 정권의 비민주적인 조치(유신헌법 제정,

1974년 오글 목사 추방

긴급조치, 선교사 오명걸 목사 추방 등)에 소극적으로 대처한다고 판단하고 이를 근거로 김창희 감독에 대한 지지와 보조금(142.500$) 지원을 철회하고 중립적인 입장을 취하였다. 이러한 이유로 지난 90년 동안 유지되었던 한·미선교의 협력 관계가 일시적으로 단절되는 사태가 발생하였는데, 이 사건은 오히려 한국 감리교회가 경제적으로도 자치하는 교회가 되어 독립교회로 건강하게 설 수 있는 전화위복의 기회가 되었다.

1960-70년대는 한국 사회가 산업화 도시화로 급격한 사회변동을 겪게 되면서 경제발전을 추구하는 시기여서 선교 신학이나 방법 역시 변화하는 시대에 새롭게 적응해야 할 선교 신학의 변화가 요청되는 시기이기도 하였다. 특히 1968년 7월 4-20일간 스웨덴 웁살라에서 모인 세계교회협의회 제4차 총회(주제 : 보라, 내가 만물을 새롭게 하리

스웨덴 웁셀라 WCC 대회

라)는 제2분과 위원회에서 선교의 갱신을 강조하게 된다. '하나님의 선교신학'을 통하여 지역교회로서의 위상을 강조하였으며 세계의 정의와 평화실현을 위해서 과감한 혁신을 강조하기에 이른다. 특히 한국 개신교회에는 교회가 산업화와 도시화 과정에서 발생하는 부정의한 상황에 적극적으로 참여하여 인권과 인간화에 기여해야 한다는 자각을 불러일으키게 된다(참고: 〈세계교회협의회 역대 총회 종합보고서〉. 세계교회협의회 엮음. 이형기 옮김. 한국장로교 출판사. 1993년; 『에큐메니컬 선교학 - 변화하는 지형과 새로운 선교개념』. 케네스 R. 로스. 금주섭 등 엮음. 한국 에큐메니컬학회 옮김. 대한기독교서회. 2018년). 따라서 도시산업선교 정책이 수립되어 현장에 적용해야 할 필요성이 요청되었다(참고: 『한국 사회 변혁과 기독교 사회선교운동의 역할』. 조승혁 저. 도서출판 정암문화사. 1994년).

감리교단의 경우 개교회 역시 감독의 파송으로 인한 단기적(2년마다) 교역자의 인사조치가 교회 성장에 제약이 된다는 판단하에 개체교회 중심, 장기목회구조가 정착되어야 할 필요가 요청되었고, 대형교회의 욕구도 충족시킬 필요가 있었다. 또한 1970년대 정치의 비민주화와 사회적 불평등으로 인하여 국민의 인권과 자유가 제한, 억압, 불평등한 노동자의 현실(감리교인인 고 전태일 열사의 분신 사건 - 1970년 11월 13일) 등을 변화시키기 위해 교회가 참여해야 한다는 요구가 강하게 제기되고 있었다. 그리고 교회가 교회의 본질을 회복함으로 세계의 구원을 위한

오글 목사와 조화순 목사

1990년 한국여성신학정립협의회

박순경 교수

선교적 사명과 역할을 감당해야 한다는 자각이 함께 나타나는 시기이기도 하였다.

1970년대 중반에는 한국 신학계에서 서구신학 전통의 가부장적인 성격에 대립하여 여성 신학의 필요성이 구체적으로 제기된 시기이기도 하다. 1946년 감리교신학대학에 입학하고 졸업하여 이화여대 기독교학과에서 조직신학을 강의하던 박순경 교수(1980년 4월에 창설된 한국여자신학자협의회 초대회장)에 의하여 1976년부터 한국 민족의 구원을 위한 한국 여성신학의 과제가 제안되었다(참고: 『한국민족과 여성 신학의 과제』.박순경 저. 대한기독교서회. 1983년).

이 시기에 특별히 기억해야 할 사건은 60년대 후반부터 여성노동자들에게 복음을 증거하던 조화순 목사가 그녀의 사목활동(반도상사 노조결성)과 관련하여 긴급조치 2호 위반으로 구속된 사실이다(1974년). 우리나라 최초의 여성노조 위원장을 탄생시킨 동일방직 노동조합에 대한 탄압(1978년)과 동일방직 해고 근로자들의 복직 투쟁을 지원하던 조화순 목사를 긴급조치 4호 위반으로 구속(1978년 11월)하였다. 도시산업선교 활

동일방직 노동조합운동

YH노동조합 – 김경숙

동과 여성 노동자들에 대한 정부의 탄압이 절정에 이른 것은 YH 사건(1979년)이었다. 경찰이 야당 당사에서 농성하던 YH무역 여성 노동자들을 강제로 해산시키다가 노동자 김경숙이 사망한 사건이 발생했다. 이를 계기로 산업선교에 대한 정부의 대대적인 탄압이 가해졌다(참고: 『고난에 감동받아 희망에 산다 - 조화순 목사의 삶과 신앙』. 회갑기념문집. 새누리신문사. 1994년; 『산업선교 무엇을 노리는가?』. 홍지영 지음. 1978년; 『YH노동조합사』. 전 YH 노동조합 및 한국노동자복지협의회 엮음. 형성사. 1984년; 『내가 살아온 이야기』, 인천도시산업선교회. 문종인 엮음. 인천민주화운동센터. 2021년).

제3부
민주화 통일을 위한 대장정

독립교회의 시대

1) 복수감독시대 - 2년, 겸임제(1978-2004년)
- 호헌신파, 복음동지회, 갱신파, 대형교회 경합

제12회 총회(1974-1978년) 4년 기간 김창희 감독은 가장 고통스러운 시간과 씨름하였다. 4년 후 합동총회에서 교단통합의 값비싼 열매를 얻었지만, 그 과정은 자기와의 외로운 싸움이었다. 4년 내내 매년 마다 특별총회를 하였다. 1974년 상황에서 한국 감리교회는 법통측, 갱신측, 연합총회 측과 중부중립 측으로 사분오열되어 있었다. 1975년 10월 28일 아현교회에서 모인 특별총회에서 연회감독제도와 각 연회 감독(2년제)에게 교역자 파송권과 연회행정권이 부여되는 법이 제정되었다. 그리고 1976년 3월 18일 아현교회에서 모인 특별총회에서 복수 감독제 하에서 각 연회 감독을 선출하였다. 동부연회 박대선 감독, 중부연회 박설봉 감독, 남부연회 김순경 감독이었다. 1977년 5월 통합을 위한 원칙에 합의하였는데 첫째 다원화 감독제실시, 둘째 사업기구의 독립 및 기능화, 셋째 개체교회 중심화, 넷째 총대 선출의 합리화였다.

아직도 교단의 내부 문제로 진통을 겪고 있을 때 1976년 3월 1일 천주교와 개신교 및 재야 정치지도자들이 중심이 되어 명동성당에서 3.1절 기념미사가 개최되었는데, 이 집회에서 3.1 구국선언문이 발표되었다. 이 선언문은 긴급조치철폐, 유신헌법 철폐, 박정희 정권 퇴진, 구속자 석방을 요구하였다. 이로 인하여 김대중 씨를 비롯한 여러 재야인사가 구

3.1 구국 선언발표 – 재야인사 석방시위

3.1구국 선언 – 재야인사 석방시위2

속되어 재판을 받고 중형을 선고받았다. 1977년 3월 재야인사들은 구속된 인사들의 석방과 민주화를 요구하는 '민주구국헌장'을 재차 발표하였다. 이와 같은 재야 민주화운동에 호응하여 1977년 4월 감리교신학대학의 학생들이 중심이 되어 민주화 시위를 감행하였다. 이 시위 사건으로 감신대 학생 김정택, 신철호, 남호, 임성우와 희망교회 담임자인 정명기 전도사가 구속되는 사건이 일어났다.

김지길 감독

이경재 감독

박우희 감독

김재황 감독

1978년 10월 26일 서울 배화여고 강당에서 합동총회가 개최되어 전임 감독제에서 2년제 복수 감독제로 바꾸고, 4개 연회에서 각각 연회를 대표하는 감독을 선출하고, 감독협의회에서 감독회장을 선택하도록 위임하였는데 감독회장을 6개월씩 윤번제로 맡게 되었다. 중부연회 김지길 감독, 동부연회 이경재 감독, 남부연회 박우희 감독, 중앙연회 김재황 감독 순으로 감독회장에 취임하였다. 이와 같은 변화의 결과 총리원 중심의 교권독점은 크게 약화 되었고 교역자 임면은 교회구역 인사위원회로 소관되어 감리교 의회제도 전반에서 평신도의 영향력이 중대되기에 이른다. 기존의 본부국에 평신도국이 새로 생기게 되었다. 평신도국의 신설은 결국 여선교회연합회와 여성들의 리더십에 제한이 가해지는 결과가 주어졌다(자율성 침해). 이 시기 감리교회는 교권의 독점이 연회로 분산되는 변화를 가져오게 된다.

한편 교회 밖의 정치적인 현실은 부·마항쟁으로 민주화에 대한 민중의 요구가 분출되고 김재규 중앙정보부장에 의한 박정희 대통령에 대한 시해 사건으로 18년 동안 집권해 온 박정희 정권이 몰락하게 되었다(1979년 10월 26일)(참고: 『김재규 평전 - 바람없는 천지에 꽃이 피겠나』. 문영심 지음. 시사in북. 2013년). 교권의 민주화와 독재정권에 대한 민주화 요구는 결국 분단의 극복, 즉 민족 통일 선교에 대한 교회 선교의 필요성을 촉발시키는 계기가 되었다. 이 시기 한국 감리교회의 경우에는 독립교회의 필요성과 교회 일치를 통한 민족 통일 및 세계 평화 선교가 절실하게 요구되는 시점이기도 하였다.

1979년 10월 26일 고 박정희 대통령의 시해 사건 후 12.12 사태를 겪으면서 전두환을 중심으로 하는 신군부가 권력을 쟁취하였고 1980년

1980년 5.18 광주민주항쟁

5.18 광주민주항쟁이 터져나오게 된다(참고: 『정사 5.18』 상권. "5.18 광주민중항쟁". 사회평론. 1995년; 『죽음을 넘어 시대의 어둠을 넘어 - 광주 5월 민중항쟁의 기록』. 광주민주화운동기념사업회 엮음. 창비. 2017년 5월 5일; 『광주 아리랑 1·2』. "1980년 5월, 따듯한 가슴들이 살고 있었네". 정찬주. 다연. 2020년).

한국 감리교회 지도자들은 이러한 역사적 격변 속에서도 교권을 나누어 갖기 위하여 혈안이 되었고 역사에 대한 색맹이 되어 갔다. 5.18을 전후로 한 광주민중항쟁은 전두환을 정점으로 하는 군부세력의 진압으로 겉으로는 평온하여 새로운 질서가 정착되는 듯하였고 현행의 정부에 대한 비판은 철저하게 봉쇄되었다. 이때 감리교회(약수동 형제교회, EYC 회원) 청년인 고 김의기 군(서강대 재학 중)이 광주항쟁에 대한 군인들의 만행으로 무고한 시민들과 이름 없는 노동자들이 죽어가는 현실을 보고 종로 기독교회관 빌딩 6층에서 '동포에게 드리는 글'을 남기고 투신하는 비극적 사건이 일어났다. 그 후 서울대학병원 영안실에서 장례식이 거행되었는데, 이때 장례식에 참석한 참배객들에게 고 김의기 군이 죽으면서 남긴 '동포에게 드리는 글'을 복사하여 배포하던 장석재 군(감신 4학

김의기 열사 동판제막식에서 장석재, 김동완 목사와 김의기 모친 권채봉 여사(1997.6.11)

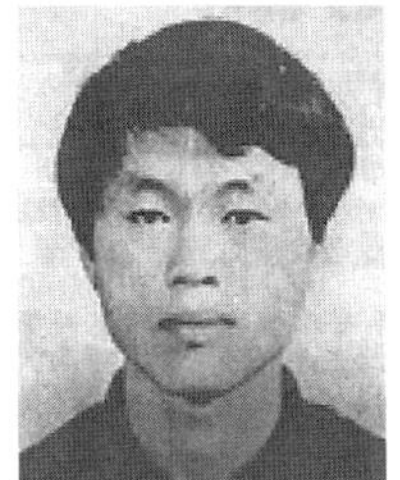

김의기 열사

명동성당에서의 집회 후 평화시위대열의 임 목사(1976)

정든 부산제일교회를 떠나는 임 목사(1980)

임기윤 목사

년 재학)이 체포 연행되는 일이 있었다. 장석재 군은 이 일로 약 3개월 동안 보안사에 감금되어 심한 고문을 받은 사실이 있었다. 그러나 당시에는 이러한 사실조차 알지 못한 채 지나쳐 버렸다(참고: 『죽음의 기록, 불의 기록, 피의 기록』- 민족 민주의 제단에 바쳐진 민중의 아들·딸. 김종환 편. 실천문학사. 1988년). 1980년 7월 19일에 부산제일교회 담임목사인 임기윤 목사가 국군보안사령부 부산 분실에 참고인으로 연행된 후 3일만인 21일 통합병원으로 옮겨졌다가 26일 순교한 사건이 발생하였다. 고 임기윤 목사는 유신치하에서부터 사회정의 구현을 위해 부산기독교인의 회장으로 활동하였으며 반유신 민주화운동에 앞장섰던 분이셨다(참고: 『영혼의 노래 해방의 노래』- 순교자 임기윤 목사 유고 설교집, 기독교대한감리회 선교국 엮음, 밀알기획. 1988년).

1980년 제14회 총회에서 호헌신파의 지원을 받은 오경린 목사(동대문교회)가 2년 임기의 감독회장(교회 담임을 겸직한)으로 선출되었다. 1980년

오경린 감독

은 기독교대한감리회 총회 50주년이 되는 해임으로 14회 총회 기간에 "총회 창립 50주년 기념 예배"를 드렸다. 총회에서 선출된 5개 연회 감독은 서울연회 오경린 목사, 중부연회 최기석 목사, 동부연회 윤춘병 목사, 남부연회 노상준 목사, 삼남연회 최상봉 목사이다. 이 시기는 선교 100주년을 불과 4년 앞두고 있었음으로 이미 1977년 4월 조직하여 출범한 "5천 교회 100만 신도운동"(본부장 나원용 감독)이 각 연회 단위로 조용히 퍼져 나가고 있었는데, 당시 본부 선교국 국장은 김준영 목사였다(참고: "5천 교회 100만 신도운동에 대한 교단적 선언"). 1981년 5천 교회 100만 신도 선교운동을 중간 결산하면서 목표 달성을 위해 새 힘을 얻고 한국감리교 100주년 기념사업의 일환으로 '81 전도대회'를 6월 1일부터 삼남연회를 필두로 하여 중부, 동부, 남부, 서울 5개 연회집회가 은혜 가운데 성황리에 끝났다. 이번 '81년 전도대회의 총 주제는 '하나님 나라 임하소서'이며, 특별강사로 호주가 낳은 세계적인 설교가 알란 워커 목사(세계감리교회협의회 전도국 총무, 생명의전화 창시자)가 인도하였다. 5천 교회 100만 신도 운동의 결과 선교 100주년을 맞는 1984년경에는 3천 교회, 신도 수 95만 명으로 양적인 부흥이 이루어졌다. 1981년 4월에 제14회 특별총회가 개최되어 기독교대한감리회 100주년 기념사업회 규약이 통과되고 10월에는 기념사업위원회가 조직(위원장 오경린 감독)되었다. 1982년 4월 20일부로 입석(후에는 수원)의 협성신학교(설립대표 : 박근수)에 대한 승인이 문교부로부터 나왔다. 이로써 선교 100주년을 맞이하는 감리교회에 3개의 교단신학교가 세워진 것이다.

1980년 5.18 이후에 겉으로는 평온하여 신앙의 자유가 있고 대형집회

(예 : '81년 전도대회)도 아무런 제약을 받지 않는 것처럼 보였지만, 정권을 장악한 신군부세력은 잠재적인 저항세력들을 발본색원할 목적으로 부당한 방법으로 시민들을 연행하였고 사회질서를 문란하게 했다는 명목으로 다수의 젊은이를 연행, 구속하고 고문을 자행하였다. 특히 군대 내에서는 '녹색 사업'이란 명목으로 학생운동이나 시위 등으로 군에 강제 입대한 학생 출신 군인들을 심문하였다. 장석재 학생은 졸업 후 동부연회에 속한 충주지방의 오석교회에서 사역을 감당하고 있었는데, 군에서 녹색사업 과정에서 학생 시절 알고 지내던 후배(인하대 재학생)의 허위자백(장석재 선배가 그를 의식화 시켰다는)으로 다시 강제 연행되어 장기간 동안 구속된 적이 있었다(1982년 5월 9일). 장석재 전도사의 불법적인 연행 구금사건은 그가 속한 동부연회에 속한 교역자들로 하여금 장석재 전도사 석방을 위한 기도회를 개최하는 계기가 되었다(1982년 5월 19일. 장소 : 충주제일교회. 설교자 김재규 목사). 동부연회에서 시작한 구속자를 위한 기도회는 더 나아가 서울에서 교단 선교국이 주관하는 기도회로 확산되었다(6월 7일). 당시 감독회장(오경린 감독)이 시무하던 교회인 동대문교회에서 교단 선교국(선교국 총무 : 김준영 목사)이 주관하여 '구속자석방을 위한 기도회'를 개최하여 장석재 전도사의 석방을 강력하게 촉구하였다. 이때 기도회에는 2,000명이 참석하였으며 장석재 전도사는 구속된 지 8개월 만에(10월 말) 자유의 몸이 되었다. 이 기도회를 통하여 한국 감리교회가 이 시대를 향한 예언자의 사명을 감당하고 있다는 자부심을 느낄 수 있었다.

이 시기 한국에 들어온 미국계 기업인 콘트롤데이타사가 한국에서 철수하는 사건이 있었다. 정부는 마치 콘트롤데이타의 노사분규에 교회의 선교단체인 산업선교회가 배후에서 작용했기 때문이라는 비난을 하였지만, 이 사건 때문에 한국을 방문한 미 NCC가 파견한 대표들은 조사 후 결과 보고서에서 콘트롤데이타 자체 경영상의 이유라고 해명하여 준 헤프닝이 일어나기도 하였다.

서병주 감독

1982년 제15회 총회에서 서병주 목사(석교교회, 호헌구파)가 감독회장에 당선되었다. 호헌파 후보였던 김기동 목사와 김봉록 목사가 후보를 사퇴하고 서병주 후보를 지지함으로 서병주 목사가 감독회장에 당선되어 취임하게 된 것이다. 제15회 총회에서 선출된 5개 연회 감독은 서울연회 서병주 목사, 중부연회 최용환 목사, 동부연회 김기종 목사, 남부연회 장만석 목사, 삼남연회 여관구 목사이다. 서병주 감독회장은 임기 중에 '선교 100주년 관련 사업'을 준비할 수 있게 되었다. 1983년 2월에는 100주년 기념사업실행위원회가 조직되어 첫 번째로 모여 100주년 사업을 구체적으로 결의하였다. 이 회의에서 선교 100주년을 기념하는 회관을 광화문에 건축하기로 결의하였다. 또한 교역자 의료보험제도를 추진하기로 가결하였다(당시 30.6% 985명 가입함). 1983년 4월에는 경주 도뀨호텔에서 "100주년 기념사업추진 및 선교 제2세기 준비를 향한 감리교단 정책 수립을 위한 실무지도자협의회"가 모여 각 지방 차원에서 100주년 사업을 담당할 역할 분담이 이루어졌다. 제15회 특별총회가 1983년 9월 28일 오후 2시-30일 22시까지 정동제일교회에서 개최되었다. 그리고 세계감리교협의회 임원회(회장 : 케논 감독, 총무 조 헤일)가 1983년 9월 26-30일까지 한국에서 처음으로 개최되었다. 100주년 기념관건립을 위한 기념관건립추진위원회가 구성되었다. 1983년 감리교회에 축하할 일이 생겼는데 선교국 총무인 김준영 목사가 캐나다 밴쿠버에서 개최된 세계교회협의회 총회(주제 : 생명 세계교회협의회(WCC)에서 7년 임기의 중앙위원회 위원에 선출되었다.

100주년 기념을 위한 사전 행사로 1984년 4월 5일 인천 실내체육관에서 신도 1만 명이 모여 '100주년 기념대회 및 연합연회' (주제 : 2세기를 향한 감리교회의 자세: 새 세계를 영도할 새 교회. 참고: 100주년 기념대회 선언문)를 진행하였고, 1984년 6월 19부터 23일까지 서울에서 "100주년 국제대회"(주제: 세계 속의 한국 감리교회)를 개최하였다. 1984년 6월 24일 이화여고 안에 있는 류관순 기념관에서 교역자와 평신도 3,000명이 모여 100주년 기념 연합 예배를 드렸다. 이 자리에서 "기독교대한감리회 100주년 신앙선언"이 채택되어 발표되었다(참고: 『한국 감리교회의 역사』 2권. 유동식 저. p940-942. 기독교대한감리회. 1994년). 그리고 1984년 8월 27-28일 양일간 서울 잠실 실내체육관(2만 명 참석)에서 평신도 단체들이 주관하여 참여하는 '100주년 기념 남·녀 선교대회'를 진행하였다.

1984년 제16회 총회(총대 1,413명 중 1,353명 참석)(10월 29-31일)가 정동제일교회에서 개최되어 김봉록 목사(세검정교회, 호헌구파)가 감독회장에 당선되었다(356표 득표). 당시 5개 연회 감독은 서울연회 김봉록 목사, 중부연회 이복희 목사, 동부연회 임순목 목사, 남부연회 이준용 목사, 삼남연회 이효성 목사이었다.

김봉록 감독

아펜셀러 목사가 인천에 상륙한 지 100년이 되는 1985년 4월 5일을 기해 한국 감리교회는 인천 실내체육관에서 연회 회원과 신도 1만여 명이 모인 가운데 100주년 기념대회를 개최했다. 기념대회의 주제는 "2세기를 향한 감리교회의 자세: 새 세계를 영도할 새 교회"였다. 이 자리에서 "100주년 기념대회 선언문"(참고: 〈기독교대한감리회 제16회 총회 회의록〉. 1984년. p.81)이 낭독되었고, 이어 "선교 2세기의 한국교회와 민족사적 과제"에 대한 장 기천 목사의 기념 강연이 있었다(참고: 〈기독교세계〉, 장기천 씀. 1985년 5월호. PP. 54-58). 이에 앞서 4월 3일에는 인천 숭의교회에서 4천여 회원들이 모인 가운데 연합연회가 열렸고 4일에는 인천 각 교회에 분산하여 연회별로 연회를 열었다.

한국 감리교회가 선교 100주년을 맞이하여 대규모의 국내 및 국제행사를 하는 동안에 한반도의 현실을 바라보는 젊은 지식인들의 생각은 기성세대의 현실 인식과는 전혀 새로운 관점을 보여주고 있었다. 그 하나의 예를 들면 1986년 4월 28일 아침 관악구 신림동 4거리 앞에서 서

100주년 기념 국제 세미나

김세진 열사

울대 총학생회주관으로 400명의 2학년 학생들이 "반전 반핵 양키 고홈", "양키의 용병교육 전방 입소 결사반대"를 외치며 가두 투쟁을 전개하고 있을 때, 서울대 자연대 학생회장이며 감리교회인 자교교회 청년회원인 김세진(1984년 7월 자교교회 청년회장-1965.2.2.-1986.5.3.)군은 전방 입소 거부 투쟁을 지도하던 중 경찰의 강제진압을 제지하는 표시로 온몸에 신나를 붓고 항거하다가 예식장 옆 3층 건물 옥상에서 추락하여 죽은 사건이 있었다. 이와같은 젊은 학생들의 외침에 교회는 침묵으로 일관하였다.

1986년 제17회 총회에서 장기천 목사(1930년 3월 20일-2007년 5월 6일, 갱신측)가 감독회장에 당선되었다. 당시 5개 연회 감독은 서울연회 장기천 목사, 중부연회 이춘직 목사, 동부연회 조충원 목사, 남부연회 김승호 목사, 삼남연회 김만복 목사였다. 비록 감독회장의 임기가 2년 밖에 안되지만 처음으로 갱신 측에 속한 장기천 목사가 감독회장의 위치에 있다는 사실만 가지고도 많은 기대를 하게 하였다. 이 시기는 전두환 군부 통치 초기시기의 공포 분위기와는 달리, 1983년 말경에 이르면 군사정권의 민주화운동세력에 대한 대응양식과 정책 기조에 약간의 변화가 보인다. 즉 유화국면의 도래이다. 이러한 정세의 변화는 민주화운동 세력에게는 합법적, 비합법적 활동공간이 주어지는 시기였다. 변혁을 필요로 하는 때에 참신한 지도자를 갈망하던 감리교인들에

장기천 감독

게는 평소 정의와 민주주의와 남북대화에 관심을 가지고 말씀을 증거하던 장기천 감독회장의 지도력이 필요하였다. 민주화운동세력은 1987년 6월 민중 항쟁을 통해 "6.29"선언을 이끌어 내어 대통령 직선제를 골자로 하는 개헌을 하게 하는 민중의 승리를 만들어 냈다. 또한 이러한 유화국면에서 대중운동이 활성화되는데, 특히 노동운동의 성장과 진척이었다. 85년 6월의 구로 동맹파업과 서울 노동운동연합(1985년 8월)의 창립을 기점으로 괄목할 만한 변화가 만들어진다. 이 시기에 한국기독노동자총동맹(기노-1985년 2월)이 창립되었다.

이때 기독교 운동에서는 '전국 정의평화실천목회자협의회"(목협: 초대회장 김동완 목사)가 창립되어 목회자가 중심으로 선도적 정치투쟁과 민중 생존권 지원 투쟁 등 조직적 활동이 시작되었다. 이와 같은 상황에 고무된 감리교회의 젊은 교역자들을 중심으로 '감리교 총회 민주화운동'이 시작되는데 이러한 요구사항을 수렴할 수 있는 교단 지도자가 요청되었다. 장기천 감독은 존 웨슬리 회심 250주년을 기념하여 "2000년대를 향한 감리교선교대회"(주제: 하나님의 나라. 교회. 민중 - 1988년 5월 23-25일)를 광림교회에서 개최하였다. 선교대회에서는 7천 교회 200만 신도운동을 제안하였다. 1988년 7월 4일에는 "감리교 민족통일과 평화운동협의회" 창립총회가 동대문교회에서 모였으며 홍안의 목사를 회장으로 선출하였다. 그러나 교회의 민주화의 과제는 그대로

장기천 목사(가운데) – 북한조선기독교연맹 대표단과 교류 – 판문점에서 실시한 남북 실무접촉 당시(1992)

제18대 총회장 점거, 광림교회

남아 있었다. 1988년 제 17차 총회가 광림교회에서 회집 되는 시기를 선택하여 '감리교 민주화를 위한 공청회'(1988년 9월 29일 오후 2시: 종로 5가 기독교회관. 참고: 〈제18회 총회대책과 감리교민주화를 위한 공청회 자료집〉, 감리교민주화를위한공청회준비위원회, 1988년 9월)와 '총회 민주화 결의 대회'(1988년 10월 25일 오전 11시 : 광림교회. 참고: 〈제18차 총회 대책과 감리교 민주화를 위한 자료집〉, 감리교민주화추진위원회 발행. 1988년 10월)를 개최하고 당일 총회 강단을 72명의 교역자들이 점거하고 '교단 민주화'를 요구하는 연좌 농성을 하였는데, 이때 총회의 사회자인 장기천 감독회장의 암묵적인 지지를 받았다. 그리하여 1989년 연회 전에(2월 중) 임시 입법총회를 개최하여 '감리교 민주화를 실현할 수 있는 개혁 입법'을 상정할 수 있는 "장정개정위원회"를 새로 구성할 경우 총대 10명과 감민추추천위원 10명이 참여한다는 합의를 이끌어 낼 수 있었다.

1988년 11월 25일에는 세계교회협의회(WCC)의 국제위원회가 주관하는 "한반도의 통일을 위한 글리온 선언"이 발표되었는데 이 선언에도 감리교를 대표하여 장기천 감독회장이 참여하였다.

1988년 한국에서 올림픽 경기가 개최된다는 사실은 국내에서 자발적인 민주화와 민족통일 운동이 봇물처럼 솟아오를 수 있는 '자유의 기회'가 되기도 하였다.

최종철 감독

1988년 제19회 총회에서 최종철 목사(상도동교회, 호헌신파)가 제18대 감독회장에 취임하였다. 당시 5개 연회 감독은 서울연회 최종철 목사, 중부연회 한경수 목사, 동부연회 김희도 목사, 남부연회 이종주 목사, 삼남연회 강원재 목사였다. 1989년 2월 16일 금란교회에서 임시총회가 소집되었다. '교단 총회의 민주화'를 기대한 젊은 교역자들과 청년들은 실망하였다. 임시총회에서는 '교회개혁을 위한 입법'은커녕 '제18회 총회 시 강단점거에 동참했던 교역자 처벌을 요구하는 특별법'이 입법화된 것이다(당시 평신도 총대였던 유상렬 장로가 주동이었음) 감리교 민주화의 과제는 지연될 수밖에 없었지만, 장기적인 교역자 운동조직으로써 '감리교민주화추진위원회-감민추' (위원장 : 조화순 목사)가 창립 조직되었다(참고: "기독교대한감리회 민주화를 위한 신앙선언". 1989년 2월). 감민추는 그 후 활동을 지속하였으나 그 동력이 상실되었고 운동을 지속할 만한 필요성이 없다고 판단되어 해산하게 된다. 그 이유는 교단 총회에서 강단점거 사건의 주모자들을 기소하고 조사가 계속되었던 점도 그 하나가 되었다(참고: 〈기독교대한감리회 제19회 총회 회의록〉. 기독교대한감리회 본부 감독회 간. p.276-279).

이 시기 주목할 점은 '감리교 사회선교 여성회'가 조직되어 활발하게 활동을 시작하였던 점이다. 감리교사회선교여성회는 1985년 4월에

도시 빈민과 불우한 아동교육을 돕기 위해 감리교 여성 지도자들이 모여 협의하고 실천함으로써 그 첫발을 시도하였는데, 그 후 1987년에 창립총회를 거쳐 1990년 1월에 명칭을 '감리교사회선교여성회'로 바꾸고 본격적인 활동에 들어간 것이었다(공동대표 : 윤문자·강명순 목사. 참고: 〈감사선녀〉 창간호. 감리교사회선교여성회 간. 1990년 11월 1일).

감리교회는 자기 보전과 변화를 거부한 체 안주하여 보수화의 길을 걸어가는 동안에 1990년 8월 13일부터 17일까지 조국의 평화와 통일을 위한 범민족 대회의 준비로 뜨거운 여름을 보내고 있었는데, 한국 감리교회는 안일하게 현실에 안주한 채 낮잠만 자고 있었다. 그러나 부끄럽지 않은 것은 정동제일교회의 원로장로이신 신창균(1908년 10월 5일-2005년 3월 5일, 전국민주주의운동연합 공동의장) 님이 유일하게 범민족대회 과정에 온전히 참여하심으로 한국 감리교회는 겨우 체면을 유지할 수 있었다(참고: 〈조국의 평화와 통일을 위한 범민족대회 자료집〉. 1990년 7월. ; 『가시밭길에서도 느끼는 행복』. 신창균 회고록. 해냄. 1997년).

1948년 남북협상시 한독당 8인대표 중 4인이 평양 대동강변에서 – 오른쪽이 신창균 장로

민주자주통일을 위한 범국민대회시 순국선열 및 양심수를 위한 묵상

곽전태 감독

1990년 제19회 총회에서 곽전태 목사(구로중앙교회, 갱신 측)가 제19대 감독회장에 취임하였다. 이 시기 서울연회에서 서울남연회가 분리되어 독립연회가 되어 제1회 서울남연회를 광림교회에서 소집하게 되었는데 제17대 장기천 감독회장에 이어 갱신 측이 지원한 곽전태 목사가 감독회장에 당선된 것이다(총대 수 : 1,700명). 제19회 총회는 7개 연회로 구성되었는데 7개 연회감독은 서울연회 나원용 목사, 중부연회 김수연 목사, 경기연회 조명호 목사, 동부연회 박성로 목사, 남부연회 김규태 목사, 삼남연회 김종수 목사였다. 곽전태 감독회장은 대형교회 담임목사이며 부흥사로 기도의 영성이 풍부하였다. 곽전태 감독이 회장으로 재직할 때에 본부 내에 '감독회장 전용 기도실'을 설치하기도 하였다. 1990년은 자치교회 60주년 및 선교 2세기를 맞이하는 때로써 감리교회가 '뜨거운 교회'가 되게 하겠다는 고백을 하였다. 1990년 3월 서울에서는 세계교회협의회(WCC)가 주관하는 '정의. 평화. 창조질서의 보전 운동'(JPIC) 컨퍼런스가 개최되었다. 그리고 1991년 6월 27-29일간 인천시립체육관에서 '아펜젤러 선교기념연합 대성회'로 모였다.

그러나 1991년 10월에 모인 특별총회에서 감리교신학대학 학장인 변선환 목사와 홍정수 교수의 신학사상에 대한 이단 시비가 있었다. 후에 두 분 교수는 종교재판을 통해 감리교회에서 출교 처분을 받았다(필자의 생각은 한참 늦었지만 지금이라도 두 분의 신원 및 복권이 이루어져야 한다) (참고: 〈아시아에 있어서 조화를 위한 종교 대화와 협력-기독교인의 관점에서〉 해외논문. M.M

변선환 교수

기독교대한감리회 총리원

감리회관

Thomas.; 〈종교재판의 결정적인 위증문서-'대학원위원회보고서'의 음해조작 과정〉 김준우 목사; 『인생은 살만한가』 변선환 박사 설교 모음집. 변선환 아키브 엮음. 한들. 2010년.; 『불이적 종교해방신학을 향하여』 변선환 신학연구. 신익상 지음. 2013년). 여기에서 부흥사로서의 곽전태 감독의 근본주의적인 보수성이 드러난다. 이 시기 감리교단 내에서는 '극단적 근본주의'의 피바람이 세차게 불고 있었다. 세계교회협의회(WCC)의 에큐메니컬 선교운동의 진보적인 신학과 당시의 감리교단의 근본적 복음주의 신학이 병존하는 모습이다. 이와 같은 현상은 감리교 신앙의 양면성을 드러내는 증거라고 할 수 있겠다. 이러한 분위기에서 젊은 목회자들이 중심이 되어 조직한 운동체가 "감리교단을 염려하는 기도 모임"(가칭-1992년 5월 24일)이었는데 이 조직은 "전국감리교목회자협의회 건설추진위원회"(위원장 : 조화순 목사)로 발전하였다. 곽전태 감독회장은 재직 중 1992년 4월 여의도 광장에서 드린 부활절 새벽 예배에서 설교를 하였고 1992년 7월 17일 선교 100주년 기념사업의 하나로 광화문에 건축한 감리회관이 완공되어 봉헌식을 하는 영광을 갖기도 하였다. 또한 1992년 10월 29일 금란교회에서 개최된 제20회 총회에서 미국 내의 KMC의 창립의건을 표결하는 용단을 내리기도 하였다(참고: 『순례의 종착역』. 곽전태 지음. 밀알라이프. 2020년).

표용은 감독

1992년 제20회 총회(총대 1,885명)가 10월 28일부터 30일까지 금란교회에서 개최되었고 제20대 감독회장에 표용은 목사(서대문중앙교회, 호헌신파)가 당선되어 취임하였다. 제20회 총회는 7개 연회로 구성되었는데 7개 연회 감독은 서울연회 표용은 목사, 서울남연회 이종수 목사, 중부연회 고용봉 목사, 경기연회 최기순 목사, 동부연회 이석희 목사, 남부연회 박철규 목사, 삼남연회 구동태 목사였다. 표용은 감독회장은 서대문 중앙교회를 32년 이상 담임하면서 교회연합운동(KNCC, YMCA 등)에 오랫동안 참여하였던 노련한 정치 수완을 지닌 목사였다. 표용은 목사는 교회 및 연합기관과 밀접한 관계를 하면서 소리없이 다양한 사람들에게 배후에서 정치력을 행사하는 지도자였다. 표용은 감독회장이 재직하고 있을 동안은 연합운동과의 관계가 안정적으로 유지될 수 있었다. 그리고 감독회장 재직 시 감리교회 역사상 처음으로 "원로 목사님들을 위한 안식처"인 주안원로원을 건축하여 봉헌(1994년 4월 19일)할 수 있었다. 이 원로원은 인천시 주안 5동 9-1호, 444.8평의 대지 위에 건평 532.7평(지하 1층, 지상 4층)의 건축비 1억 7,600만 원을 지출하여 건립하였는데, 총 18세대의 원로 목사님들이 거주 가능하였다. 그리고 표용은 감독회장 재직 시 '한국 감리교회의 역사'. 1, 2권(유동식 저)을 출판할 수 있도록 뒷받침하였다. 그러나 표 용은 목사의 능력은 역시 감리교회의 정치계보인 호헌파의 이해관계를 넘어서지 못한 한계를 지니고 있었다. 임기 말기에(10월 18일 오후 2시) 감신대 학생들 200여 명이 감리교 본부를 점거 농성하는 사태가 일어났다. 문제의 발단은 학내 문제로 비롯되었다. 학생들은 이사회가 가지고 있는 인사권의 학교로의 환원, 구덕관 총장의 퇴진, 표용은 이사장의 사과와 퇴진 등을 요구하면서 교단 본부를 점거하여 본부 업무가 20 여일 동안 마비되기도 하였다.

김선도 감독

호헌 신파의 정치적 영향력에 대한 견제 및 반동이 예상되는 분위기 속에서 1994년 10월 25-27일 광림교회에서 개최한 제21차 총회(민족과 세계를 영도할 한국 감리교회)에서 김선도 목사(광림교회, 갱신측)가 감독회장에 당선(1,403표 득표)되어 취임하였다. 총회에서는 각국 총무들을 선출하였는데 선교국 총무에 조승혁 목사, 교육국 총무에 전용환 목사, 평신도국 총무에 고제국 장로, 재단 사무국 총무에 홍종선 장로(유임)가 봉사하게 되었다. 그리고 총회에서는 총회의 기능을 행정업무와 입법업무로 분리하였고 입법총회 회원은 총대의 4분의 1로 줄이도록 결의하였다.

김선도 감독회장은 이북 출신으로서 공군 군목을 제대하고 광림교회에 부임하여 오랫동안 웨슬리의 복음주의에 영향을 받고 교회 성장 학파와 '적극적 사고'를 목회현장에 적용하여 성공적인 목회를 하여 광림교회를 세계적인 감리교회로 부흥시킨 능력이 있는 지도자이다. 감독회장 재직 시 인우학사를 새로 리모델링하여 기공하고 예배드렸다(광림교회에서 20억을 지원함). 그리고 감리교 기관지인 〈기독교 세계〉 800호를 영인본으로 출간하였고, 교단 본부 사무실을 광화문에서 여의도 정우빌딩 11층으로 이전하였다. 감리교연수원 건축을 추진하고 한미 감리교선교전략회의를 하여 미국 내의 KMC를 인정할 수 있도록 하였으며, 감리교신학대학교 문제를 정상화하는데 기여하였다.

또한 세계감리교 감독회의(1995년 8월 22-27일)를 서울에 유치하여 개최(21세기를 향한 서울 선언을 발표)하였다. 그러나 교단 내의 많은 사업과 행사를 추진하였음에도 불구하고 당시 김영삼 정권이 민주운동세력을 무자비하게 탄압을 하는 현실에 대해서는 침묵으로 일관하였다. 1996년 여름 제7차 조국 통일 범민족대회(1996년 8월 15일)가 개최되었지만 감리교회는 참여하지 않았다. 그리고 김선도 감독회장 재직 시 교단을 위해 물심양면으로 많은 기여를 하였지만 감독회장으로써 큰 과오 중의 하나는 감리교신학대학 입학 동기인 조승혁 선교국 총무를 임기 중에 해직시킨 것이다. 적극적 사고나 성장신학은 이해할 수 있으나 대인 관계에서 자신의 생각만 올바르다고 생각하는 독선주의를 볼 때, 자신의 생각과 다른 생각을 지닌 사람들을 포용하지 못하는 결점이 있는 지도자라는 인상을 지울 수 없다.

1996년 제22차 총회에서 김홍도 목사(금란교회, 대형교회)가 감독회장에 취임하게 되었다. 형인 김선도 목사에 이어 제22대 감독회장으로 동생 김홍도 목사가 감리교회의 지도자가 된 것이다. 김홍도 목사는 형과 차이가 있었지만 김홍도 감독 재직시 자신과 생각이 맞지 않는 본부 직원들을 합리적인 이유도 없이 교단 본부에서 파면하였다. 그리고 김홍도 감독회장 재직 시 제1차 입법총회(1997년)가 개최되었을 때, 1930년 제1회 총회에서 채택한 '교리적 선언'과 '사회 신경'을 67년이 지난 21세기의 상황에 적합한 내용을 만든다는 명분으로 '감리회 신앙고백'과 '사회신경 11항'으로 개정하였다.

김홍도 감독

김선도 감독회장과 김홍도 감독회장의 공통점이 있는데 두 분 모두 은퇴한 후에 자신의 아들에게 교회를 세습시켰다는 점이다. 세습자체(?)를 부정적으로만 판단하지 않지만, 김씨 형제들(김국도 목사 포함)은 모두 자신의 아들에게 교회를 세습시켰다는 오명을 남겼다는 점이다. 훗날 이러한 사실을 어떻게 해석할지는 모른다 해도 너무한 것이 아닌가 생각된다. 두 지도자들이 남겨 놓은 좋은 점도 많이 있지만, 웨슬리의 후예로서 부끄럽게 느끼신다면 모두 회개하여야 할 것이다(이미 김홍도 감독은 고인이 되셨지만). 개인적으로 "대형교회"를 세워 성공적인 목회(?)를 했더라도, 그 교회가 개인의 소유가 아니라 "하나님의 교회"라고 생각한다면 많은 후배 앞에서 겸손해야 할 것이다. 하나님의 교회는 큰 교회든, 작은 교회든 하나님의 은혜와 지배 아래 있어야 한다.

1997년은 우리나라가 외환위기로 실업자가 급증(111만 7,000명)하고 가계부채가 1500조 원에 이르러 가난한 도시 서민들과 특히 농촌의 농민들은 매우 절망적인 삶을 살아가야만 했다. 과연 이때 대형교회와 그 교회를 섬기는 목회자들과 평신도 지도자들은 무엇을 했는가? 반성할 일이다. 그러나 이러한 외화 내빈의 현실 속에서도 감리교회가 자랑할 수 있는 평신도 지도자가 있음은 감사한 일이다.

최종진(1949년 7월 25일-1997년 1월 10일) 장로이다. 최 장로는 1976년 감리교신학대학을 졸업하고 곧바로 강원도 원성군의 한 농가에 들어가 농사를 짓기 시작하였다. 1981년까지 농사꾼으로서 삶을 살던 그는 1981년부터 본격적인 농민운동가로서의 삶을 시작하여 1996년 4월 26일 폐암 진단을 받을 때까지 20년 동안 농민운동에 헌신해 왔다(47세). 그는 형제교회의 장로로 교회를 섬겼는데 그가 농민운동과 더 나아가 재야 민주화운동에 헌신하게 된 배경에는, 최 장로의 막내 동생인 최종철 씨가 1979년 10월 부마항쟁에 참여하였다가 구속되어 1981년 5월 출감하였으나 고문 휴유증으로 출감한지 4개월도 안되어 숨진 사건이 있었다. 최종진 장로는 1981년부터 충북 청원을 근거로 해서 충북과 충남의 기독교 농민회를 조직하였고 오늘의 전국농민회총연맹(전농)을 조직한 주역으로 기독교 농민회 사무국장, 전민련 조직국장, 전농 사무처장, 통일시대 민주주의 국민회의 조직위원장, 통합 민주당 청주 지구당 위원장 등을 역임하였다. 1991년 강경대 학생이 경찰의 쇠파이프에 맞아 숨졌을 때 대책위원회 상황실장으로 일하다가 1년 6개월의 옥고도 치렀고 1994년 UR의 파고가 한참일 때는 '우리농업지키기 범국민대책위'의 사무처장 일을 맡았다. 그는 기독교 농민운동가로 반평생을 살아오다가 폐암으로 1997년 1월 10일 별세하였다(참고: 『따듯한 아이스크림』, 고 최종진 장로 10주기 추모집, 밀알기획, 2007년).

최종진 장로

또 하나의 변화는 감민추 해체 이후 오랫동안 침체했던 감리교회의 젊은 목회자들의 운동이 1997년 11월 27일 아현교회에서 '전국감리교목회자협의회'라는 이름으로 총회를 소집함으로 재창립을 하게 된 점이다(회장 : 김진호 목사, 사무국장 : 이필완 목사, 정책실장 : 박경양 목사, 실무간사 : 변경수). 감목협은 1998년 4월 20일 아현교회에서 회개기도회 및 대토론회를 개최하고 교단의 현안 문제해결을 촉구하는 성명서를 발표하였고 비상대책위를 구성하였으며 교단을 항의 방문하면서 김홍도 감독회장의 즉각 퇴진을 요구하였다. 감목협 회원들은 1998년 5월 21일 숭의교회에서 개최되는 중부연회에서 '감리교 개혁과 김홍도 감독 퇴진을 위한 기도회'를 개최하기도 하였다.

이유식 감독

1998년 제23차 총회에서 이유식 목사가(대전/호헌파)가 감독회장에 취임하였다. 감리교신학대학 동문이 아닌 경우는 1974년 김창희 감독(연세대졸) 이후 20년만이며 호헌파에 속하였지만 지방교회이고 대전 목원대 동문이 감독회장이 된 것이다. 그동안 서울 중심/대형교회 중심 위주로 지도자를 선택하여 왔는데 처음으로 지방에서 목회하는 목회자가 중앙의 교권을 장악하게 된 것이다. 아마 제일 기뻐할 사람들은 목원동문들이었으리라 생각된다. 매우 축하할 일이었다. 그러나 이 시기부터 그동안 감신 출신들에게 한편으로 열등감을 지니고 살아왔던 타 신학 출신의 동문들에게는 우리도 할 수 있다는 자신감과 함께 학연이라는 계파의식이 강하게 뿌리내리게 되는 동기를 부여한 것이다. 이제부터는 계파정치가 지방색(이북/이남), 이권 관계뿐만 아니라 학연관계에도 큰 영향을 미치게 된 것이다. 이유식 감독회장 재직 시 목원대 출신 본부 직원으로는 사무국 총무 전용철 목사, 교육국 총무 김영주 목사 등이 본부에서 봉사할 수 있는 기회가 주어졌다. 교권은 김홍도 감독으로부터 이유식 감독으로 이행되는 가운데서도 감목협은 1999년 4월

29일 감리교신학대학 100주년 기념관에서 제4차 총회로 모였다(총회 주제 : 목회를 바르게! 교회를 새롭게!). 상임의장인 김진호 목사를 중심으로 감리교 개혁을 추진하는 젊은 목회자들이 일심동체가 되었던 시기이기도 하다.

2000년 제24회 총회에서 장광영 목사(금호제일교회)가 감독회장에 취임하였다. 장광영 감독회장은 부흥사의 영성을 지닌 분으로 현장목회에 충실하여 교회를 크게 부흥시킬 수 있었다. 일정한 계보정치에 영향을 받음이 없이도 대형교회를 담임하고 있는 목회자 중에 교권에 대한 비전을 갖고 감독선거운동을 조직하면 감독회장 자리에 오를 수 있음을 김선도 감독, 곽전태 감독, 김홍도 감독이 보여주었듯이, 장광영 감독회장의 경우도 동일한 유형에 속한다. 그러나 대형교회 목회자들이 갖는 공통점은 상당히 보수적이며 근본주의적인 신앙유형을 지니고 있다는 점이다.

장광영 감독

그러나 장광영 감독회장의 경우는 다른 특징을 갖추었다. 장광영 감독회장 재직 시 표어는 “21세기를 여는 위대한 감리교회”를 이루는 것이었다. 2001년 “위대한 감리교 대회”로 모여서 위대한 감리교회의 전통을 회복하고 함께 사는 사회를 실현하는 비전을 천명하였다. 나눔과 섬김의 삶의 실천, 일치와 화해실현, 평화와 통일 실현의 사명을 통한 위대한 감리교회 건설을 선포하였다. 특별히 기억되는 것은 “위대한 감리교회”의 역사를 형성해 온 ‘과거의 감리교 지도자’들을 발굴 정리하여 『한국감리교 인물사전』(2002년 2월)을 출판 발행 배포하였다는 점이다.

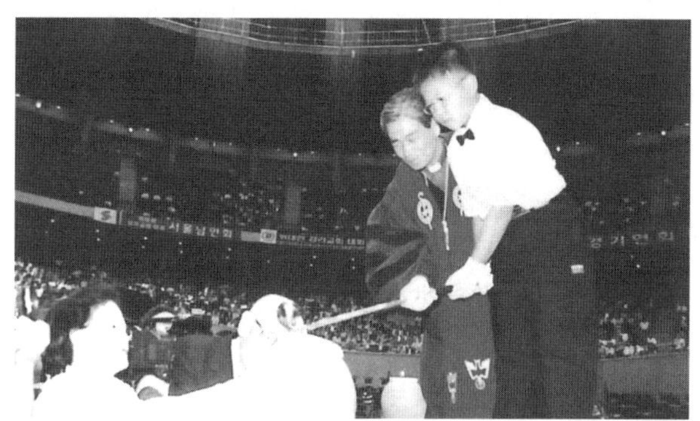

장광영 감독 – 2001 위대한 감리교 대회(잠실체육관)

2001년 4월 2-4일 동안 경주 보문단지 교육문화회관에서 "위대한 감리교회 건설을 위한 감리회 임원대회(주제 : 21세기를 여는 위대한 감리교회)를 주관하였다. 그리고 2001년 6월 4일 오후 6시 잠실 실내체육관에서 "위대한 감리교회대회"를 주관하였다(참고: "위대한 감리교회 서울연회대회 선언문"). 2001년의 감리교회 교세는 5천 교회에 교역자 7천 명, 성도 140만 명이었다.

김진호 감독

2002년 제25회 총회에서 김진호 목사(도봉교회, 복음 8형제)가 제25대 감독회장에 취임하였다. 김진호 감독회장은 감리교회의 어떤 계보정치에도 깊이 관여하지 않았다. 다만 신앙과 영성의 공감을 느끼는 동역자들 8명이 서로 형제처럼 의지하여 협력하는 인간관계를 소유하였다. 그러나 역대의 어떤 감독회장들보다 젊은 교역자들에게 존경과 신뢰를 받은 지도자였다. 김진호 감독은 2003년 5월 28일부터 30일까지 횡성 성우리조트에서 "다시 일어나 빛을 발하는 감리교회"를 주제로 '300만 총력전도 운동을 위한 전국지도자 대회'를 개최하였고 동시에 9월을 총력전도의 달로 정하였다. 그리고 감리교회가 비교적 적은 호남지역(광주)에 사는 주민들에게 감리교회를 알리고 집중적으로 복음을 전할 수 있는 '호남선교대회'를 개최하였다. 김진호 감독회장은 "일어나 빛을 발하라!"(이사야 61장 1-3절)는 제목의 설교를 가는 곳마다, 기회 있을 때마다 증거함으로서 복음 운동의 불을 붙여 나갔다. 지방 도시에서 전국적인 규모로 참여하는 집회로는 처음 개최한 것이었다.

김진호 감독 재직시 아시아교회협의회(EACC) 제8차 총회(1985년 6월 26일(수)-7월 2일(화), 주제 예수 그리스도는 자유케 하사 섬기게 하신다(Jesus Christ sets free to serve))가 장로회신학대학에서 110여 회원 교회와 153명, 총회대의원 4백여 명이 참여한 가운데 거행되었다. 그리고 문화 행사는 유관순 기념관에서 개최하였다.

아시아교회 협의회 총회

김진호 감독회장은 은퇴한 후에도 감리교회 개혁을 추진하는 젊은 교역자들의 모임(올감목)에 '공동대표'로 참여하였다.

1978년 이후 2004년까지 임기 2년의 겸임 복수 감독제(연회 감독제와 함께)하에서 26년 동안 감리교회는 독립교회의 위상을 확보하면서 양적인 성장을 하게 되었다.

이로써 기독교대한감리회는 세계감리교회(WMC)와 아시아감리교회(AMC)와의 관계에서 영향력이 증대되기에 이르렀다. 그리고 아시아교회협의회와 세계교회협의회(WCC)와의 관계도 지속적으로 확대되었다. 물론 교단 내의 계보정치가 다변화되었고 그 폐단이 여전히 작용하고 있었고, 또한 교단의 수장 임기 2년의 겸임제로는 크게 성장한 교단을 건강하게 유지 발전시켜나가며 사회와 민족, 그리고 세계교회와 세계에 영향력을 가져오기에는 많은 문제점이 있음이 나타났다. 그리하여 2003년 10월 28일 광림교회에서 제25회 입법총회로 모였다. 특히 앞으로 2006년 개최될 세계감리교대회(WMC)에 맞추어 세계감리교회를 영도할 조직과 제도를 정비할 필요성에 합의하여 감독회장 임기 4년 전임제(후보 자격 연령 55세 이상 66세 이하로 개정) 안이 제안되었고 입법화되었다(장정개정위원장 : 조명호 목사). 그러나 과연 법만 개정한다고 교회의 위상이 높여지는 것일까?

2) 복수감독시대 – 4년 전임제(2004-2020년)
– 학연(감신·목원·협성) 및 보혁 간의 대결

신경하 감독

2004년 11월 정동교회에서 개최한 제26회 총회에서 신경하 목사(아현교회, 호헌 + 복음동지회)가 임기 4년 전임 감독회장에 취임하였다. 제25회 총회에서 김진호 감독 후보와 함께 서울연회 감독에 출마하였다가 고배를 마셔 낙마했던 신경하 목사는 제26회 총회(4년 전임제)에서 감독회장에 당선된 것이다. 신경하 목사는 일제하 제3회 총회에서 감독에 취임하였다가 10개월 만에 파상풍으로 돌아가신 김종우 감독과 같은 강화 출신 목회자이다. 68년 만에 강화 출신 목사가 한국 감리교회의 감독회장이 된 것이다. 신경하 후보 배후에는 호헌파와 복음동지회, 그리고 강화의 모든 목회자와 평신도 총대들의 기도와 적극적인 지지가 뒷받침되어 가능한 것이었다. 1974년 제12회 총회 시 4년 임기의 감독에 취임한 김창희 감독에 비한다면 선거 과정과 후에도 큰 상처나 부담 없이 4년간 온전히 감리교회의 발전과 부흥, 그리고 한국교회를 위해서 봉사할 수 있는 기회를 갖게 된 것이다. 일제 치하에서 자치교회가 세워지고 처음 4년제 전임감독에 취임했던 양주삼 총리사에게 주어졌던 기회만큼 역할을 하기에 따라 큰 기여를 기대할 만하였다. 이제는 독립교회 시대가 되었고, 정치적 민주화의 결실이 익어가는 중이고, 교회의 양적 부흥이 정점을 향하여 가고 있었던 때였다. 신경하 목사는 감독회장직으로 옮기기 전 1996년 6월 2일 아현교회 제36대 담임목사로서 부임하여 9년 동안 그 흔한 미국여행도 한번 가지 않은 상태로 세 분의 원

2005 평양 강영섭 조그련 위원장과 조인식

로 목사님(김지길, 김준영, 이재호)을 모시고 오로지 목양에만 전념하다가 감독회장으로 4년간 전임으로 봉사하게 된 것이다.

그는 재직 시 본부 정책자료집(백서)을 감리교 100년 역사 중 처음으로 발간하기도 하였다. 그의 재임 시 교단의 표어는 "희망을 주는 감리교회"였다. 신경하 회장은 취임 다음 해인 2005년에 북한의 평양 칠곡교회를 서부연회 회원들과 함께 방문할 정도로 민족통일 선교에 관심이 있었다. 그리고 같은 해에 한국기독교교회협의회(KNCC)의 회장에 취임하여 에큐메니컬 운동에 적극적으로 참여하였다. 2006년 7월 20-24일 제19회 세계감리교대회(주제 : 그리스도 안에서 화해케 하시는 하나님(God in Christ Reconciling)를 한국에 유치하여 금란교회에서 개최하였다. 세계감리교대

신경하 감독 – 제19차 세계감리교 대회에서

세계감리교 사회복지 선교포럼

회를 마친 후 2006년 11월 23일부터 24일까지 양일간 횡성 현대 성우 리조트에서 '희망 프로젝트을 위한 정책대회'(주제: 희망을 주는 감리교회)를 개최하였고, 그다음 해 1년 동안 장단기발전위원회(위원장: 권오서 감독) 준비와 총회 결의를 거쳐 정책백서를 발행하였다(참고: 〈희망을 주는 감리교회〉 자료집). 그리고 2007년에 부산에서 "영남 선교대회"를 개최하였다.

그러나 2008년 9월 제28회 총회 전 실시한 감독선거가 파행으로 끝나며 제28회 총회(안산대학)를 정상적으로 열지 못하는 등으로 임기 말에 치명적인 상처를 입게 되었다. 실은 신경하 감독 입장에서는 『교리와 장정』을 수호하려는 감독회장으로서 선거를 엄격하게 관리하고 법을 지키려고 했던 것이었다. 그는 평생 화해와 평화의 목회를 시행해 왔는데 은퇴 후에 뼈아픈 고통을 겪어야 했다(참고: 『신경하 팔순 회고담』. 신경하 지음. 밀알라이프. 2020년). 문제의 발단은 출마한 4명의 후보(김국도, 고수철, 강흥복, 양총재) 중 한 사람(김국도 목사)이 '감독회장 후보자격이 없다'는 법원 판결이 있었음에도 불구하고 선거관리위원회(위원장 :장동주 목사)가 김국도 후보가 참여한 가운데 선거를 실시한데 있었다. 선거 결과 김국도 목사가 다수표를 얻었지만 신경하 감독회장은 선거관리위원장을 해임하고 정작 감독회장에 차점자인 고수철 목사를 당선자로 발표하게 된다.

2008년 10월에 제28회 총회가 안산대학에서 소집되었다. 그러나 총회는 성만찬 예배도 드리지 못한 상태에서 파국을 맞이하였다. 고수철 감독회장을 지지하는 세력들과 자칭 김국도 감독회장을 지지하는 세력들 간의 난투극이 벌어졌다. 파행으로 끝난 총회 후에도 두 후보는 각각 감독회장 취임식을 하여 감리교회는 감독회장이 두 명이 되었다. 감독회장 선거가 파행으로 끝나자 올바른 감리교회를 세우는 모임(올감목 - 대

표 : 김진호 감독, 강환호 감독, 백문현 감독)이 세워지고 감리교회의 개혁의 필요성을 느낀 '감신 82학번 동기회'가 2009년 4월 27-29일 동안 감신대에서 모여 기도회를 진행하면서 '감리교회 개혁을 위한 전국목회자 100인 선언'을 발표하면서 전국감리교 목회자 대회를 조속히 개최하자는 입장을 밝히게 된다. 그리하여 제1차 전국감리교목회자대회가 2009년 6월 19일 종교교회에서 개최되었다(참고: "전국감리교목회자대회 선언문-회개, 변화, 비전" - 2,122명 서명, 3천 명 참석함). 사건 발생 9개월 만에 목회자들이 교단 정상화와 민주적인 개혁을 위해 조직적인 대응을 하게 된 것이다. '전감목'은 2009년부터 2010년까지 1년 7개월 동안 활동하였다(사진게재).

그러나 신기식 목사가 개인 자격으로 두 명의 감독회장이 모두 후보 자격이 없다고 사회법에 고소한 것이 받아들여져 고수철 감독(흑석동제일교회) 회장의 경우는 2009년 법원의 판결로 감독회장 재임 1년 만에 퇴임하게 되었다. 곧이어 2009년 이규학 중부연회 출신 감독이 임시 감독회장이 되었다. 2009년 11월 25일에는 선한목자교회에서 '전국감리교목

2009 전국감리교 목회자 대회

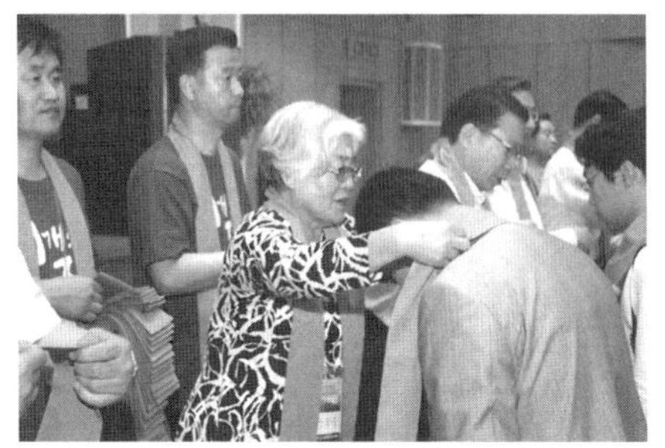
2009 전국감리교 목회자 대회

회자개혁연대' 총회가 개최되기에 이른다. 그리고 2010년에는 강흥복 목사가 감독회장에 취임한 지 3개월 만에 법원 판결로 낙마하였다. 결국 감독회장에 취임했던 3명의 목사는 모두 감독회장의 직무를 계속 수행하지 못하게 되었고 한국 감리교회의 감독회장의 직무는 법원이 임명한 장로교 교인인 백현기 씨가 1년 8개월 동안 임시감독회장직을 수행하게 되는 참사가 일어났던 것이다(참고: .『황금저울』. "종교개혁 500주년 헌정선". 신기식 저;〈감리교 개혁을 말하다〉. "기독교대한감리회장 선거사태". 자료집. 2008-2012년. 백서발간준비위원회).

김기택 감독대행

2012년 김기택 감독(서울연회 감독)이 임시 감독회장(감독회장 대행) 직무를 1년간 담당하면서 제28회기 총회 기간에 발생한 문제를 마무리 지으며 제29회 총회를 준비해 나갔다.

현재까지의 오랫동안 축적된 온 감리교회의 개혁은 사람의 힘으로는 불가능하다는 인식하에 김기택 감독을 비롯한 총회의 실행위원회는 당시 선교국 위원장인 김영헌 서울연회 감독을 준비위원장(실무책임자 : 최이우 목사)으로 하는 "하디 성령한국 집회"를 2013년 8월 서울에서 개최하였다. 전 감리교회가 회개해야 한다는 전제가 있었다. 불법적인 감독선거의 후유증으로 지난 4년간 감리교회와 교인들이 받은 상처는 말로 표현할 수 없었다. 물론 당사자들의 경우도 개인적으로 불명예와 고통을 겪었을 것이다. 지난 4년 동안 우리는 교권에 현혹된 지도자들의 말로가 어떠한지 학습할 수 있었다. 지난 5년간의 감리교사태는 "전임 감독회장 제도"를 교권의 정점으로 설정하고 그 장악을 위해 계파와 학연으로 나뉘어 치열하게 싸우면서 발생한 것이었다. 모두가 회개함으로 하나가 되어야 했다. 사회에서 감리교회에 대한 위상이 바닥으로 떨어져 있던 상황 중에도 제19회 총회 전에 입법총회를 개최하여 "세습"은 불가능하다는 입법을 통과시키므로 한국 감리교회가 아직도 희망이 있다는 점을 보여주었다.

구민을 섬기는 서대문구청장 문석진 장로

감리교단의 지도자들에 대한 신뢰가 바닥에 떨어졌지만 그럼에도 불구하고 희망을 가질 수 있던 모습이 있었다. 감리교회의 평신도인 문석진 장로의 예이다. 문석진 장로는 아현교회에 소속한 장로이며 2010년 민선 5기로 서대문구청장으로 선출되어 가장 낮은 곳에서 가장 높은 주민을 섬기겠다는 마음으로 구청장으로 봉직하고 있는 감리교 평신도이다(2021년 현재까지도 구청장으로 봉직하고 있다). 그는 지난 11년 동안 처음 결심한 것처럼 변함없는 마음으로 구민을 섬기는 지도자의 모습을 보여주고 있다(참고: 『서대문 키다리 아저씨의 행복동행』. 문석진 시음. 서해문집. 2013년).

전용재 감독

2013년 7월 9일 제30회 회기 감독회장 선거가 실시되어 전용재 목사(불꽃교회, 감신동문)가 감독회장에 당선되었다. 이번 선거에는 강문호, 김충식, 전용재 목사가 후보로 출마하였다. 그러나 전용재 감독회장은 금품제공, 선거법 위반으로 감독회장 당선무효 등으로 총회특별재판위원회에 제소되어 감독회장의 자격이 박탈되었다. 그러나 6개월 후에 총특재의 당선 무효판결에 대한 효력정지가처분이 받아들여져 다시 복직되었다. 2014년 10월 3일 광림교회에서 제31회 총회가 개최(주제 - '오늘의 혁신, 내일의 희망', 렘 29:11)되어 감리회 개혁을 위한 특별결의문을 채택하였고' 아펜젤러, 스크랜턴 내한 130주년 기념사업 안건이 결의되었다. 그리고 2015년 4월 7일 감리교 쟁송 사태의 핵심이었던 전용재 감독회장과 신기식 목사 간 감리교 제도개혁을 위해서 "감리교개혁특별위원회"를 조직하고 장정위원회를 통하여 개혁 입법을 초안하여 입법총회에 안건으로 제출한다는 내용을 전재로 합의가 이루어졌다.

이때 전용재 감독회장의 진심은 감리회 130년 선교 역사상 가장 힘든 시기에 분열된 감리회를 하나로 통합하고 혁신하여 상처 입은 감리회를 치유하겠다는 마음이었다. 감리교개혁특별위원회에서 수렴된 내용은 '감리교개혁을 위한 10대 과제'로 요약된다. 2015년 10월 28-30일 3일간 선한목자교회에서 제31회 총회입법회의가 개최되었으나 개혁 입법과 관련된 내용들이 충분히 논의되지 못하고 폐회함으로 2016년 1월 14일 임시 입법회의를 재소집하였다. 이 입법회의에 제안된 내용은 많았으나 정작 통과된 개혁 법안은 여성 및 청년 총대 30% 안(여성 15%, 청년 총대 15%)과 본부 축소안 정도였다. 그동안 교회개혁을 위한 논의는 많았지만 결과는 미흡하게 끝났다. 전용재 감독회장 재임 시에 추진한 사업은 선교 130주년 기념행사(진정한 교회, 착한 그리스도인), 하디 1903년 성령 한국 대회, 한반도 화합과 통일을 위한 '한국교회평화통일기도회'(2015년 8월 15일) 개최, 평양 봉수교회 '8.15 한반도 평화통일남북기도회' 참석 설교, '대한민국을 세운 위대한 감리교인' 책 출판 판매(2016년) 등이었다(참고: 『오늘의 혁신 내일의 희망』- 모두 함께 웃는 감리교회를 꿈꾸며. 2016년 발행, 감리교 본부 출판국). 전용재 감독은 은퇴 직전 '아름다운교회'를 건축하여 봉헌하였다.

부산 벡스코에서 열린세계교회협의회 제10차 총회

그러나 전용재 감독회장 취임 직후 2013년 10월 30일-11월 8일 부산 벡스코(BEXCO)에서 개최한 세계교회협의회(WCC) 제10차 총회(주제: 생명의 하나님, 우리를 정의와 평화로 이끄소서)를 경황없이 지나친 점은 한국 감리교회 에큐메니컬 운동의 지도자의 위상에는 미흡한 모습이라고 할 수 있다. 그러나 감사한 것은 세계교회협의회(WCC) 제10차 총회를 위하여 감리교회 목사인 정해선 국장(WCC중앙위원 겸 실행위원)과 감리교 목사인 박도웅(WCC 한국준비위원회 행정사무국장) 등의 적극적인 참여로 한국 에큐메니컬 운동에서 감리교회의 위상이 유지되었다.

전명구 감독

2016년 9월 제32회 총회에서 전명구 목사(인천 대은교회, 협성대 동문)가 제29대 감독회장에 당선되었다. 협성동문으로는 처음으로 감독회장에 당선되었다. 2016년 10월 제32회 총회가 중앙연회 분당지방 불꽃교회에서 개최되어 전명구 목사가 제29대 감독회장으로 취임하였다. 제29회 총회의 표어는 "신뢰 속에 부흥하는 감리교회"였다(당시 필자는 전명구 감독회장 취임 축하 준비위원장으로 봉사하였다). 그러나 제32차 총회 회기 제1차 실행위원회가 12월 29일 본부에서 개최되어 2017년부터 추진할 정책 및 사업을 협의하고 결의하였는데, 처음부터 앞으로 문제의 소지가 될 안건들이 포함되어 있었다.

2017년은 종교개혁 500주년이 되는 해로써 감리교회적인 차원에서 감독회장 후보로써 공약한 정책을 포함하여 우선적으로 실천해야 할 내용들이 많았다. 그러나 전명구 감독회장의 2017년 첫 행보 중 1월 9일 새롭게 출발할 예정인 '한교총'에 감리교회의 감독회장이 상임대표로 참여하겠다는 결의는 지금까지 한국 감리교회가 취하여 왔던 에큐메니컬 전통과는 엇박자가 되는 행보였다. 두 번째 주목되는 내용은 감독회장 직속으로 '100만 전도운동본부를 설치하는 안건'이었다. 세 번째는 '동성애 대책위원회 구성 건' 등 이었다.

이 외에는 지난 6년 동안 직무대행체제로 지내 온 사회 평신도국 총무에 김재성 장로를 추천하여 사회평신도국 위원회에서 선출토록 하는 인사를 단행하였고 통합된 목회대학원 설립을 위한 특별대책위원회 구성, 2018년 세계감리교협의회 대의원 대회를 한국에 유치하는 건 등을 결의하였다. 당시 본부 총무급 실무자들인 선교국 총무인 강천희 목사, 교육국 총무인 김낙환 목사, 사무국 총무인 이용윤 목사, 도서 출판국 사장인 한만철 목사, 연수원 원장인 신현승 목사 등은 전임 감독회장인 전용재 목사가 임명한 임원들이었다. 앞으로 4년 동안 교단을 안정적으로, 그리고 공약한 정책들을 실행에 옮기려면 뜻과 마음이 맞는 실무자들의 협력이 필요했지만 만족스럽지 못하다고 판단했던 것 같다. 취임 후 첫 번째 인사조치는 박영근 목사를 행정실장에 임명(1월 23일)하였다. 그리고 감독취임 100일을 맞이하면서 본부 인사를 발령하면서 새로 신설된 100만 전도운동본부 본부장에 지학수 목사를 임명하였다. 인사가 만사라는 말이 있듯이 취임 100일째 되는 날 단행한 인사조치는 다가올 앞날을 예고하는 먹구름이었다.

2017년 전국임원 및 지도자대회(주제 : 신뢰 속에 부흥하는 감리교회)가 5월 16-17일 2일간 원주 오크벨리 리조트에서 개최되었다. 그 후 5월 28일 오후 8시 32분 강천희 선교국 총무가 갑자기 별세(68세)하였다. 그리하여 박영근 행정기획실장을 선교국 총무 직무대리에 임명하였다(6월 5일 본부인사위원회 소집). 예상치 못한 일들로 일이 꼬이기 시작하였다. 2017년 초에 감리교회의 교세는 교회 6,400 개, 교역자 1만 1021명, 성도 137만 3,739명으로 교회 수와 교역자 수는 증가하는 반면, 교인 수는 전년도에 비해서 0.15% 감소 추세였다(감리교회의 교인 수가 최고 정점에 이르는 해인 2010년의 교세는 교회 수 6,077개; 교역자 수 9,795명; 교인 수는 1,587,000명이다). 그리고 2017년 본부 예산은 432억이었다. 이러한 상황에서 교단의 책임자로서 마음이 급해질 수밖에 없었을 것이다. 모든 정책의 우선순위에 '100만 전도 운동'이 있었다.

2017년 전후의 사회의 분위기는 세월호 사건의 후유증이 계속되면서. 박근혜 정부의 실정에 대한 시민들의 촛불시위, 탄핵정국, 그리고 비정규직 노동자들의 저항, 북핵의 위협과 위안부 문제 등이 서로 얽혀 대안을 요구하는 국면이었다. 이러한 상황 속에서 감리교회 주변에서는 사랑의 장기운동(생명나무운동), 사회복지를 통한 전도 운동 정책제안(참고: 〈감리교 100만 전도를 위한 복지와 영성〉. 주제: 감리회 100만 전도를 위한 복지와 영성. 2017년 4월 27-28일. 장소: 서산 엘림하우스. 감리교사회복지협의회와 전국부흥단 공동주최 자료집. 2017년) 및 대안 교회운동인 작은 교회운동(참고: 『두 번째 종교개혁과 작은교회운동』. 이정배 지음, 동연, 2017년). 공교회성과 제도개혁을 요구하는 '새 물결'의 창립(2017년 5월), 그리고 한미교회가 공동주관하는 한반도평화를 위한 라운드 테이블(3월 25일) 개최 등이 추진되고 있었다.

전명구 감독회장은 재직 시 두 번의 가처분 사건으로 두 번씩이나 직무 정지를 당하는 고통을 겪었다. 첫 번째는 성모 회원이 제32회 총회의 감독회장 선거 결과에 이의를 제기(감독회장 선거무효확인의 건)하며 총회특별재판위원회에 소를 제기하였으나 기각되어 사회법에 감독회장 선거무효확인 소를 제기한 것이 법원에서 받아짐으로 직무가 정지되었는데, 이 기간 이철 목사가 감독회장 대행을 하였다. 이철 감독회장의 대행 기간은 매우 짧았지만 자의적인 인사(행정실장 교체 등)로 많은 실무임원들이 힘들어 하였다. 이철 감독회장 직무대행 시(6개월) 세계감리교협의회(WMC, 회장: 박종천 목사) 대의원 회의가 서울 광림교회(2018년 7월)에서 개최되었다. 기독교대한감리회는 세계감리교협의회 대의원 대회를 위한 준비위원회(2018년 3월 2일)를 구성하여 준비하였다(필자는 준비위원회 사무국장으로 봉사하였다).

나중에 쌍방 간 전명구 감독회장과 성모 목사 사이에 합의가 이루어지고 법원의 직무정지 가처분이 취소되므로 2018년 4월 27일부로 직무에 복귀하였다. 그러므로 극적으로 전명구 감독회장은 제33회 총회(계산중앙교회, 10월 30-31일)의 사회를 주관하게 되었다. 이런 와중에도 2018년 11월 9-11일까지 세계감리교협의회(WMC)가 주관하는 제3회 한반도평화를 위한 에큐메니컬 좌담회(라운드테이블)가 미국 애틀랜타에서 개최되었다(참고: 〈기독교타임즈〉 1006호. 17쪽). 복직된 전 명구 감독회장의 직무를 돕기 위해서 자발적인 실무팀이 꾸려져 첫 모임이 2018년 11월 26일 있었고 11월 30일(금)에는 전명구 감독회장과 독대를 하였다. 그리고 가능한한 한국 감리교회을 위하여 전명구 감독회장의 남은 임기 동안 처음 취임했을 때의 약속이 구체적으로 실행에 옮겨지기를 기도했다. 당시의 주된 관심 중 하나는 앞으로 잔임기간(2년간) 동안 함께 일할 수 있는 임원 구성을 위한 참신한 인사원칙을 실천하는 것이었다. 그러나 인사는 만사인데 결과는 실망스러웠다. 선교국 총무 오일영 목사, 사회 평신도국 총무 최창환 장로, 사무국 총무 지학수 목사, 연수원 원장 정승희 목사, 도서출판 사장 한만철 목사(연임), 교육국 총무는 후보자격자가 없어 선출하지 못했다. 오일영 선교국 총무 외에는 감독회장의 의중에 있는 사람들이 임명되었다.

그러나 두 번째 직무 정지는 2016년 9월 27일 실시한 제32회 감독, 감독회장 선거가 무효이고 당선도 무효라는 판결이므로(협성 동문인 이성현 감독이 전명구 감독회장 선거시 금품살포 등 선거법을 위반하였다는 이유로) 다시 직임 정지(2019년 7월 23일)를 당하였고 윤보환 전 중부연회 감독이 직무대행으로 선출(2019년 8월 22일 총회실행부위원회 결의)되어 두 번째 대행체제가 지속되었다. 결국 감독회장의 임기가 끝나는 2020년 10월까지 1년 2개월 동안 대행체제가 계속되었다. 그러므로 '숲으로 하나 되는 한반도를 감리교회가 앞장서서 만들어나감으로 남북화해와 통일의 물고가 트기를 바라는 꿈' 도 물거품이 되고 말았다(참고: "신뢰 속에 부흥하는 우리 연회" 〈2019년 감리회 본부 연회보고서〉). 결과적으로 윤보환 감독대행의 사회로 시작된 안산 꿈의교회에서 개최한 입법총회(2019년 제33회 입법총회) 역시 별 소득 없이 끝나고 말았다. 그리고 윤보환 감독회장 직무대행 체제하에서 지학수 사무국 총무를 비롯한 많은 부장급 실무자들(홍석민 목사 등)이 보복성 파면을 당하는 수모를 겪어야만 했다. 2020년 3월부터 전염되기 시작한 '바이러스 19"의 역습은 민족의 갈 길을 제시해 줄 안내자로서 신뢰를 잃어버린 한국 감리교회에 대한 하나님의 경고가 아닐까 반성해 본다.

이철 감독

2020년 10월 2일 제34회 총회에서 앞으로 4년간 책임질 감독회장 선거에서 이철 목사(동부연회 강릉중앙교회 담임, 목원동문)가 감독회장에 당선되었다. 1998년 제22차 총회에서 이유식 목사가 감독회장에 취임한 이래 22년 만에 목원대 동문인 이철 목사가 감독회장에 당선되어 취임하게 된 것이다. 4년 전임제 감독회장 제도가 실시되면서 감신, 협성, 목원 동문들이 차례로 교권을 장악하게 된 것이다. 이번 선거에서 이철 목사는 늦게 후보에 등록하고 기호 3번으로 출마하여서 이미 후보등록을 마치고 정책발표와 선거운동을 마친 감신동문인 김영진 후보와 박인환 후보에 비해서 불공정한 선거였는데 선거 투표결과는 기호 3번인 이철 목사가 1등으로 당선된 것이다. 투표상황은 총선거권자 1,008명 중 831명이 투표에 참여(득표율 83%)하였는데 이철 후보가 464표(55.9%) 득표로 과반수 이상을 득표하였다. 이철 목사는 선거가 끝나고 당선자로서 인터뷰(기독교세계-2020년 10월 20일)를 하였는데 제34회 총회의 주제 "세상의 빛으로 다시 서는 감리교회"가 되도록 앞으로 신뢰를 회복하기 위해서 서로 간의 소통을 하여 흩어진 감리교인들의 마음을 모으는 합의 과정에 최선을 다하겠다고 다짐하면서 7대 공약을 제시하였다. 즉 감독회장의 권한을 분산시키고 서로 협력할 수 있는 합의체를 이끌어내어 감리교회의 기초를 다시 세우겠다고 다짐하였다.

제34회 총회는 '코로나 19'의 상황 때문에 8개 지역교회로 분산하여 소집되었다. 그리고 감독회장과 연회 감독들의 취임식이 거행되었다. 이철 감독회장이 취임을 한 후에 표면상의 첫 번째 변화는 발행 1090호를 넘긴 기독교타임즈를 예산상의 이유로 폐간시킨 것이다. 필자가 2020년 5월 21일 경기연회에서 은퇴 후 한국 감리교회의 소식을 유일하게 접할 수 있었던 기독교타임즈가 총회 후 배달되지 않았다. 감독회장 취임 후 해가 바뀌어 4개월 만인 2021년 3월 9일 오전 감리회 본부 16층에서 취임 후 첫 기자회견을 갖고 임기 4년의 정책구상을 밝혔다는 소식을 당당뉴스를 통해서 알게 되었다. 이철 감독회장은 임기 동안 중점적으로 추진할 '감리회 미래를 위한 정책' 14가지 항목에 대한 자신의 구상을 밝혔는데 대표적인 사안은 목회자의 국민연금 의무가입안, 목회자 최저생계비 마련안, 3개 신학 대학원 통합안 등이었다.

2021년 10월 26~28일간 제34회 입법총회가 평창 한화리조트에서 개최되었다. 이번 입법총회에 제안된 입법안들은 이철 감독회장의 〈감리회 미래를 위한 정책 구상〉(14가지 항목)을 포함하여 장정개정위원회에서 논의되어 제안된 내용들을 포함하여 〈장정개정안〉으로 최종 제안된 것이었는데 입법총회에서 통과된 개정안들은 대략 다음과 같다.

공유교회에 관한 건, 연회 통합에 관한 건, 대학원 통합에 관한 건, 총회 회원 자격을 정회원 1년급으로 확장한 건, 목회자의 국민연금 의무가입에 관한 건, 은급비를 80만 원으로 삭감한 건, 선교사를 위한 재난지원금을 부담금으로 한시적으로 결의한 건 등으로 요약할 수 있다. 이철 감독회장은 이번 입법총회의 결과에 대하여 긍정적인 입장을 나타냈지만 앞으로 남은 3년 임기동안 입법화 된 안건들을 더욱 구체화해야 하는 책임이 부과된 것이다.

이철 감독회장이 취임한 후 지학수 목사와 윤금환 장로가 서울 중앙지방법원 민사 51부에 제기한 감독회장직무정지 가처분 사건은 2021년 1월 13일 첫 심리가 시작되었는데 재판부에서는 신청인과 피신청인 측에 추가준비서면을 2월 3일까지 제출하라고 했으며, 그후 서울중앙지방법원 민사 51 합의부 3월 19일 재판에서는 기각처분을 내렸으며, 5월 27일의 본안 소송에서도 기각이 되었다. 그리고 11월 4일 대법원에서도 기각됨으로 감독회장 직무 가처분사건은 법적으로 일단 종결이 되었다.

다원화 감독 4년 전임제가 실시된 2004년 이후 17년을 경과 하면서 감리교회의 계보정치세력의 지형은 학연(감신, 목원, 협성 등)간의 경쟁 구도로 바뀌어 왔다. 2021년은 감리교회가 독립교회로 재출발한 지 43년째가 되는 해이고 한국 개신교회 최초로 목사안수식(1901년 김창식·김기범 목사)이 거행된 지 120주년이 되는 해이다. 그리고 자치교회가 된 지 100년(1930-2030년)을 앞두고 있는 시점이다. 앞으로 남·북 분단을 넘어 민족통일의 미래를 앞당기기 위하여 교회를 포함한 모든 민중의 역량을 통합하여 세계 구원(생명과 지구환경 및 정의평화의 실현)을 성취할 수 있도록 에큐메니컬 정신(상생과 협력, 그리고 화해와 일치)을 강화해 나가는 것이 한국 감리교회와 교인들의 사명인 것이다. 앞으로 10년 동안 현재 우리가 직면하고 있는 문제를 해결해야 할 정책과제가 무엇인지 확실하게 발굴 진단 확인하여 그 해결방법과 대안을 제시하고 문제를 해결해야 할 것이다.

결론

십자가의 길에서 부활의 소망으로

1. 독립(자치)교회 100년(2030년)을 향한 해결과제

"코로나 19"로 시작된 2020년이 지나고 2021년도 11개월이 경과되었다.

> '오늘날 우리가 생명을 죽이는 문명에 봉착해 있다는 점은 경제적 불의, 생태적 파괴, 제국의 위협, 종교적 충돌이 확대되는 현실에서 분명히 드러난다. 이런 현실은 우리로 하여금 생명을 살리는 문명, 즉 관계성, 공존, 피조 세계와의 조화, 정의를 위해 투쟁하는 이들과 연대하는 문명의 가능성을 시급히 탐구하도록 만든다.'
>
> - WCC/ 세계선교협의회, 2007년, 한국에서"

한국교회는 물론 한국 감리교회에 대한 이 세상의 비판과 요구를 들으면서 우리 민족의 미래와 세계의 미래를 위해서 지금부터 우리가 감당하고 해결해야 할 과제가 무엇인지 생각해 보자!

우리는 항상 현재 직면하는 문제들이 우리 밖의 환경과 조건 때문이라고 생각하기보다는, 우리 자신의 내면과 우리가 몸담고 살아가고 있는 한국 감리교회의 내부에 있음을 반성하면서 우리 감리교회의 갱신과 변혁의 문제와 해결을 위해서 투쟁하고 단계적이며 동시적인 변화를 만들어 내야 할 것이다.

우선적으로 해결해 가야 할 과제(Agenda)는 무엇인가? 단기적 과제와 장기적 과제를 구분하여 기술하겠다.

단기적 과제-교회의 민주화 : 아젠다 10

1) 총대 구성문제에 관한 건

정치의 민주화는 진전을 이루어 가는데 교회의 민주화는 아직도 걸음마 단계에 머물러 있다. 감리교회의 의회제도는 당회, 구역회, 지방회, 연회, 총회로 구성되어 있다. 특히 교단 민주화와 직접적인 관계를 맺는 것은 총회의 민주화 문제이다. 현재 총회는 2년마다 개최된다. 행정총회와 입법총회로 구분되어 있다. 행정총회 회원의 자격은 교역자와 평신도를 동수로 하되 교역자의 경우는 정회원 수의 비율로 연회에 배정하여 연급, 전문성, 성별을 고려하여 연회에서 선출하도록 되어 있다. 총대수를 제한하고 있기때문에 교역자 총대의 경우는 연령이나 연급이 높아야 총대가 될 수 있다. 총회가 고령화되어 젊은 교역자가 총대로 참여하는 비율이 상대적으로 적게 되고, 여성 교역자의 총대비율은 15%로 제한되어 있다. 평신도 총대의 경우는 임명된 연수와 전문성, 지방을 고려함으로 장로 직분자가 총대의 대다수를 이루고 여성의 경우는 15% 범위안에 제한되어 참여하고 있다. 현재 감리교회의 총대 구성의 문제점은 너무 고령화되었다는 점(젊은 교역자의 비율이 낮음), 그리고 남성과 여성의 비율이 심한 격차가 있다. 여성의 비율이 15%에 제한된다는 점이다(현재 전체 교인 수의 여성 비율이 약 70% 이상 된다).

제안 : 남성과 여성 비율이 가능하면 50% 대 50%로 하면 가장 이상적이지만, 차선책은 30%(여성비율)는 유지해야 할 것이다(15-30%). 입법총회의 총대비율은 전체 총대 수의 3분의 1로 구성하며 교역자와 평신도를 동수로 하고 있다. 성별을 구별하지 않고 있다. 단 평신도 회원의 경우 직권상 회원이 소수로 참여하고 있을 뿐이다.

2) 감독회장의 권한 축소에 관한 건

한국 감리교회의 전통적인 특징 중 하나는 감독과 감리사제도가 있다는 점이다. 현재 감독회장은 4년 단임에 전임제로 되어 있다. 단 4년의 임기가 끝나면 은퇴하도록 되어 있다. 감독회장 후보 자격은 25년 이상 무흠하게 시무하고 그 연령이 임기를 마칠 수 있어야 한다. 감독회장에 취임하면 장정상 당연직으로 직임을 감당해야 하는 조직이 15개 이상이 된다. 조직을 예로 들면 다음과 같다. 서부선교연회, 호남선교연회관리자, 재단법인 기독교대한감리회 유지재단 이사장, 사회복지법인 기독교대한감리회 태화재단 이사장, 재단법인 기독교대한감리회 교역자 은급재단이사장, 본부 기본재산관리위원회 직책상 위원, 감리교신학대학교, 목원대학교, 협성대학교 이사, 도서출판 KMC, 월간 '기독교세계'와 기독교타임즈의 발행인, 재단법인 기독교대한감리회 예향숙 이사장, 이외에도 기독교 연합기관과 관련하여 이사 등에 참여하는 경우가 있다. 최소한 재직기간 동안 15개 이상의 기관에 책임을 지고 참여(시간을 내어)하고 책임있게 활동해야 된다.

감독회장이 되기 전에는 '감독회장의 권한'을 축소하자고 하다가도 막상 감독회장에 당선되어 취임하게 되면 동의한 것을 실행에 옮기지 않는 경향이 있었다. 특히 이권과 관계가 될 때(태화복지재단 이사 등) 매우 예민하게 반응을 나타냈다. 제안 : 현재 연회 감독 11명이 취임하여 2년간 직임을 수행하는데 권한을 연회 감독들과 협의하여 함께 나눌 수 있는 법을 입법해야 한다.

3) 감리교 계통 신학대학원의 통합에 관한 건

지금 교권을 중심으로 하는 정치에 예민한 영향을 주는 것이 계보정치이다. 한국 감리교회의 정치는 감독(또는 감독회장)이 누가 되는가?에 항상 관심이 쏠려 왔다. 역사적으로 친미파, 친일파, 재건파, 복흥파, 성화파, 호헌파(신.구), 정동파, 복음동지회 등의 파벌이 존재했었다. 지연관계(남한, 북한 등), 학연 관계(감신, 목원,협성 등), 보수, 진보 등이 정치를 좌우해 왔다. 정치는 힘의 관계를 다루는 기술이기 때문에 간단하지 않지만, 현재 시급한 과제는 학연의 지나친 경쟁과 대립, 그리고 후유증 등의 문제점을 완화 시킬 수 있는 하나의 대안(차선책)을 강구해야 한다. 이것이 "신학대학원"의 통합에 관한 건이다. 현재 각 신학대학의 이해관계가 걸려 있는 사안이기는 하지만(특히 교수 요원 등) 보다 더 먼 미래를 위해서 결단하여야 할 것이다. 단지 시간을 끌고 갈 문제가 아니다. 최소한 학부를 졸업하고 목회 또는 선교현장에 파송되기 전에 2-3년 간 "같은 캠퍼스"에서 공동의 배움과 생활 및 신앙 훈련을 공유하는 것이 필요하다. '정치는 관계이기 때문이다' (참고: 1907년 남·북 감리교회가 합동하기 전부터 하나의 "감리교 협성신학교"를 설립하여 교역자 양성 교육을 행함으로 1930년에 합동을 하는데 기여하게 된 것이다).

제안 : 가급적 빠른 시일 내에 마스터플랜을 기획하여 실현할 수 있도록 전 교회적으로 뒷받침해야 하며, 수반되는 재정과 예산도 부담금으로 책정하여 전 교회가 골고루 참여토록 하고, 그리고 감리교 평신도 실업인 등이 참여할 수 있도록 프로젝트화 해야 한다.

4) 교역자 사례비, 은급제도 및 미자립교회대책에 관한 건

어떻게 교역자 사례비를 합리적으로 평준화시킬 것인가? 그리고 은퇴 후의 은급비 등 교역자복지와 현직에 있는 미자립교회 교역자의 생활비의 최저 기준은 어떻게 정할 것인가? 현재 교역자 사례비는 각 교회의 재정 형편에 절대적으로 의존하고 있다. 현재 교역자의 숫자와 은퇴 교역자의 숫자는 매년 급증하고 있다. 그리고 대학원교육을 마친 담임 교역자의 생활비도 천차만별이고, 미자립교회(현재 매년 본부 실행위원회에서 미자립교회의 예산기준을 정한다)의 경우 부부가 각각 자발적으로 맞벌이(직장 취업) 등으로 해결하도록 허용하고 있다(담임목회자의 겸직을 허용함). 제2차 총회 시 양주삼 총리사는 교회의 장래계획 중 "교역자 봉급 평균제"를 총회에 제안한 바 있었다. 즉 모든 교역자가 어디서 일하든지 동일한 보수를 받게 하자는 취지였다. 양 총리사가 제안한 "교역자 봉급 평균제"는 이사회에서 연구위원을 선출하여 2년 동안 재원 및 기타 방법을 연구케 하고 다시 감리교 평신도 대회의 동의를 얻은 후에 실시키로 하였다. 그러나 이후 유야무야로 끝나고 말았다. 제18회 총회(1988년)

에서 젊은 교역자들의 요구를 받아들여서 "교역자 최저생계비 시행 세칙"을 결의하였는데, '미자립교회 담임자로 하여금 선교지역에 구애됨이 없이' 교회 담임목회에만 전념할 수 있도록 교역자들의 최저생계비를 보조하기 위한 조치였다. 이 시행 세칙은 제대로 실행되지 못하고 나중에 폐기되었다. 제34회 총회 후 현 집행부의 제안 가운데 가급적 모든 교역자가 국민연금에 가입하도록 권면하는 방안을 제시하고 있다. 현재 은퇴한 교역자 중 42년 동안 사역한 기간을 기준으로 월 은급비로 최고액 80만 원을 지급하고 있다. 교역자의 최저 생활비, 또는 평균제가 실시되면 담임자가 재직하는 교회에 자녀들을 세습시킬 명분이 없어진다. 현재 미자립교회가 전 교회 중 50%가 된다. 교역자의 세계에도 빈익빈, 부익부의 양극화가 현실적으로 존재하고 있는 실정이다. 최소한 교회 내에 '사회적 정의'(불평등 해소)가 수립되어야 할 것이다. 교역자들이 경제적으로 어려움 당하지 않고 목회에 전심할 수 있는 제도가 확립되지 않고서는 한국 감리교회의 미래는 낙관할 수 없다.

대안: 교역자 사례비와 관계된 합리적인 대안을 수립하여 제시하여야 한다.

5) 감독 선거관리법 중 부정선거방지를 위한 법의 제정 및 법 위반시 처벌규정에 관한 건

특히 감독선거 과정에서 후보자들에 의하여, 또는 운동원들에 의해서 음성적으로 자행되는 금권선거운동을 근본적으로 방지할 수 있는 처벌법을 구체화하고 만약에 위반할 경우 당선무효, 목사직 정직뿐만 아니라 모든 불이익을 감수토록 해야 할 것이다(은급비 지급중지 등).

대안 : 선거관리법을 세부적으로 만들고 처벌법도 보다 구체적이어야 한다.

6) 교회법 우선에 관한 건

'교회 행정법'에 근거하여 교단 내에서 일어나는 정당하지 못하고 불의한 사건 등에 대하여 교회내 재판(총회 특별재판)에서 합리적이고 정당한 판결을 기대할 수 있어야 한다. 만약 이와 같은 원칙이 지켜지지 않으면 '사회법'에 호소하는 사례를 막을 수 없다. 가능한 한 '교회법'을 지킬 수 있도록 교육, 계몽을 하여야 한다. 사회법에 호소하는 것을 처벌하는 법 가지고는 제한하기 어렵다.

우리는 지난 제29회 총회 회기 중 '장로교인 변호사'가 본 교단의 감독회장의 직무대행을 한 수치를 다시 반복해서는 안될 것이다.

7) '장정개정위원회'의 합리적인 운영에 관한 건

현재 한국 감리교회의 입법총회의 입법 기능을 대신하는 〈장정개정위원회〉의 경우 각 연회에서 선출될 때 가능하면 법률전문인들이 위원에 선정될 수 있도록 해야 한다. 매번 입법총회가 개회되기 전 1년 이상을 '장정개정위원회'가 여러 차례 소집되어 막대한 예산과 비용, 그리고 시간을 사용하여 입안된 법률안들이 정작 입법총회에서 회원들에게 거부되는 사례가 빈번하게 발생하고 있다. 비생산적인 입법활동을 지양하고 자원을 낭비하지 않도록 운영되어야 한다.

대안 : 국회의 법사위원회의 기능을 연구하여 합리적으로 장정개정위원회가 운영될 수 있도록 해야 한다.

8) 교역자와 평신도를 위한 민주적인 교육과 훈련 프로그램의 실천에 관한 건

교회에서의 신앙생활이 민주적인 훈련의 기회의 장이 되도록 해야 한다. 한국 감리교회의 목회자 중 아직도 권위주의적인 태도를 지닌 채 교우들을 대하는 경향이 있다. 교회 안에서 교역자와 평신도들이 권위적인 관계가 아니라 수평적이고 서로 섬기고 협력하는 파트너십을 유지하여야 한다. 무의식적으로 스며들어 있는 권위의식이 교회 정치에도 나타나는 경향이 있다. 일상적인 신앙생활과 교회생활에서 민주적인 리더십을 육성할 수 있도록 하고 공동체적인 생활이 체화될 수 있어야 한다. 감독, 감리사, 담임목사의 직분에 영적인 권위가 회복되도록 해야 한다.

대안 : 당회원, 구역회원, 지방회원, 연회원, 총회원들을 위해 해당 의회 내에서 민주적인 리더십 훈련프로그램이 기획되어 정규적으로 실행하도록 하고 훈련을 위한 교재 및 자료집을 발행하여 사용토록 한다.

9) 교회 민주화를 위한 물질의 합리적 이용을 권장하는 건

감독회장 선거 과정에서 '돈'이 문제가 되는 경우가 많다. 우선 감독 선거 과정에서 지출되는 돈은 교회의 공적 예산에서 지출되어서는 안 된다. 돈을 써서라도 이겨야 되겠다는 '탐욕'을 극복하지 않는 한 선거 부정은 어떤 모양이라도 나타난다. 모든 살림에 돈이 필요하다. 지도자들은 자신의 목적을 이루는 수단으로 돈을 이용하려는 그릇된 생각을 버려야 하고 유권자(교역자 및 평신도 포함하여)들 역시 향응을 접대받거나 돈을 받지 말아야 한다. 그리하여 공명한 선거가 이루어지도록 협력하여야 한다. 근자의 문제는 수단과 방법을 가리지 않고 '당선만 되면 된다'는 그릇된 사고방식이 제2, 3의 대행체제를 가능케하고 교단 행정의 혼란과 악순환을 초래하고 있는 현실임을 직시해야 한다.

10) 남성과 여성, 그리고 노인과 젊은 세대들의 의견이 차별 없이 감리 교회의 정책에 반영될 수 있도록 하는 건

민주적인 의사결정이 차별 없이 반영되도록 제도화하여야 한다. 교회 내의 소수자(어린이 및 청소년 등), 성적인 소수자조차도 소외되지 않고 참여할 수 있는 개방적이고 민주적인 협의 수렴과정이 제도화되어야 할 것이다. 힘으로 억압하려는 권위주의를 청산하고 모든 감리교인에게 열려진 교회가 되어야 할 것이다.

장기적 과제 - 선교적 아젠다의 우선순위

교회는 선교함으로만 존재한다.

1) 영혼 구원을 위한 복음 전도 운동

한국 감리교회의 교인 수가 감소하고 있다. 구체적인 대책을 세워 실천해야 한다. 영혼의 구원을 위한 복음 전도 운동은 교회의 우선적인 과제이다. 2020년 3월 현재의 감리교회 교인 수는 128만 6,687명으로써 지난 10년 동안 30만 명이 감리교회를 떠나갔다(2010년 158만 7,385명이었음). 교인이 없는 교회는 상상할 수 없다. 그러나 요한계시록에 언급된 일곱 교회 중 현재까지 존속하는 교회가 있는가? 번영했던 서양교회들이 지금은 관광 명소로 남이 있는 현실을 외면하면 안될 것이다. 교회의 존재 이유는 복음을 증거하는데 있다. 교역자 수는 해마다 증가 되고 있고 교회의 숫자도 증가 되는데 교인 수는 정반대로 감소하고 있는 현실을 직시하고 개체 지역교회. 지방 차원, 연회 차원, 교단 차원에서 복음 전도 운동을 전개해야 한다. 그러나 대형집회보다는 지역 현장과 개교회 차원에서 실질적인 전도 활동을 일상화해야 한다(영성 집회, 부흥회, 성경연구 및 사경회 등). 그리고 선교현장의 다양화(다변화)를 모색해야 한다. 특히 코로나 19(비대면 상황)에서 가정, 직장 등 소규모 예배 및 기도 모임 활성화, 전도 및 교육재료와 매체를 개발 보급한다.

2) 다원 사회에 적합한 선교적 과제를 개발한다(아젠다 12)

(1) 어린이, 청소년선교

다가오는 미래세대를 위한 선교 및 교육을 해야 한다. 주일(교회)학교의 학생들이 감소하는 현상을 걱정하지 말고 지역아동센터와 같은 청소년들을 위한 시설을 세우고 지역교회에서(재정과 교사 및 장소제공) 재원을 제공하여 청소년을 선교하여야 한다(현재 감리교회에서 운영하는 지역아동센터의 법적(법인)인 보장을 해야 한다). 어린이 권리를 위한 교회의 변호, 부스러기 사랑 나눔회 사역에 참여한다.

| **참고** |

1. 〈지역아동센터 운영지침자료집〉. 보건복지부. 지역아동정보센터 2008년.
2. 『초예측 부의 미래』. "세계석학 5인이 말하는 기술·자본·문명의 대전환". 저자 유발 하라리 외 4인. 신희원 옮김. 2020년.

(2) 이주민(해외)선교

우리나라에는 해외에서 이주하여 와서 노동을 하고 있는 이주노동자(300만 명/ 탈북민 등)에게 교회가 관심을 기울여야 한다. 이주민, 난민, 탈북민을 위한 교회(공동체, 선교단체 등)를 세우고, 경제적으로 지원해야 한다. 선교의 다변화(사회주의권 선교)도 병행해야 한다. 해외 선교현장(교역자 및 평신도, 청소년 등)에 단기선교훈련과 훈련팀을 조직하여 파송하는 것을 의무화하자!

(3) 고령화 및 저출산 사회에 대한 대안을 만들자!

고령화(65세 이상의 인구가 증가하고 있음)가 급속도로 이루어져 가고 있다. 초고령사회가 될 때 발생하는 문제점들을 미리 파악하여 대비해야 한다(일본은 전인구의 3분의 1이 65세 이상임). 장수한 노인들을 위한 영적, 복지 대책(기초연금 확대 등)을 세워야 한다(노인복지대학, 치매센터 등). 상대적으로 아동 출산이 격감하고 있다. 현재 한 가정에 1명 출산한다. 인구가 줄어드는 현상은 심각하다(생산인구가 격감함). 젊은이들이 조기 결혼을 회피하고 있다(독신, 단독가정이 늘어남). 신세대의 결혼문화 등에 관심을 기울어야 한다.

| 참고 |

1. 『노후 절벽에 매달린 대한민국의 미래 2020 하류 노인이 온다』. 후지타 다카노리 지음. 홍성민 옮김. 청림출판. 2016년.
2. 『위기 속 대한민국, 미래를 말하다 - 사회 양극화, 저출산, 고령화』. 양승조 지음. 도서출판 젤리판. 2020년.

(4) 사회복지선교(지방 및 연회 단위) 및 특수선교 확충

사회복지시설증설(장애인 등), 노인복지시설(요양원/ 양로원/ 치매 센터 등), 군선교, 산업선교, 도시빈민선교, 농촌선교 등 기관 및 특수선교에 참여하는 기관파송 교역자에 대한 목사안수제도를 확립하고 확대 적용하여야 한다. 소외된 자(가난한 자, 병들고, 억압받고, 옥에 갇힌 자[교도소, 교정선교]) 등 특수선교를 확대해야 한다. 병원이나 의사가 부족한 도서 지역, 농촌, 산간지역에 의료팀을 정기적으로 파견한다(치유목회). 언론인 및 언론기관을 위한 선교 등 사회복지선교를 다원화하여야 한다. 시민경제 안전망 구축을 위한 기본소득의 입법화 운동을 확산한다. '고난받는 이'와 연대한다.

| **참고** |

1. 『왜 복지국가인가? - 정글의 한국 사회복지가 해답이다』. 이태수 지음. 이학사. 2011년.
2. 『기독교 사회복지 총론』. 한국기독교 사회복지 총론. 한국기독교사회복지편. ㈜신흥메드싸인언스. 2004년.
3. 『국제사회복지. 더불어 지구촌에 잘 살기 위하여』. 김동수·정무성·정진옥 공저. 신정. 2013년.
4. 『굶주리는 세계 어떻게 구할 것인가?』. 장 지글러 지음. 양영란 옮김. 갈라파고스. 2012년.
5. 『거대한 불평등-우리는 무엇을 할 수 있는가?』. 조지프 스티그리츠. 이순희 옮김. 열린책들. 2017년.
6. 『하나님의 빈곤퇴치와 기독교 사회복지』. 강명순 저. 도서출판 부스러기. 2016년.
7. 『분배정치의 시대 - 기본소득과 현금 지급이라는 혁명적 실험』. 제임스 퍼거슨. 조문영 옮김. 여문책. 2015년.

(5) 여성의 참여확대(여선교회의 역할)

여성주의의 관점에서 성서를 재해석하고, 교회의 여성지도자들의 교육, 선교현장 참여, 여성들의 민족, 민주, 운동의 참여 활성화, 여성연합회 및 국제적인 모임 참여, 미혼모 돌봄사역, 성교육, 여성폭력방지, 성차별금지 성인교육실시, 고령 여성 노인, 이주여성 문제, 매매춘의 종사자들에 관심과 치유 선교, 정신대대책활동참여연대, 양성적 문화와 제도의 확산 등을 위해서 관심하고 기도해야 한다. 에코 페미니즘, 포괄적 금지법의 문제점을 확인하고 시정 및 적용하며 퀴어문화에 대한 신앙적 이해를 돕는다.

| **참고** |

1. 『한국 기독교 여성백년의 발자취』. 이우정 지음. 민중사. 1985년.
2. 『젠더와 종교- 페미니즘을 통한 종교의 재구성』. 강남순 저. 동녘. 2018년.

(6) 분단극복과 민족통일 운동에 참여하는 구체적인 실천프로그램을 개발하여 적용한다

평화통일운동과 연대, 북한 탈북자, 북방선교, 사회주의권 선교 평화협정촉구. 탈핵운동(동북아 비핵화 운동), 전쟁방지 평화학교, 한반도 중립화 통일운동 참여(중추사운동 참여)와 확산에 참여한다. 아시아 여러나라들 예) 베트남과의 관계증진, 버마의 민주화 항쟁 지원, 연대 활동하기, 자원(물적, 인적)을 나눈다.

| **참고** |

1. 『남·북 교회의 만남과 평화통일신학』. 한국기독교교회협의회 통일위원회 편. 한국기독교사회문제 연구원. 1988년.
2. 『냉전 이후』. 김기협 지음. 서해문집. 2016년.
3. 『새로운 사회주의의 선구자들』. 카를 카우츠키 지음. 이승무 옮김. 동연. 2018년.
4. 『통일과 평화 그리고 북한』. 박영사. 2020년.
5. 『진보와 보수가 본 평화통일』. 차종환 박사 등 편저. 2020년.

(7) 훈련프로그램의 정규화(재교육)

교역자, 평신도, 청년 등을 위한 훈련프로그램을 개발하고 훈련할 수 있는 시설을 확충한다(구체적인 계획을 수립한다). 연수원프로그램 활성화, 시설활용계획, 각 교회가 소유하고 있는 시설을 개방한다.

| **참고** |『팀 리더십의 핵심』. 마이크 포스 & 태리엘톤. 김지훈 옮김. 구제제자훈련원. 2003년.

(8) 에큐메니컬 정신 및 훈련, 연합운동에 참여하기

WMC, KNCC, EYC, YMCA, YWCA WCC, CCA의 연대활동 참여, MYF(감리회청년회연합회), 여선교회 연합회 및 남선교회 연합회의 활동을 활성화 한다.

| **참고** |

1.『에큐메니컬 운동』. 마이클 키나몬·안토니오 키레오플리스 편저. 이형기 옮김. 한들출판사. 2013년.
2.『에큐메니컬 선교학』- 변화하는 지형과 새로운 선교개념. 케네스 R. 로스. 금주섭 등 엮음. 한국에큐메니컬학회 옮김. 대한기독교서회. 2018년.
3.『아시아 에큐메니컬 운동사 1·2』. 나이난 코쉬 엮음. 김동선·정병준 역. 한국기독교교회협의회. 2006년.

(9) 감리교회 역사의 전산화, 자료화 및 출판, 홍보, 판매 활성화

개인, 지도자, 선교사 등의 평전 출판 홍보(여성 지도자 등) 홍보 매체의 개발, 유튜브, 핸드폰, ZOOM 시스템 보급, 성서교재개발, 역사자료실 활용, 묘지 활용한 선교(양화진).

(10) 사회적 경제를 통한 공유문화를 활성화한다

교회 자원을 이용하여 함께 나누고, 공유하도록 한다. 사회적 기업 설립 및 공유경제 활성화, 협동조합 및 사회적 협동조합을 설립운영한다. 소비자 협동조합, 농촌생산자와 도시소비자가 서로 연결하여 상생경제 공동체(유기농산물을 통한 생산자와 소비자의 직거래운동)를 형성한다. 사회적 금융(마이크로크레디트)을 활성화한다. 빈곤퇴치(생명의 경제), 탐욕극복운동, 빈나 2020운동에 확대 참여한다.

| **참고** |

1. 〈신나는조합 20주년 백서〉. 신나는조합 간. 2020년.
2. 〈신나는조합 관련 자료집〉. 편저자 정명기. 2020년.
3. 〈선교 및 디아코니아와 사회적 경제 관련 자료집〉. 편저자 정명기. 2018년.
4. 『가난한 사람이 더 합리적이다』. 아비지트 배어지. 에스테르 뒤플러 지음. 이순희 옮김. 생각연구소. 2017년.
5. 『사회적 경제란 무엇인가?』 - 인간의 사회를 향한 생명의 경제 운동. 김기섭 지음. 들녘. 2018년.
6. 『기독교 사회적 기업가. 신앙과 실천. 기독교사회적기업지원센터 엮음. 만우와장공. 2016년.
7. 『한국 사회적 경제의 거듭남을 위하여』. 장원봉과 그를 추모하는 사람들. 착한책가게. 2021년.

(11) 생명의 존엄 인권의 존중, 생명나눔운동 활성화한다

자살 예방 사역(생명 살림, 신앙실천), 2018년 한해 13,670명 자살한다. 빈곤 때문에 자살하는 경우에 예방책을 강구해야 한다. 생명의 세계관 확립과 협동적 생존을 확장한다(장일순 선생). 인간 생명뿐만 아니라 동물의 생명 보호운동을 생활속에서 실천한다.

| 참고 |

1. 〈빈곤퇴치와 자살예방 - 대책마련을 위한 긴급정책토론회 자료집〉. 세계빈곤퇴치회. 2014년.
2. 『협동조합과 생명 운동의 역사 - 원주지역의 부락개발. 신협·생명운동』. 김소남 저. 소명출판. 2017년.
3. 『탐욕이냐 상생이냐』. 울리히 두크로 & 프란츠 힌겔라메르트 지음. 한성수 옮김. 생태문화연구소. 2018년.
4. 『고 강명순 유고집』. 생명사다리. 강명순 편저. 2021년.

(12) 자연환경 친화적 문화를 창조한다

지구환경재난의 피해자 보호 운동(지진, 해일, 화산, 홍수, 한발 등 기후 위기 대응), 미세먼지 예방 대책, 이산화탄소, 온실가스저감운동, 기후위기 극복을 위한 한국교회 탄소중립선언운동 참여, 생명생태운동확산, 생태 철학, 자연 친화적인 예배, 녹색 신앙 전파하기, 상생 문화를 생활화한다.

| 참고 |

1. 『지구를 공경하는 신앙』. 래리라스무쎈. 한성수 옮김. 생태문명연구소. 2017년.
2. 『2050 거주불능 지구 - 한계를 넘어 종말로 치닫는 21세기 기후재난 시나리오』. 데이비드 월러스 웰즈 지음. 김재경 옮김. 2010년.
3. 『에너지·기후·지정학이 바꾸는 새로운 패권지도 뉴맵』. 대니얼 예긴 지음. 우진하 옮김. 리더스북. 2020년.
4. 『오늘의 세계- 세계석학 7인에게- 코로나 이후 인류의 미래를 묻다』. 안희경 지음. 메디치미디어. 2020년.

2. 결론을 대신하면서

우리가 살고 있는 환경은 다양하다. 현재 대한민국(남한)은 세계 경제 10위권 내에 진입하였다. 지난 2년 동안 코로나 19 발생에 대한 방역 및 확진자 확인, 확진자 치료 등에서 보여 준 성과는 세계 이웃 나라에게 모범적인 사례를 보여주고 있다. 그러나 여전히 우리는 민족의 분단 상황 하에서 핵무기(ICBM)로 위협하고 있는 북한의 동족과 마주 보면서 살고 있다. 이와 같은 상황에서 교회의 리더십을 건강하게 세워나가는 일(집단적인 지성, 협의 과정, 집단적 지도력)이 요청된다. 아무리 개인적으로 탁월한 능력을 소유한 개인이라 해도, 그리고 세계에서 가장 큰 교회에서 신앙생활을 한다고 할지라도 우리 모두가 협력하여 공생 및 상생의 길을 모색하지 않으면 언제 공멸하지도 모른다. 136년의 한국 감리교회의 역사를 반성하면서 가장 우리에게 우선적으로 필요한 것은 창조적/ 생산적/ 생명적/이타적인 리더십을 함께 만들어 가는 것이요, 이와같은 리더십을 실행에 옮긴 사례가 될 내용을 이야기하면서 결론으로 대신하려고 한다.

먼저 지도자로서 실패한 사례부터 이야기 하려고한다. 세계 1차 대전을 마무리해야 하는 시간 1919년 10월 2일-1921년 3월 사이에 국제적인 무대에서 지도자의 사명을 감당해야 했던 미국 제28대 대통령이었던 우드로 윌슨의 경우를 생각해 본다. 그는 버지니아에서 스텐튼 목사의 아들로 태어나 성장하였고 훗날 프린스톤대학의 총장을 지낸 경력을 소유했으며 미국의 대통령 자리에까지 올랐고 3선의 대통령 권력을 발휘하던 그였다. 그러나 그는 1897년부터 앓기 시작한 뇌졸중과 그 후유증으로 대통령으로서의 직무를 수행하는데 어려움이 많았다. 지도자로서 영향력을 행사할 수 있는 지도자가 되려면 자기관리(건강 등)에 성공해야 한다. 그는 제1차대전 이후의 세계질서를 세우고자 민족자결주의를 내세우면서 다른 나라의 지지를 유도했지만, 정작 자신의 정책을 반대하는 국내 정치 세력과 피나는 싸움에 휘말렸다. 그래서 파리강화회의(1918년)를 이끌고 베르사이유 조약의 비준을 위한 노력을 기울였지만, 결국 반대에 부딪혀 국회 비준을 얻지 못하였다(참고: 『질병이 바꾼 세계의 역사』. p.195-209. 로날트 D. 게르슈테 지음. 강희진 옮김. 미래의창. 2020년).

그 당시 우리 민족의 경우는 1919년 3.1운동 전후로 '민족의 독립'을 국제사회에서 인정받으려고 '이준 열사' 같은 지도자를 파견했지만, 상황을 잘못 판단한 결과 실망하여 마지막 항거의 표시로 자결함으로 민족의 염원을 몸으로 보여주었던 아픔의 역사였다. 문제는 국제정세를 바르게 파악하지 못했던 우리 지도자들의 한계는 물론 당시 이미 미국과 일본이 체결한 '가쯔라-테프트 조약'의 실체를 이해하지 못했던 우리의 무능함을 반성해야만 한다. 즉 국제정세를 바르게 파악해야만 했다.

지금도 우리 주변의 국제정세는 1945년 해방 전후에 경험했던 것처럼 국제적인 냉전 구조가 다시 형성되어 가고 있다. 미국의 바이든 행정부는 세계의 패권 국가로 등장하여 영향력을 행사하고 있는 중국에 대응하기 위해, ' 인도, 태평양 전략을 통한 중국 견제전략인 "Quad" (미국,

호주, 인도, 일본 등으로 구성된 대중연합체) 체제에 한국, 뉴질랜드, 캄보디아, 베트남, 라오스 등의 아시아 나라들을 지지세력으로 확보하기 위한 요구로 압력을 가해 오고 있다. 이와 같은 '쿼드 동맹' 체제는 한반도에서 제2의 을사늑약을 재현시킬 가능성을 우리에게 주고 있다. 중국의 인민대 국제관계학원 교수인 '청샤오허'는 경고하고 있다. "만약 한국이 'Quad(동맹)' 체제에 가입하면 중국과의 신뢰를 훼손할 것이라며 신중히 생각하라"고 촉구하였다. "한국 정부가 쿼드가입을 놓고 전략적 모호성을 포기하면 안 된다." 중국은 이미 희귀한 흙인 "희토류"의 무기화를 선언한 바 있다. 만약 우리 지도자들이 상황판단을 잘못할 경우에는 민족의 공멸 내지 지구의 대재앙이 한반도 상공에 몰아쳐 올지도 모르는 상황이므로 자주적인 외교와 지도력이 더욱 필요한 시기이다(참고: 『새로 읽는 한미관계사 - 영원한 동맹이라는 역설』. 김준형 지음. 창비. 2021년).

위와 같은 주변 정세 하에서 국내에 있는 원로 지식인의 한사람인 김동길 교수는 그의 유튜브를 통해 현 정부에 대한 비판적인 내용의 글을 남겼다. 그는 우리 민족이 나가야 할 길을 토로하면서 과거의 역사인 5.16 군사쿠데타에 대한 역사적 평가를 하였다. "5.16은 신이 한국민들에게 박정희를 앞세워서 준 은총이다." 그리고 "박정희는 우리 민족 5천년 역사에 가장 위대한 인물이다"라고 해석하는 글을 읽었다. 90세가 되는 노 역사학자의 글이라 쉽게 무시하지 않겠으나 과연 그런가? 묻지 않을 수 없다. 물론 현재의 집권세력에 대한 원로 교수의 비판이 들어 있는 내용인지라 노 교수의 심정을 헤아려 볼 수 있겠으나 역사는 어떤 관점에서 해석하고 이해하느냐가 중요하다고 생각이 된다. 필자가 대학생 시절에 존경했던 교수이신데 이제는 생각이 노화되신 것이 아닌가 안타까울 뿐이다.

분단된 우리 민족과 민중들이 이룩해야 할 통일운동은 새로운 독립투쟁과도 같다. 오늘 우리 감리교회의 지도자들도 일제 치하에서 자신들의 목숨을 바치면서 조국의 독립을 위해서 헌신한 선배 지도자들을 본받아 현재 우리가 직면한 선교적 과제와 사명을 이루기 위한 진지한 자세가 요청된다.

현재도 민족통일의 꿈을 버릴 수 없는 것은 2019년 남·북 정상 간의 '4.27 선언'과 '9.19 선언' 이후 아무런 변화와 진전을 이루지 못한 상태에서 지난 3년의 세월이 흘러 갔지만, 우리 각자는 현실에 안주하고 싶다는 유혹을 물리치고 통일의 꿈을 반드시 성취해야 할 것이다.

2022년 2월에는 북경에서 동계올림픽이 열릴 예정이다. 동계올림픽에 남·북한 선수들이 함께 참석할 수 있는 환경을 만들어 간다면 우리가 한민족임을 다시 확인할 수 있는 기회가 될 것이다. 우선 지금부터라도 동계올림픽에 남북한 선수들이 함께 참여할 수 있도록 '서울-평양-국제철도 정기노선'을 설치할 수 있는 남북한 당국자 간의 합의가 이루어질 수 있는 준비를 시작하여야 할 것이다. 그리하여 북경 동계올림픽에 남·북한 선수들이 함께 참가하게 된다면, 2024년에 우리나라 평창에서 '청소년올림픽경기'가 개최될 경우 아무런 제약없이 남북한 청소년들과 선수들이 서로 만날 수 있는 길이 보장되는 것이다. 역사는 꿈꾸는 자들에 의하여 발전되어 왔다. 이번 기회에 스포츠문화교류를 통해 남북 간의 신뢰가 쌓이게 되면 코로나 19로 힘들어하는 북쪽 동포들을 인도적 차원에서 지원할 수 있는 물꼬도 트일 것이며, 더 나아가 그동안 중단되고 있는 '이산가족 상봉'의 길이 다시 열릴 수 있게 되며 남북한의 경제 교류도 가능하게 된다는 희망을 품을 수 있게 될 것이다. '철도가 가면 평화가 온다'는 신념과 '한강의 기적이 대동강의 기적을 만나 21세기 한반도의 기적을 만들어 낼 것이다'는 어느 시민의 꿈이 우리 모든 민중의 꿈으로 승화되고 현실화 되기를 기도하자(참고: 『기차길 나그네길, 평화의 길』. 서광선 저. 한울. 2018년).

이와 같은 "꿈"은 결코 헛된 꿈이 아님을 다음의 "예화"는 우리에게 교훈을 주며 "우리도 할 수 있다"는 믿음과 자신감이 솟아나게 할 것이다.

예화 : 독일의 수상인 앙겔라 메르켈(Angela Merkel 1954.7.17.-)

독일의 총리로서 18년 동안의 공직생활을 마치고 2021년 9월에 은퇴하는 앙겔라 메르켈 총리의 리더십에 관한 이야기이다. 앙겔라 도로테아 카스너(Angela Dorothea Kasner)는 1954년 7월 17일 신학자이자 루터교 목사인 호르스트 카스너(Horst Kasner, 1926-2011년) 와 어머니 헤르린트 옌츠쉬(Herlind Jentzsch, 1928-2019년) 사이에서 태어났다. 제2차 세계대전을 일으킨 독일이 패전을 한 후 제2차대전에 승전한 연합국에 의해 독일이 서독과 동독으로 분활 통치가 이루어진다. 1961년 8월 13일에 베를린 장벽이 세워지게 된다. 장벽으로 인해 왕래가 불가능하기 직전까지 수많은 동독인이 서독으로 넘어갔다. 실제로 1949년부터 1955년 사이에 약 50만 명의 동독 주민들이 서독으로 갔다.

그러나 반대로 서독 함부르크 출신의 호르스트 카스너(Horst Kasner) 목사는 1954년 선배로부터 동베를린 근교 브란덴부르크 외곽인 크비조프(Quizov)에 위치한 조그마한 루터교회의 청년부 담당 목사직에 부르심을 받아 동독으로 건너갔다. 카스너 목사의 아내는 이때 임신 중이었는데, 남편이 함부르크를 떠난 후 8주 후에 앙겔라 메르켈이 태어난다. 신생아인 앙겔라는 어머니의 품에 안겨 동독으로 건너가 가족이 합류하게 된다. 당시 분단된 동독에는 공산주의 소련의 군대가 40만 명 이상 주둔하였고, 동독 내의 교회와 기독교 단체들의 활동이 크게 위축되었으며 목사가 부족한 상황이었다. 호르스트 카스너 목사는 분단된 동독에 가서 목회사역을 하는 것이 필요하다고 판단하였다. 동독에서 성장한 어린 딸 앙겔라는 부모의 신앙적인 양육을 받음과 동시에 동독에서 수학과 언어 등의 교육을 받고 물리학자로 성장하였다.

그 후 1989년 동독과 서독이 통일을 이룩하게 되자 동독에서 성장한 앙겔라 메르켈은 통일된 독일에서 정치활동을 시작하면서 능력을 인정받아 1996년 4월 헬무트 콜 내각의 환경부 장관이 되었다. 그리고 2003년에 앙겔라 메르켈이 속한 "기독교민주연합당"(CDU)이 집권당이 되었고 2005년에는 독일 총선에서 승리하여 총리가 되었다. 이어서 3선에 성공하게 된다. 그녀가 속한 기민당은 기독교 가치, 즉 주님께서 모든 인간마다 존엄성을 부여하신 뜻에 기반하고 있는 정당이다. 그녀는 더 나아가 2017년에도 4선에 성공하게 되어 16년 동안의 총리직을 수행하게 되었다.

그녀가 총리로 재직하는 동안에 유럽은 경제위기에 처했지만, 독일은 이 위기를 극복할 수 있었고, 전 세계의 금융자본주의 체제가 그 한계에 이르러 그 기능을 제대로 발휘하지 못할 때, 그녀는 자본주의 개혁을 위해서 최선을 다하였고, 더 나아가 시리아 내전으로 인한 난민들이 유럽 특히 독일로 넘어 들어 왔을 때 국경을 개방하여 난민들이 자신의 조국 독일에 정착할 수 있도록 지도력을 발휘하였다. 그리고 2020년, 2021년에는 코로나 19로 고통당하는 독일 국민들이 건강한 삶을 유지할 수 있도록 지도력을 발휘하고 있다. 그녀는 지난 16년 동안 능력, 수완, 헌신 및 성실함으로 8천만 독일인들을 이끌었다. 그 사이에 독일과 독일 국민들은 더욱 성숙해졌다.

다정 다감한 메르켈 총리

앙겔라 메르켈의 지도력은 어렸을 때부터 목회자의 가정에서 아버지를 통해서 배웠던 “항상 주님의 뜻대로 살라”는 교훈을 삶에서 실천함으로 가능한 것이었다. 앙겔라 메르켈은 총리로서 통일된 독일을 16년 동안 이끌어 오늘의 독일이 있게 한 자랑스러운 지도자이다. 그녀의 가족은 제2차 대전에서 패전국으로 동·서독이 분단된 현실 속에서도 자신들의 조국의 통일된 미래를 바라보면서 묵묵히 “고난의 길”, “십자가의 길”, “예수님이 걸어가신 길”을 살아 내어서 세계에서 우뚝 선 오늘의 번영된 독일을 세우는데 기여한 것이다 (참고: 『앙겔라 메르켈 자서전』- 수상과 그의 시대. 랄프 볼만 저. C. H. Beck. 2021년; 『앙겔라 메르켈의 통일 독일 리더십』. 이수영 지음. 리음북스. 2021년).

오늘날 분단된 한반도에서 살아가는 우리 감리교인들에게도 앙겔라 메르켈의 신앙과 지도력은 교훈이 될 것이라 믿는다. 필자는 오늘의 감리교인들이 모두 민족 공동체의 독립과 구원을 위해서 고난의 길을 걸어갔던 감리교회의 선배 지도자들의 신앙과 삶을 본받아 서로 일치 연합하여 민족통일과 구원, 나아가 세계의 평화와 구원을 위해 불타오르는 촛불이 되어 어두움의 역사를 밝히는 예수 그리스도의 제자들이 되기를 바라면서 이글을 마친다.

부록

1. 사회적 선교운동에 참여한 50년

(정명기 1950년 7월 23일)

나는 1950년 9월경(양력으로) 경기도 강화군 삼산면 어느 농가에서 부 정병기와 모 유복임 사이의 차남으로 태어났다. 나의 어머니가 나를 임신하셨을 때 1950년 6월 25일 전쟁이 일어나서 잠시 강화도 옆에 있는 삼산 섬으로 피난을 가셨는데 이 때 9월 경에 피난지에서 태어난 것이다. 부친께서는 8월 15일 해방 이후 뜻이 계셔서 1948년에 감리교신학교에 입학하셨고 전쟁으로 잠시 군에 입대하셨다. 1951년 부산으로 피난 간 감리교신학교에서 졸업을 하셨고 졸업 후 고향 강화로 돌아와 51년 첫 목회(고능교회)를 시작하셨고 1952년에는 강화 교동 섬에 있는 난정교회에 부임하셨다가 1953년 경에 육군 군목으로 입대하셔서 군목으로 복무하시다가 1957년경 제대하시고 영등포구 문래동에 있는 문래동감리교회로 부임하셨다. 문래동교회에서 8년간 목회하시다가 1965년에 흑석동교회로 부임하셨다.

나의 어린 시절의 기억 중에 "4.19 의거"(학생혁명)에 대한 희미한 기억이 남아 있다. 1960년 4.19가 일어 났을 때에 서울 영등포구 문래동에 살고 있었다. 당시 나는 영등포초등학교애 재학 중이었다. 4월 어느날 학교에 다녀오던 중 시위대(학생 또는 청년들) 한 트럭이 학교 앞 큰 도로를 지나가는 것을 보았는데 무슨 말인지 알아들을 수 없었지만, 구호를 외치고 있는 것을 들은 적이 있었다. 집에 돌아 왔을 때 저녁쯤 아버지가 형님(당시 휘문중학교 재학 중)이 집에 돌아 오지 않아서 걱정하시는 것을 들은 적이 있었다. 나중에 알게 된 것은 4.19학생의거로 이승만 대통령이 하야했다는 기억이 있었다.

나의 중고등학교시절은 평범하였다. 본래 나는 고등학교 재학시절 대학입시를 위해 공부할 때에는 신학대학에 입학할 계획은 없었다. 아버님이 목회를 하셨기 때문에 목회자가 되는 것보다는 이공계열인 의예과를 지망하여 의사가 되었으면하는 꿈을 가지고 있었다. 고등학교 3학년이 되어 열심히 공부하던 중 병(신장염)이 들어 학업을 계속할 수 없게 되었고, 학교를 휴학하고 휴양차 경상북도 김천시 근방인 용문산기도원에 들어가야만 했다. 용문산기도원(당시 원장 나운몽 장로)에서 휴양하고 있는 동안 나는 마음이 변화하여 하산하여 학교에 복학하게 되면 신학대학에 입학하여 목사가 되리라 결심하였다.

1970년 감리교신학대학교에 입학하여 1학년 때에는 학교와 도서관, 그리고 집(당시 흑석동에 거주)을 오가며 공부에만 열중하였을 뿐이었다. 1970년 11월 초순 "고 전태일의 분신자살사건"을 접하게 되었다. 노동자 전태일의 죽음은 신학대학의 좁은 울타리에 갇혀 지내던 학창시절에 처음으로 사회현실과 직면하게 되는 새로운 경험이었다. 당시 감리교신학대학의 총학생회 회장은 고 김동완 선배였다. 고 전태일의 죽음 이후 감리교신학대학에서는 고 전태일을 추모하는 집회가 있었다. 그때 나는 1학년 학급대표(대의원)였기 때문에 이 집회에 의무적으로 참여하게 되었다. 고 전태일의 장례식을 전후해 경동교회(고 강원용 목사 시무)에서는 전태일의 죽음과 관련한 집회들이 열렸는데, 나는 그 집회 등에 참석하면서 노동문제 등 사회문제에 대한 이해가 생기기 시작하였다. 신학교 입학하기 전 시간이 있을 때 처음 읽은 신학 서적은 "신에게 솔직히" (존 로빈슨 저)였고 입학 후에 읽은 책은 라인홀드 니이버가 쓴『도덕적 인간과 비도덕적 사회』였다. 1970년 2학기가 끝나고 겨울 방학에 들어 갔는데 겨울 방학 동안 김동완 선배(학생회장)의 권면으로 기독학생들이 모이는 집회에 처음 참석하게 되었다. 지금 기억으로는 서울시 은평구에 소재한 수양관(역촌동)이었다. 이때 처음으로 한국기독학생회총연맹(KSCF), 기독청년회 회원들을 만나게 되었다. 이와같은 집회에 참석하는 것을 인연으로 대학 2학년부터는 한국기독학생회총연맹(KSCF)이 주관하는 다양한 모임과 집회에 참여하게 되었다.

1971년 4월 대통령선거 시에는 선거참관인으로 경상남도 하동에 내려간 적이 있었는데 당시 야당 대통령 후보로는 김대중 씨가 출마를 했을 때였다. 선거일 전날 하동에 내려가 선거참관인으로 면사무소에 설

KSCF 동계대회(1972)

치된 투표소에 가서 사전 투표인 명부점검을 확인한 후 자정이 넘어 숙소로 돌아가는 도중 불심검문으로 경찰서로 연행되어 다음 선거일 낮 12시경까지 강제적으로 감금당하는 경험을 하였는데, 이때 경험으로 민주주의를 지켜야 한다는 생각이 확고해 졌다. 기억에 남는 것은 크리스천 아카데미가 주관하는 기독학생들을 위한 지도력 훈련 프로그램이 수원연수원에서 있었는데 이 프로그램에 타 대학 기독학생들과 함께 참여한 기억이 새롭다. 그 후 1972년 초겨울 방학 중에 한국기독학생회총연맹의 겨울 동계대회가 대전 유성에 있는 기독교대한성결교 유성교회에서 개최되었는데 처음으로 동계대회에 참석한 경우이다. 당시 주제 강사와 성경연구강사로는 서남동 교수, 박형규 목사가 인도하셨는데 매우 인상 깊은 강연이었다.

1972년 '4월혁명과 부활' 에 관련한 집회에 참석하였는데 집회 후 십자가를 앞세우고 데모를 한 경험이 있다. 십자가 행진에 참여한 학생들과 처음으로 동대문 경찰서에 연행되어 조사를 받기도 하였다. 1972년부터 여름방학 중에는 '학생사회개발단' 이 주관하는 도시빈민지역 도시봉사수련회에 참석하기도 하였다. 1973년 초 겨울방학 중에 개최된 동계대회(전주 가톨릭회관)에서 전국임원(수석부회장)에 선출되었다. 그리고 1973년 여름방학 중에 도시빈민훈련 프로그램(서울시 도봉구 소재/ 수도권 도시산업선교회 주관)에 참석하게 된 게 졸업 후 도시산업선교회와 사당동 도시빈민지역에서 사역을 하게 된 이유이다.

1973년 6월 하순경 소위 "남산부활절 예배사건"과 관련하여 연행되어 용산 삼각지 보안사 분실에 연행되어 한 주간동안 조사를 받은 적이 있었다. 기독학생회 회원들이 "남산부활절예배사건"에 연루된 과정은 다음과 같다. 1973년 4월 한국기독학생회총연맹(KSCF), YWCA연맹, 그리고 가톨릭대학생연합회 3개 단체가 연합으로 "4월혁명과 부활신앙"에 관한 집회를 명동의 YWCA강당에서 개최하였다. 이때 나는 이 집회에 학생 강사로 참석하였다. 집회가 끝나고 혹시 집회에서 행한 발언이나 내용 때문에 조사를 받지 않을까 염려하여 집으로 바로 귀가하지 않고 이 집회에 함께 참석했던 나상기 선배와 함께 답십리에 있는 '수도권특수지역선교위원회' 답십리지역센터(동대문구 답십리 4동)에 가서 선배님들(예 : 김동완 목사 등)을 만나 보려고 방문하였다.

방문 중 "남산부활절연합예배"에 관하여 듣게 되었는데 예배 시에 당시 정부의 정책을 비판하는 유인물을 제작하고 있음을 알게 되었고, 선배님들과 이야기하던 중 연합예배 시에 제작한 유인물을 학생들이 배포할 것을 부탁받게 되었다. 그 후 나상기 선배와 나는 기독학생회 회원들(임원 위주)과 의논하여 이 예배에 참석하기로 약속하였고, 집회 전날(토요일) 저녁에는 서울제일교회(당시 박형규 목사 시무) 인근의 여관(수향여관)에서 1박을 하고 다음 날 새벽(4월 22일) 일찍 남산으로 올라가 예배에 참석하였다. 이 예배 시에 학생들이 담당한 역할은 유인물을 참석한 교인들에게 나누어 주는 것이었다. 당일 예배가 시작될 때에는 어두웠지만 집회가 끝날 때쯤에는 날이 환하게 밝아 오기 시작할 때인지라, 준비해간 유인물도 제대로 배포하지 못한 채 하산하게 되었다.

그리고 이 일은 잊은 채 2달쯤 지났을 때 6월 하순경 나는 이 일로 인하여 보안사(범진사) 직원들에 의하여 연행을 당하게 된 것이다. 이 사건으로 여러 사람(김동완, 나상기, 서창석, 황인성, 이상윤, 정명기 등)이 1주일 이상 조사를 받았지만, 결국 '내란예비음모사건'으로 기소된 사람은 박형규 목사, 권호경 전도사, 남삼우 등외 1명(이종란) 등 도합 4명이었다. 나와 서창석, 황인성, 이상윤 등은 도로교통법 위반으로 즉결재판에 회부

되어 20일간을 남대문경찰서 유치장에 갇혀 구류를 살고 석방되었다. 처음에는 그렇게 심각하게 생각하면서 한 행동은 아니었지만 나중에는 장기독재체제를 구축해 나가는 박정희 정권에게는 치명적인 타격을 가한 사건이 되었음을 잊지 않을 수 없다.

"남산부활절예배사건"으로 박형규 목사와 권호경 전도사 등이 잠시 구속되어 재판을 받게 된 사건은 당시 서울제일교회에 출석하고 있던 나병식, 강영원, 김경남 등에게 큰 충격을 주게 되었다. 그리하여 유신헌법 선포 후 처음으로 1973년 10월 2일, 서울 문리대학에서 벌어진 반독재투쟁의 도화선이 되었던 것이다.

서울대 문리대 10월 2일 유신반대시위로 많은 학생이 구속되었을 때 "한국기독학생회총연맹"(KSCF)을 중심으로 "구속학생석방대책위원회"를 조직하고 구속된 학생들과 그 가족들을 돌보고 방문하는 등의 활동을 함께하였다. 학생시위사건은 짧은 기간 내에 전국에 있는 많은 대학으로 번져나갔다. 그리고 12월경에는 구속된 학생들이 석방되기에 이른다. 시위사건으로 학생들이 구속되었다 석방되는 과정은 그동안 잠잠했던 지식인들과 일부 정치인(재야 세력들)들에게 자극을 주어 "100만인 개헌청원운동"을 시작할 수 있는 동기를 부여해 주었다.

1973년 12월 한국기독학생회총연맹(KSCF)은 광주에 소재한 가톨릭 피정센터에서 동계대학을 개최하였다. 이때 대회에 참여했던 기독학생들은 모두 "100만인 개헌청원운동"에 참여하기로 총회의 결의사항으로 결정하고 서명운동에 참여하기 시작하였다.

그러나 "100만인 개헌청원운동"으로 1974년 초 긴급조치(1월 7일) 1호가 발동하게 되었고 처음으로 고 장준하, 백기완 선생이 구속되어 재판에 회부되기에 이른다. 두 분의 구속에도 불구하고 개헌청원운동은 계속하여 확산되게 되었고 긴급조치 1호의 부당성에 항의하여 도시산업 선교실무자들이 종로 5가에 있는 NCC 총무실에 모여 긴급조치의 부당성과 구속된 사람들의 석방을 요구하는 성명서를 발표하자(1974년 1월 17일). 이들 실무자들도 구속되기에 이른다(김경락, 김진홍, 인명진, 이규상 목사, 이해학 목사 박윤수 전도사 등).

나는 1974년 신학대학을 졸업하고 신학대학대학원에 입학하였고 1974년 초부터 구로구 독산동에 위치한 감리교산업선교단체인 경수산업선교회(총무 안광수 목사)에서 세운 갈보리교회의 전도사로 파송되어 노동목회를 배우고 있었다. 이 과정을 마치면 목사안수를 받고 군종장교로 입대할 계획을 하고 있었다.

그러나 1974년 4월3일에 발표된 긴급조치 4호 등 "민청학련"사건과 연관되어 구속되었다. 내가 민청학련사건에 직접적인 관련을 갖게 된 것은 4월 3일에 감리교신학대학에서 있었던 시위사건 및 성명서발표와 연관이 있었다. 당시 나는 대학원에 재학 중에 있었기 때문에 "4월 3일" 전국적인 학생데모가 있을 것을 고 김경남 목사(당시 한신대 재학 중)를 통하여 알고 나의 모교인 감리교신학대학에서도 집회시위를 할 것을 후배인 이상윤 목사에게 부탁한 것이다. 처음에는 '감신대시위 사건'은 표면화되지 않고 학교 자체적으로 수습하기로 하였지만, 당시 채플에서 4월 3일 배포된 유인물을 배재고등학교 학생이 습득하여 자신의 학교 교련훈련 선생에게 가서 신고함으로 이 사건의 배후로서 내가 구속되기에 이른 것이다. 나는 민청학련사건으로 서대문구치소에 구속되었고 군사재판을 받았다(1심에서 10년 형, 그리고 2심에서 7년 형을 받음). 그리고 안양교도소로 이감되었다. 안양교도소에 수감되어 있을 때 대법원에 상고할 것을 포기한 후, 형이 확정되자 영등포교도소로 이감되었다. 영등포

처음 개척했던 사당동 빈민촌의 희망교회(1975)

교도소에서 수감생활을 하는 동안에 처음으로 가족과 면회를 하게 되었다. 그러나 1975년 2월 15일 형집행정지로 석방을 받게 되었다. 약 10개월 동안 구속되어 있었다.

1975년 석방되자. 구속되기 전 일하던 경수산업선교회를 사직하게 되었다. 내가 1심에서 10년 형을 받고 장기구속될 가능성이 있어서 후임 실무자를 채용하게 된 것이다. 그리하여 석방된 후 약 6개월 동안은 실업자로 지냈다. 군입대 문제는 징역을 살았던 관계로 군입영 면제를 받게 되었다. 이 기간 학생 때 '학생사회개발단'에서 훈련받으면서 결심한대로 가난한 자들을 위한 도시빈민지역선교를 할 수 있는 지역을 물색하다가 사당동 산동네 빈민지역(산 24, 22번지)을 답사하여 그곳에 희망교회(당시 기독교대한감리회 선교국의 지원으로)를 세우게 되었다.

1975년 10월부터 시작된 도시빈민지역 선교활동은 1976년도에 접어들면서 매우 안정적으로 정착하여 갔다. 예배 외에 지역 주민들을 위한 주말의료진료활동, 어린이 유치원, 중고등학교에 가지 못하고 직장생활을 하는 청소년들을 위한 야간학교, 주민들의 내집마련을 위한 신용협동조합 활동을 주 사업으로 계획하여 실천하였다. 내가 도시빈민지역인 사당동을 중심으로 선교활동을 하는데 이론적인 도움을 준 사람들은 소울 디 알린스키(S. D. Alinsky)의 민중조직 이론과 파울러 프레이리(P. Freire)의 의식화 교육이론이었다.

나는 1976년 11월 1일 강명순과 결혼을 하였다. 그러나 1977년 4월에 본의 아니게 감리교신학대학의 시위사건(김정택 희망교회 청년회장)과 관련하여 재차 구속되어 재판을 받게 되었다. 사실 이때는 결혼한 지 6개월도 채 되지 않는 시기라 구속되어서는 안되는 상황이었다. 당시 3.1절을 계기로 명동성당에서 집회가 있었는데 이 집회에서 재야인사들의 시국에 관련된 성명서가 발표되었다. 내가 종로 5가 KSCF 사무실을 방문했다가 박종열 선배(당시는 목사안수받기 전)와 만나서 이야기 하던 중 최근에 발표된 성명서인 민주구국헌장를 한 부 받아서 이 유인물을 당시 희망교회의 청년회장이었던 김정택 전도사에게 주었는데, 이것이 이유가 되어서 내가 배후에서 시위를 조정한 것으로 되어 구속되어 재판을 받고 1년 2개월 정도 감옥살이를 하고 1978년 6월4일에 석방되기에 이른다. 두 번째 구속사건으로 아내가 제일 고생을 많이 하였다. 그리고 사당동을 중심으로 하는 도시빈민지역선교(희망교회)의 본래 계획대로 사업을 진전시킬 수가 없었다. 물론 석방 후에도 사당동으로 들어가서 목회 및 선교활동을 계속하였다. 도시빈민지역 활동은 당시 서울시 도시개발 정책의 일환으로 빈민지역이 철거될 것이라는 계획 때문에 여러 가지 차원에서 장기적인 지속성을 담보하기에는 한계가 있었다. 그리하여 빈민지역이 철거되기 전 나는 인천 부평에 광야교회로 임지를 변경하여 이사를 하게 되었고, 희망교회 후임 실무자로는 김달성 목사가 부임하게 되었다.

인천 부평에 위치한 광야교회는 인천지역에서 일하는 노동자들을 위한 선교를 위해서 인천도시산업선교회가 세운 교회 및 지역센터의 역할을 하고 있었다. 처음 부임하였을 때는 당시 산업선교에 대한 탄압이 최고조에 다다른 때이므로 본래 나오던 노동자들조차도 교회의 예배에 참석하기가 어려운 때였다. 내가 10월 초에 부임하였는데 10월 26일 박정희 대통령 시해 사건이 일어났다. 이 사건으로 선교현장에 대한 감시와 압박은 조금 누그러졌고 내가 노동목회를 하고 지역사회선교 프로그램(의료선교, 어린이 선교원 활동 등)을 진행하기에는 자유가 허락되었다.

나는 1974년 민청학련사건으로 구속되는 관계로 입학한 대학원의 과정을 마칠 수 없었다. 1979년 박정희 대통령의 죽음 이후인 1980년 초에 다시 대학원에 재입학하여 중단된 공부를 계속할 수 있었는데, 대학원 졸업 논문으로 "아시아신학 형성을 위한 과제"를 중심으로 썼다. 이 논문에서는 함석헌 선생과 인도 출신의 평신도 에큐메니스트인 엠엠 토마스(M. M. Thomas)의 사상을 중심으로 "민중적 민족주의"의 관점에서 논문을 쓰고 늦게 대학원 과정을 마치기도 하였다. 나는 1980년 중부연회(정동제일교회)에서 목사안수를 받았다.

1983년 3월 기독교대한감리회 본부 선교국의 사회선교정책 담당간사로 부르심을 받게 되었다. 즉 교단적 차원에서 사회선교(도시, 농촌, 산업선교, 통일 등)의 정책을 세우고 실행하는 역할을 감당하게 된 것이다. 선교국에 실무자로 재직 중 1986년 9월부터 1988년 3월까지 1년 7개월 기간 동안 영국과 미국에 가서 사회선교훈련을 받을 기회가 주어졌다.

1988년 3월 귀국하여 잠시 선교국에서 보조실무자로 역할을 하다가 교단의 개혁과 민주화를 주장하는 목회자들을 중심으로 광림교회에서 개최된 교단총회(1988년 10월 25일)를 점거하고 농성을 주도하는 배후인물이라고 지목되어서 더 이상 교단에서는 보직을 허락하지 않음으로, 서울 불광동에 위치한 지역교회인 불광중앙교회로 부임하게 되었다. 불광중앙교회에서 약 3년 동안 지역교회를 섬기던 중 학생 때 활동했던 한국기독학생회총연맹(KSCF)의 제7대 총무로 부르심을 받게 되었다.

약 2년 6개월 동안 총무로 재직하였는데 기억에 남는 것은 한국에서 아시아지역 지도력 훈련프로그램(SET)을 유치하여 개최하게 된 것이다. 그리고 세계기독학생회 100주년을 맞이하여 태국 방콕에서 100주년 기념행사가 있었는데 그때 학생회 임원들과 함께 참석했던 기억이 새롭다. 그리고 인도 방갈로에 가서 아시아 기독학생회 총연맹이 주관하는 지도력 교육훈련에 함께 참석하기도 하였다. 이때까지 기독학생회총연맹과 관련된 나의 경험은 후에 교회를 섬기면서 지역사회 선교활동을 하는데 큰 밑거름이 되었다.

1995년 5월 이후 2017년 8월까지 나는 안산지역에 위치한 안산제일교회에서 지역사회선교에 헌신하였다. 안산에서 활동한 22년 동안 나는 지역교회를 섬기는 목사로서 교인과 교회를 섬기는 목회를 하였다. 목회로 섬기던 중 지역의 빈곤 결식노인들을 위한 경로식당을 안산시의 지원으로 시작(1996년 11월)하게 되었는데, 노인복지 및 급식 시설인 경로식당은 지금까지도 계속 운영하고 있다. 그리고 사회복지시설을 보다 전문적으로 운영해야 할 필요성을 느껴 강남대학교 복지대학원에 입학하여 노인복지를 전공하여 학위 논문를 쓰고 졸업하였고, 사회복지사 자격을 취득하게 되었다. 졸업 논문은 〈노인급식프로그램의 현황과 개선에 관한 연구〉(2002년)였다. 그러나 지역사회문제와 괴리된 목회가 아니라 지역사회 선교적 이슈(환경, 복지 및 민주화, 통일운동 등)를 함께 해결하려는 시민단체를 창립조직하고 함께 참여하여 활동하였다. 안산에서 목회하는 동안 나는 전국목회자 정의 평화실천협의회운동에 참여하였는데, 처음에는 정책실장을 했고 나중에는 공동회장의 책임도 지고 활동한 적이 있었다. 그리고 지역차원에서는 시화호 문제가 발생했을 때 이를 계기로 안산지부 환경운동연합을 창립조직하여 초대회장을 지냈으며, 지역의 사회, 경제 등으로 소외된 주민들을 돌보는 사회복지문제 해결을 위해서 안산시 사회복지협의회를 창립하고 제2, 3대 회장을 연임하였고, 그리고 6.15를 전후로 지역차원에서 통일운동에 참여하여 "6.15공동위원회" 공동대표를 하였고 안산지역 민주평화통일협의회 회장을 연임하였다(제12, 13기). 또한 노무현 대통령 후보 선거운동에 안산시민들이 함께 참여하도록 조직하여 노무현 대통령을 당선시키는데 이바지하기도 하였다. 그리고 지역 환경 및 빈곤퇴치를 추구하는 "안산 의제 21"에 상임위원회 위원장으로 10년 넘게 봉사하였고 지역, 전국대회, 해외 세계대회(아프리카 남아공)에 함께 연대하여 참여하였다.

안산지역 중심의 활동 외에도 한국기독교 에큐메니컬운동에 참여하였고, 한국기독교사회봉사회 이사장으로 참여하여 개신교회 복지정책을 변화시키는데 참여하였다. 그리고 부스러기사랑나눔회 및 한국 마이크로크레디트의 중심인 신나는조합 이사장, 빈곤없는 나라만들기 2020운동 등에도 함께 참여하였다. 특히 마이크로크레디트운동인 신나는조합의 이사장으로 재직하는 동안에는 마이크로 관련 서미트 등 국제 관련 집회에 참여하였다. 예를 들면 마이크로크레디트인 그라민 뱅크(Grameen Bank)를 창립한 무함마드 유누스(Muhammad Yunus) 교수를 만남으로 그의 활동과 생각에 동감하여 한국에서도 이 운동을 시작하여 정착시키기 위해서 노력하였고 이와 관련된 국제적인 집회에도 여러 곳에 참석하였다. 예를 들면 2006년 11월 12-15일 캐나다 노바스코샤에서 개최한 "제3차 소액금융회의"에 참석하였고, 2009년 11월 7-18일까지 방글라데시 다카시에서 개최한 그라민 트러스트가 주관한 제57차 "대화프로그램"에 참석하였다. 그리고 무함마드 유누스 박사가 창립한 "사회적 기업 국제적 정상회의"에도 여러 차례 참석하였다. 2011년 11월 10-12일간 오스트리아 비엔나에서 개최된 제3회 "사회적 기업 정상회의", 2013년 11월 7-9일간 말레이시아 쿠알라룸푸르 시티센터에서 개최된 제5회 "사회적 기업 정상회의", 2014년 11월 27-28일 양일간 멕시코시티의 산타페에 위치한 컨벤션 센터에서 개최된 제6차 "사회적 기업 정상회의"에 참석하였다. 나에게 사회적 경제와 사회적 기업의 중요성을 가르쳐 준 무함마드 유누스 교수가 쓴 저서 중에는 "가난한 사람들을 위한 은행가"(1997년 7월), "가난 없는 세상을 위하여"(2008년), "사회적 기업 만들기"(2010년) 등에 많은 도움을 받았다.

그라민 트러스트 총재 유누스 박사와 함께

나는 목회 및 사회활동을 하면서 틈틈이 시간을 내어 설교집, 칼럼집, 단행본, 그리고 논문을 써서 발행 출판하였다. 설교집 : 희망의 씨앗을 심자(2006년), 내 백성을 위로하라(2010년). 칼럼집 : 나무를 심는 마음으로(2005년), 세상의 희망이 되어(2007년), 날개를 활짝 펴라(2010년), 꽃잎이 지는 것은(2020년). 단행본: 빈곤 없는 세상을 만드는 공동체 창업(2014년), 역경을 통하여 얻은 지혜(2020년). 학위 논문 : 아시아 신학 형성을 위한 과제(1981년), 노인급식 프로그램과 개선에 관한 연구(2002년) 등이다.

나는 2020년 5월 감리교 목사로서 정식으로 은퇴하였다(경기연회 5월 21일). 그리고 한국기독교사회봉사회 이사장 및 신나는조합 이사장도 은퇴하였다.

1970년부터 시작하여 2020년에 이르기까지 약 50년간 나의 사회선교와 민주화, 통일운동의 과정을 간략하게 기록하였다. 후학들에게 교훈과 안내가 될 수 있기를 바란다.

(2021년 1월 20일)

2. 신나는조합의 20년의 성과 및 평가

1) 신나는조합의 설립과정 및 배경

나는 신나는조합 설립 초기부터 지난 2020년 2월 27일 신나는조합 제 13차 총회까지(2008.5.27-2009.5.29와 2009.5.29-2020.2.27) 약 12년간 이사장의 책임을 맡았다. 신나는조합 20년 역사 가운데 14년간을 이사, 또는 이사장으로 관계를 맺었고 현재는 이사로 봉사하고 있다. 신나는조합이 설립된 해는 2000년 6월 9일이지만, 신나는조합이 창립되기까지의 배경과 설립과정을 먼저 기술하겠다. 나는 1970년 3월에 감리교신학대학에 입학하였다. 그때 나의 신앙은 '개인적 영성'에 영향을 받았다. 신학대학에 입학 하기 전 존 A.T. 로빈슨의 저서 『신에게 솔직히』(*Honest to God*)라는 책을 읽고 감동을 받은 기억이 있다.

그러나 신학대학 1학년 2학기에 새로운 사건에 직면하게 되었다. 11월 13일 감리교 청년 노동자였던 전태일의 분신자살 사건이었다. 개인적 신앙에서 사회적 신앙으로 전환이 이루어진 사건이었다. 그 이후부터 1970년 겨울 방학 중에 기독학생회총연맹(KSCF)과 관련한 집회에 참석하기 시작하였다. 2학년 4월 기독학생회총연맹이 주관한 4.19 및 부활절 기념 집회(부활과 4월 혁명)에 참여하였다가 집회가 끝나고 '십자가 행진'에 참석하였다가 첫 번째로 경찰서 유치장에 갇히는 체험을 하였다. 그 후 KSCF의 학생사회개발단(학사단) 훈련에 참여하였고, 1972년 7월 "도시 빈민 훈련과정"(창동 수련회)에 참여하여, 도시 빈민 및 빈곤 문제에 관심을 갖게 된다. 1961년 5.16 군사정변 이후 박정희 정권에 의하여 추진된 공업화 위주의 경제개발정책으로 농촌 인구가 도시로 대이동을 하게 된다. 도시 변두리에 판자촌이 형성되었다(1969년 통계 도시농촌비율 → 20.8%대 79.2%, 1980년대 도시농촌비율 → 35.5%대 64.5%).

1974년 졸업과 동시에 처음에는 도시산업선교회에서 세운 노동자교회(갈보리교회)에 담임 전도사로 파송 받았다. 그러나 100 여일 만에 민청학련사건(1974.4.3)으로 구속되었다. 감옥의 경험을 통하여 감옥에 갇힌 사람들(무전 유죄/유전 무죄)을 이해하게 되었다. 감옥체험 후 석방되었지만(1975.2.15.) 6개월 동안 실직상태로 보냈다. 1975년 9월 사당동 산동네(빈곤 지역)에 희망교회를 설립하였다. 도시 빈민의 삶에 참여하면서 희망공동체형성의 비전을 꿈꾸었다. 1976년 11월 1일 결혼하고 산 22번지에 신혼살림을 시작하였다. 그러나 6개월 만에 '민주구국헌장배포사건'과 연루되어 구속수감 되어 1년 2개월간 부자유한 가운데 보냈다. 석방 후(1978.6.4.) 계속하여 빈곤현장에서 선교활동에 참여하였다. 그리고 사당동 빈민 지역이 서울시 정책상 철거 되기 전 부평지역 노동자들을 위한 교회(광야교회)에 부임하였다(1979.10).

당시 도시 빈민이나 노동자들은 우리 사회에서 경제적으로 소외된 계층에 속하였다. 나는 이들을 '억압으로부터 해방'하는 사역에 참여하였다. 약 8년 동안의 현장 활동에서의 경험은 나로 하여금 평생 빈곤퇴치 운동에 참여할 수 있도록 하였다.

나와 함께 빈곤퇴치 운동에 참여하였던 아내(강명순 목사)는 1986년

신나는조합을 방문한 유누스 박사와 아내 강명순 목사와 함께

12월 9일 빈곤 어린이들을 지원하는 선교기관인 '부스러기선교회'를 설립하였다(2001년(사)부스러기사랑나눔회가 됨). 부스러기사랑나눔회는 부설기관으로 빈곤 여성들을 교육훈련하는 '빈민여성교육훈련원'을 설립(1991-2000년까지)하였는데, 이 기관의 설립목적은 빈곤 여성들이 스스로 빈곤 문제를 올바로 바라보고 해결해 나가도록 도움을 주는 데 있었다.

그러나 결론은 빈곤 문제는 단지 교육을 통해서만은 해결될 수 없다는 판단이었다. 1987년 IMF 외환위기와 신자유주의의 영향은 빈익빈, 부익부 양극화를 심화시켰다. 이 시기 우연한 기회에 한국시티은행의 실무자(정회승)와 연결되었고(1999년) 한국에서 마이크로크레디트를 시작하게 되었다. 강명순 목사가 직접 방글라데시에 가서 교육훈련(1999년 6월 5-19일, 그라민 트러스트가 주관하는 제32차 연수 프로그램에 참가함)을 이수하였고, 그 후 준비 기간을 거쳐 2000년 6월 9일 '신나는조합'을 설립하게 되었다.

2) 신나는조합 제1기(2000-2010년)

처음 시작할 때 방글라데시의 '그라민트러스트'로부터 50,000$(시티은행) 종자 돈을 대출받아 시작하였다. 신나는조합 초기에는 부스러기선교회(후에 부스러기사랑나눔회)가 모 법인이 되어 산하에 빈민층을 위한 마이크로크레디트(사회적 금융) 사업을 시작하였고 2008년에 법인이 설립되었다. 처음 시티은행이 2000년부터 2014년까지 신나는조합의 운영을 위한 자금지원을 하였다. 개인 후원과 국내에서 대출을 위한 기금을 모금하였는데, 지원한 기관은 삼성기업, 한국은행, 국민은행 등과 정부 차원에서는 보건복지부에 휴면예금 기금 등을 후원받게 되었다.

신나는조합은 1기 동안 한국 최초의 마이크로크레디트 기관으로서 창업을 통해 취약계층의 자립, 자활을 돕는 사회적 금융 사업에 집중하였다. 민간차원에서 시작된 이 운동은 이명박 대통령 후보의 선거 공약에 영향을 주어서 정책을 발표하였고, 집권 후에 정부의 정책으로 미소금융 사업을 실행하기에 이른다(2009.9.17).

이 시기에 신나는조합을 설립한 강명순 목사가 제18대 국회의원으로서 국회에 입성하게 되었고(2008-2012년), 정부 차원에서 진행된 '미소금융사업'과 함께 보건복지부의 희망키움뱅크 사업을 추진함으로써 전국 22개 수행기관이 참여하였고, 보건복지부는 약 300억 원의 예산지원을 하였다. 국회 차원에서는 "마이크로크레디트 관련법"을 입법화하려는 노력을 기울였다. 그러나 2010년 미소금융재단(미소금융)이 발족 되면서 보건복지부 희망키움뱅크 사업은 폐기되었으며, 동시에 마이크로크레디트 사업은 보건복시부에서 기획재정부 산하 금융위원회로 이관되었다. 지자체 차원에서는 처음으로 서울시가 마이크로크레디트(희망드림뱅

신나는조합 창립10주년 기념식

크)를 위한 예산을 책정하여 지원하기 시작하였다. 그러나 2011년 서울시 오세훈 시장 재임 시 사업이 중단되었다. 그 후 서울시장 보궐선거로 박원순 시장이 당선되었고, 2012년부터 '서울형 마이크로크레디트' 사업은 재개되었다.

2010년 전후로 외부에서 후원하는 기금이 증가 되는데 비하여 자체의 실무능력에 과부하가 생기게 되었다. 초창기인 2006년 말 상환율이 96%이었는데, 2010년 12월 31일 결산에서 보면 67.29%로 하락하는 위기를 경험하게 된다. 그리고 민관 사이의 소통 부재로 기금 감소 및 대출 신청자 감소 현상이 나타나기 시작하면서 재정적인 압박이 발생하게 된다.

제1기의 특징은 중간 지도력으로써 두레 일꾼의 역할과 공동체 창업을 강조한 것이었다.

2010년 말 법인수입은 5,291,000,000원이며 실무자(직원) 수는 10명이었다. 10명의 직원으로는 사업을 추진하는데 어려움이 많았지만 두레 일꾼들의 참여로 큰 힘이 되었다.

그러나 두레 일꾼들의 비중이 커지면서 그 정치적인 영향력이 부정적으로 영향을 주게 되었다. 그리고 초기부터 공동체 대출에 비중을 두었으나 개인대출을 위한 기금의 증가로 공동체 대출에 대한 부정적인 분위기가 제기되기도 하였다.

이 시기 휴면예금에서 지원하던 후원금이 잠정적으로 중지됨으로 재정적인 위기를 맞이하게 되었다. 그러나 이 시기에 신나는조합이 외부영향과 관계없이 사업을 유지할 수 있었던 것은 "시티은행"의 후원이 있었기 때문이었다. 그러나 이러한 위기를 지도력의 교체를 통하여 해결할 수 있었다.

3) 신나는조합 제2기(2011-2020년)

20년 역사 중에서 가장 어려웠던 시기는 2011년이었다. 사무국 차원에서 사업을 정상화 시키면서 후원금 및 기금모금을 위한 계획을 세워 실시하였지만, 큰 성과를 얻지 못하였다. 그러나 상황의 변화와 기회를 지혜롭게 선택함으로 승기를 잡게 되었다.

2012년부터 중단되었던 '서울형 마이크로크레디트사업'이 재개되었다. 그리고 2013년 서울시 차원에서 사회적 경제 기업에 융자하는 '서울시 사회투자기금'이 생기면서 신나는조합이 수행기관으로 지정되었다. 그리하여 서울형 마이크로크레디트사업 규모가 연간 약 20억 원 규모로 유지되었고, 2012년부터 사회적 기업 및 협동조합 설립지원과 맞물려 사회적 경제 기업융자확대에 대한 필요성이 확인되면서 중단되었던 미소금융재원도 사회적 경제 기업융자로 전환되어 지원받게 되었다. 이 시기에 사회적 금융, 사회적 기업, 협동조합 등 3개 분야 사업을 개별적으로 실시하는 기관, 즉 사회적 기업, 협동조합지원사업을 같이 하는 기관은 많았지만, 사회적 금융-사회적 경제 기업(사회적 기업 및 협동조합) 연계지원을 동시에 수행하는 기관은 거의 없었다. 신나는조합이 유일하였다.

2012년 신나는조합 설립 이후 12년 만에 사회적 금융이 아닌 '사회적 기업' 이라는 새로운 사업영역이 추가되었다. 정부 차원에서 "부처 형 예비사회적 기업지정제도"를 도입했는데, 이 제도를 운영하기 위해 고용노동부는 전문지원 기관을 운영할 민간기관을 공모하였고 '신나는조합' 이 신청을 하여 선정되었다. 2012년부터 2019년까지 8년 동안 역할을 하였다. 이 사업의 위탁은 신나는조합의 성장에 큰 영향을 주었다. 신나는조합은 사회적·경제에 대한 정부와 사회적 관련이 커져 갈 시기에 '사회적 기업' 이라는 새로운 영역을 개척하는 주춧돌이 되었고, 이후 다양한 사회적 경제 분야에 진입하였고, 민간자원확보 등의 마중물이 되었다.

이어서 사회적 기업 사업 분야 진출 1년 만에 또 다른 사회적 기업 지원사업의 기회를 만났는데, '권역별 사회적 기업 지원기관' (이하 서울 권역기관)의 역할이었다. 서울 권역기관으로서 서울시와 접점을 가지고 여러 가지 새로운 사업을 함께 하게 된다. 기본역할로서는 사회적 기업 지원, 재원지원사업지원, 서울시 혁신형 사업 선정지원, 서울시 사회적 경제 우수기업 지원 등 다양한 역할을 수행했다. 위 사업들에서 신나는조합의 역할은 각 사업별 사회가치측정지표개발, 기업선정을 위한 현장실시와 검토의견 제출, 성과 평가 등이었다.

서울 권역기관을 2013년부터 2020년 8년간 안정적으로 위탁받을 수 있었는데, 가장 큰 요인은 직원들의 장기근속으로 인한 전문성 축적이었다.

2012년 12월 1일, '협동조합기본법' 이 시행되면서 신나는조합은 "사회적 협동조합설립"을 지원하는 사업을 시작하였다. 서울 권역기관 역할에 협동조합설립성장지원의 과업이 추가되었다. 신나는조합은 사회적 협동조합 설립교육 교안을 만들고, 설립지원 매뉴얼을 정리하는 등 설립지원 시스템을 만들어나갔다.

2019년 12월 31일 기준으로 누적 융자 총금액은 33,149,766,230원이며, 대출 건수는 1,532건이다. 상환율은 92.1%이다. 2019년 12월 31일의 예산 결산은 12,682,346,693원이며, 2020년에도 약 70억 원 정도 기금을 대출금으로 지출할 계획이다. 2019년 12월 현재 직원은 36명이다. 2012부터 2019년 8년 동안 9개 정부 부처에 속한 부처 형 예비사회적 기업지정사업에 참여한 부처 형 예비사회적 기업은 759개이다. 신나는조합이 정부의 사회적 기업 창업을 통한 일자리 창출 및 사회적 기업가 육성사업에 최선을 다하여 참여하였고 일정한 기여를 하였다고 자부할 수 있다. 2019년에는 권역별 통합지원기관에 대한 평가결과 최우수상을 수여 받는 영광을 받기에 이르렀고, 2017년부터 시티은행의 후원으로 '사회적 기업상' 을 제정하여 2019년까지 제3회째 수상을 해오고 있다.

4) 평가와 전망, 그리고 대안

지역교회를 중심으로 지역선교에 참여하면서도(희망교회, 광야교회, 안산제일교회 등) 지역주민들이 겪고 있는 고통, 예를 들면 불평등, 환경오

신나는조합 제13차 정기총회 개최

염, 빈곤 등의 문제와 씨름하였는데 2005년 전후로 해서 한국 사회에서 자살하는 사람들이 급격히 증가하게 되었다. 이러한 상황에 대처하여 "빈나 2020운동" 즉 2020년도를 목표로 빈곤 아동이 한 명도 없는 나라를 만들자는 운동을 시작하였다. 이 운동은 개인적, 그룹별(교회 또는 시민운동 등), 지방자치, 그리고 중앙정부 차원 등에서 다양한 방식으로 전개하였다. 즉 "죽임의 경제"을 극복하고 "생명의 경제"를 이룩하고자 하는 운동이었다. 부스러기사랑나눔회(1986.12.9), 신나는조합(2010.6.9)에 이어서 세계빈곤퇴치회(2012년 5월 15일 외교통상부 승인)를 창립하여 지역적 차원과 세계적 차원에서 빈곤퇴치 운동을 전개하였다. 지금도 "빈나 2020운동"은 진행 중에 있다. 신나는조합은 "사회적 경제"를 통한 빈부의 양극화를 극복하고자 지난 20년 동안 노력해 왔지만, 현재 우리의 현실은 빈부의 격차, 양극화가 더욱 심화 되어 가고 있다.

나는 지난 50년 동안 기독교인 목사로서, 그리고 에큐메니컬 운동(Calling for an Economy of Life in a Time of Pandemic-2020)에 참여하면서 '빈곤

퇴치 및 생명 운동'을 해왔으며, 앞으로도 계속해 나갈 생각이다. 나에게 '사회적 금융'을 통한 '빈곤 없는 세계'의 비전을 갖게 해준 사람은 기독교인이 아니고 이슬람교도인 방글라데시 출신 경제학 교수 무함마드 유누스 박사이다. 그는 6년 전부터 "3무 운동"(A World of Three Zeros)을 전개해 오고 있다. "빈곤과 실업 및 일산화탄소가 없는" 새로운 경제질서(THE NEW ECONOMICS)를 세우자는 운동이다. 빈나 2020운동은 한국적 차원에서 전개되는 "3무 운동"의 연장 선상에 있는 것이다.

2020년 "코로나 19"를 겪으면서 그동안 소외되었던 빈곤계층들은 더욱 고통을 당하고 있다. '사회적 거리' 두기나 '비대면'의 현실을 극복할 수 있는 대안 운동을 전개해야 할 것이다. 날이 갈수록 자본의 세계화가 진전되는 반면 빈곤의 세계화, 억압의 세계화가 강화되는 현실이기 때문이다.

(2020년 6월 10일)

3. 세상 가장 낮은 곳에서 어둠을 밝히는 빛
– 강명순의 남편, 정명기

글: 이지혜 자유 기고가, 사진: 이동훈 사진가

자신을 버리고 다른 이를 생각하기란 참 어려운 일이다.

그것도 세상으로부터 소외되고 상처 입은 사람들의 마음을 보듬어 주기란 더 힘겨운 일이다. 하지만 평생 우리 주변의 어려운 이웃들과 함께해 온, 아주 크고 뜻깊은 두 사람의 삶이 있다.

가난한 사람들은 집으로 돌아오는 시간이 가장 서글프다는 어느 노동자의 글을 읽은 적이 있다. 초겨울의 스산함이 느껴지는 어느 아침, 안산선에서 만난 사람들은 대개 그런 표정이었다. 마치 세상에서 받은 고단함과 상처를 치유할 능력이 없는 가정으로 돌아가고 있는 것처럼, 혹은 자기 생의 반대편에 서서, 그 생의 정면에 놓여져 있는 거대한 무게의 삶을 황량하게 바라보고 있는 것처럼 사람들은 한결같이 지치고 외로워 보였다. 과연 저 가난한 사람들의 곁에서 저 짐을 함께 나누며 평생을 살아가는 정명기, 강명순 목사 부부의 삶은 어떨까? 문득 속절없는 부끄러움에 마음 한 자락이 불편해져 왔다.

좁고 허술했지만 어쩐지 가정의 따뜻함이 물씬 풍기는 '신나는 집'으로 들어서자 작은 체구의 꼬마 아이 하나가 호기심을 잔뜩 묻힌 채 다가왔다. 그러자 강명순 목사는 외출에서 돌아온 엄마들이 그러하듯 아이를 가슴에 꼭 품어 주었다. 행여 그 작고 여린 몸 안에 외로움과 상처가 새어들 것을 염려라도 하는 것처럼, 그때 한쪽에 서 있던 정명기 목사가 먼저 인사를 건넨다. 아내 강명순 목사와는 정반대의 느낌, 커다란 체구에 단단한 눈빛과 설득력 있는 말투, '아, 세상이 알고 있는 큰 사람 강명순 목사 뒤에는 그이를 받쳐주는 바로 저런 든든한 울타리가 있었구나', 하는 생각에 새삼 고개가 끄덕여졌다.

"이분이야 워낙 훌륭한 분이시고 부인도 그러시지만 난 할 말도 별로 없는데, 큰일이야 집사람이 다 하는 거고."

지난 가을호 사보를 펼쳐보던 정명기 목사가 풀무원농장의 창립자 원경선 원장의 기사를 보며 혼잣말처럼 중얼거렸다. 하지만 아는 사람은 다 아는 일이다. 아내 강명순 목사가 빈민촌의 대모로서 가난하고 소외된 사람들의 울타리 노릇을 하기까지는 그 곁에서 더 큰 버팀목이 되어준 정명기 목사의 헌신과 애정이 없었다면 불가능했으리라는 것을 말이다.

서울에서 불과 한 시간 남짓한 거리지만 안산이란 도시는 풍요보다는 빈곤과 열악함을 더 자주 대하게 되는 곳이다.

처음 목회활동을 시작할 때부터 없는 사람들을 찾아다니며 봉사해온 정명기 목사는 이곳에서도 결식노인들을 위한 무료 급식소를 비롯해 무료 유치원, 진료소 어머니 교실 등 빈민가정의 재활을 위한 여러 가지 봉사활동을 전개하고 있다.

"처음에는 그냥 동료로 만났지, 그러다 같이 학생운동하면서 점점 서

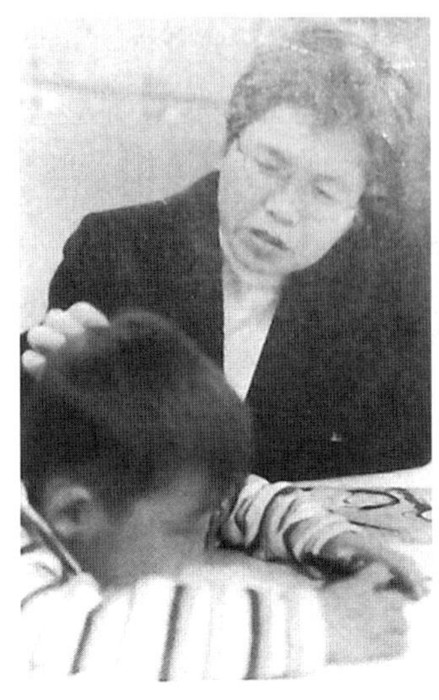

로 믿고 의지하게 됐고, 또 그러다 보니 인생의 동반자도 된 거고." 아내 강명순 목사의 첫 느낌을 묻는 질문에 정명기 목사는 쑥스럽게 말꼬리를 흘린다. 한 집안의 가장으로서, 또 수많은 신도가 믿고 의지하는 목회자로서의 역할은 부족함 없이 해 내지만 자신의 속내는 행여 누가 볼세라 꼭꼭 숨겨두려는 것이 전형적인 우리네 아버지들의 모습이다. 그 대답에 아내 강명순 목사가 웃으면서 애교 있게 덧붙인다. "왜, 작아서 귀여웠다고 그랬잖아요?" 마치 이제 막 연애를 시작한 20대 연인들처럼 단단하고 큰 남자와 작고 소녀 같은 여자는 서로의 얼굴을 보며 세상에서 가장 친밀하고 아름다운 미소를 주고받는다.

정명기 목사가 처음 아내인 강명순 목사를 만나게 된 것은 70년대 유신정권 시절이었다. 당시 감리교 신학생이었던 정 목사는 유신정권의 감시와 통제가 심해져 학내운동이 위축되자 각 대학 기독교학생회 학생들을 중심으로 서울의 빈민 지역에서 다양한 봉사활동을 하면서 학생운동을 이어 가던 시기였다. 그때 이대 시청각 교육과에 재학 중이던 강명순 목사 역시 '새얼'이라는 소그룹에서 활동하고 있었는데, 이미 그 당시부터 강명순 목사는 어려운 빈민지역 이웃들을 위한 활동에 아주 적극적으로 참여했고 그런 모습이 정명기 목사에게는 퍽 인상적이었다.

모두가 개인의 안락함보다는 소외된 이웃들의 고통을 함께 나누겠다는 사명감을 지닌 학생들이었기 때문에 연애라는 말랑말랑한 감정이 생길 틈이 없었을 듯싶은데도 두 사람은 이내 서로에게 깊은 신뢰와 애정을 느꼈고, 마침내 76년 11월 1일 결혼과 함께 빈민교회를 개척하면서 사당동에 신혼살림을 마련했다.

"결혼한 지 6개월 만에 민청학련사건으로 구속돼서 저 사람 혼자 고생 많이 했죠. 어려운 살림이었지만 그래도 신혼 때라 행복한 일도 많았어요. 어차피 우리 부부가 선택한 인생이 내 개인의 불편함이나 불행보다는 타인의 불행을 염려하는 삶이기 때문에 고생스러운 줄도 몰랐습니다. 무엇보다 강 목사, 저 사람은 매사에 아주 적극적이고 긍정적이에요. 또 추진력은 남자보다 뛰어나면서도 아주 여성적이고, 학생운동하는 대개의 여학생들은 요리하길 싫어했는데 저 사람은 음식도 아주 잘했어요. 물론 재료가 좋으면 더 잘하지만"

끝자락에 농담처럼 한마디 던져놓고 호탕하게 웃는 정명기 목사의 얼굴이 한결 부드러워진다. 그런 따뜻한 얼굴에서 아내 강명순 목사에 대한 감사와

애정이 숨김없이 드러났다.

물론 개인의 불편이나 불행에 연연하지 않는 이들 부부지만 그래도 두 딸에게는 항상 미안한 마음을 갖고 있다. 부모된 입장으로서 자신들의 삶의 방식 때문에 어려서부터 두 딸은 제 몫의 많은 것들을 양보하고 포기하며 살게 했다는 미안함 때문이다. 특히 둘째 딸 민경이에 대한 마음은 한결 애틋하다. 태어나던 순간부터 외국 유학 생활 중이던 아빠와 떨어져서 성장해야 했고, 또 성장기에는 정 목사가 빈민촌에서 봉사와 목회 활동으로 바빴던 시기라 곁에 있어 주질 못했다. 그래서인지 민경은 안산에서 초·중학교 시절을 보내면서 학교생활에 적응을 못 해 몹시 힘겨웠다고, 그런 민경의 아픔이 정명기 목사에게는 참 뼈아프게 다가왔다. 하지만 그 민경이 얼마 전 감리교신학대학 수시 모집에 합격해 정명기, 강명순 부부를 누구보다 기쁘게 했다. 아빠와 정서적으로 공유할 감정이 없다며 서운해하던 딸이 어느새 자신의 부모가 살아온 삶의 큰 뜻을 이해하고 그 지나온 길을 따라 걷게 된 것이다. "사실 정 목사님이 나보다 더 많은 일을 하세요. 부스러기선교회 일도 처음에 저분이 계획하신 일이고, 지금도 큰 힘이 되어주시고 있습니다. 저분이 항상 곁에 계시니 제가 힘을 내서 하지 저 혼자서는 절대 못 하죠."

정명기 목사가 잠깐 자리를 비운 사이 강명순 목사가 나직한 목소리로 말한다. 25년의 세월 동안 숱한 희로애락을 함께 해온 인생의 가장 좋은 친구이자 동반자로서, 또 아내된 입장으로 강명순 목사는 남편에게 다소 미안한 마음을 갖고 있는 듯했다. 빈민촌의 대모라는 칭호에서부터 최근의 인촌상 수상까지 그들 부부가 긴 세월 동안 함께 노력하고 봉사해 온 일들에 대한 사회적 관심과 평가가 한결같이 자신에게만 치중되어 있다는 부담감 때문일 것이다. 하지만 이런 아내의 마음을 다 알고

있는 것처럼 정명기 목사는 자신에게 남겨진 길지 않은 목회시간을 강명순 목사와의 공동 목회 활동을 계획하고 있다. 그런 일들을 통해 여성들에게 보수적인 한국교회에서 강명순 목사가 한 사람의 여성 목회자로서 당당하게 인정받게 되었으면 하는 바람에서다. 젊은 시절 서로의 평등함을 인정하며 학생운동을 하던 남학생들 마저 부엌일 앞에서는 이건 여자들 몫이라며 손을 털 때 주저 없이 여학생들의 일거리를 거들어 주던 그 개방적이고 넉넉한 성품의 청년은, 25년의 세월이 지난 지금도 여전히 열린 마음으로 세상의 어둠만을 찾아다니는 강명순 목사에게 때로는 커다란 쉼터로, 때로는 환한 등불이 되어 아내의 삶에 든든한 길잡이가 되어주고 있다.

취재를 마치고 일어서면서 다가오는 겨울 살림 걱정을 하자 강명순 목사는 해맑게 웃는다. 어렵지만 언제나처럼 하나님이 다 알아서 해결해주실 테니까 크게 염려하지 않는다고, 결식아동들만 배고프지 않다면 자신은 너무 가지지 못한 지금의 삶이 오히려 행복하다고, 아내의 말에 남편 정명기가 농담처럼, 그러나 진실보다 더 큰 울림으로 대꾸한다. 자신들은 평생 가난하게 살았지만 마음만은 항상 부유했노라고, 그 대답을 듣고 있자니 요즘 열심히 되새김질하는 문장 하나가 새삼스레 가슴에 와 닿았다.

'사람이 얼마나 행복한가는 그 사람의 감사함의 깊이에 달려 있다'라는…

4. 정명기와 강명순의 48년 동역자로서 삶의 기록

정명기 목사(1950년 7월 23일, 70세)와 강명순 목사(1952년 3월 29일, 68세)는 2020년 5월 21일 경기연회에서 함께 자원은퇴를 하였다. 두 사람은 1976년 11월 1일 결혼을 하여 딸 둘(정민주, 정민경)을 낳았다. 그리고 현재 두 사위(큰 사위 양희일 목사와 둘째 사위 이강민 목사)와 다섯 명의 외손자와 외손녀는 안산에 살고 있다.

두 사람은 1972년 3학년 4월경 학생운동 모임에서 만났다. 당시 나는 감리교신학대학 재학 중이며 기독학생회총연맹(KSCF)의 수석 부회장이었고, 강명순은 이화여대 사범대학 시청각교육학과에 재학 중이며 사범대학 학생회 회장이었다.

1972년 7월경 수도권 특수선교회에서는 앞으로 도시 빈민지역에서 활동할 의향이 있는 학생들을 위한 훈련프로그램의 일환으로 도시 빈민운동 합동 수련회가 도봉구 창동에서 열렸는데 이 모임을 "창동 수련회"라 부른다. 이 수련회에 참가한 그룹은 이대 새얼 팀(강명순, 장하진 등)과 서울 제일교회팀(김경남)과 새문안교회(권진관) 팀과 KSCF학사단팀 지도부(정명기, 이광일) 등 거의 20여 명이었다. 이 모임은 이규상 전도사가 주관하였다. 이 모임이 계기가 되어 우리는 함께 서로 생각을 나누며 공부하고 교제를 하게 되었고 빈민선교현장에 참여하게 되었다.

우리는 대학 졸업 후 각각 대학원에 진학을 하였다(1974년). 나는 감리교신학대학원, 그리고 강명순은 이화여대 사범대학 시청각학과 대학원에 입학하였다. 나는 학부 졸업 전 1974년 1월부터 서울 구로구 독산동에 경수산업선교회(총무: 안광수 목사)가 세운 갈보리교회에 담임 전도사로 임명되어 나가면서 3월부터 대학원에 가서 공부를 열심히 하고 있었다. 그런데 4월 초순 민청학련사건에 연루되어 서대문 경찰서에 자진 출두하여 조사받고 서대문교도소로 송치되었다. 강명순은 대학원에 입학하여 1년 동안 공부하였지만 중퇴하였다. 나는 항소심에서 7년 언도를 받고 상고를 포기한 후 형이 확정되어 영등포교도소에서 수형 생활을 하다가 1975년 2월 15일 10개월 만에 형집행정지로 석방되었다. 그러나 먼저 파송되었던 갈보리교회에는 후임자가 임명되었기 때문에 약 6개월 정도 실업 상태로 지내다가 10월에 동작구 사당동 산 24번지에 희망교회를 설립하여 도시 빈민목회를 시작하게 되었다. 그리고 희망유치원을 설립하였다. 나는 교회 전도사로, 강명순은 희망유치원 원장 겸 실무자로 빈곤퇴치 운동에 참여하였다. 우리가 사당동에 살면서 목회와 더불어 의료진료 활동, 신용협동조합, 야간학교 등의 사업과 프로그램을 시도하였다. 처음에는 교회에 있는 조그만 방을 사무실 겸 숙소로 사용하였지만, 얼마 지난 후 산22번지 판자촌에 집을 한 채 구입하여 사용하였다. 아직 결혼 전이었기에 강명순은 근처 주택가에 월세로 방을 얻어 동생과 함께 생활하면서 현장 활동을 하였다.

1976년 11월 1일 종로에 소재했던 태화사회관에서 변선환 교수의 주례로 결혼식을 하였고 3일 동안 강원도 경포대, 설악산 등으로 신혼여행을 갔다가 돌아와서 사당동 산22번지 판잣집에서 신혼생활을 시작하게 되었다. 혼인신고와 동시에 우리의 본적지는 산동네로 이적하였다.

처음 우리는 가능하면 주민과 함께 같은 환경과 조건 속에 적응하면서 살려고 노력하였다. 그러나 쉽지 않았다. 우선 식사를 준비하기 위해서 물지게를 지고 물을 길어 와야 했고 먹고 남은 음식물 쓰레기 등은 통에 모아 넣었다가 별도로 밖으로 내다 버려야 했다. 그리고 화장실은 실내가 아닌 공중변소를 이용하여야 했다. 다섯 평 남짓한 공간에서 두 사람이 생활하여야 했다. 그러나 신혼생활의 꿈에서 깨어나기도 전 신혼생활 5개월 보름 만에 우리는 강제적으로 헤어질 수밖에 없었다. 1977년 4월 18일 감신대 민주구국헌장 배포 및 데모사건(김정택, 신철호, 남호, 임성우)에 대한 배후 인물로 서대문경찰서에 연행되었고 구속되어 서대문구치소에 재수감되었다. 1년 2개월 동안 영어의 몸이 되었다. 사실 결혼 전과 또 다른 경험을 하게 된 것이다. 사람이 살다 보면 서로 헤어져서 지낼 수밖에 없는 경우들이 있지만 1년 2개월은 참으로 긴 시간으로 느껴졌다. 혼자 남은 새색시가 산동네 판자촌에서 생활하는 것은 생각보다는 쉬운 일이 아니었다. 현장에서 진행되는 사역에 신경을 쓰면서 남편의 옥바라지를 해야 하고 또 밖에서 벌어지는 다양한 민주화운동에 대한 연대 활동이나 및 구속자 가족들과 연관되는 잡다한 일상사 등은 혼자 감당하기에는 매우 벅찬 일이었다.

1978년 6월 4일 석방된 후 현장으로 돌아온 나는 사당동을 중심으로 복회활동을 계속하였다. 산동네 판자촌이 서울시 도시개발계획에 따라서 철거(?)된다는 소문이 있어서 철거에 대비하여 주민들과 함께 협의하면서 그 대책(1978년부터 재개발사업추진위원회 구성함)을 세워나갔다. 철거된다면 가장 시급한 문제가 주택문제였다. 대부분의 주민들이 자기소유의 집에 사는 것이 아니기 때문에 일차적으로 주택마련을 어떻게 할 것인가가 문제였다. 주민들 특히 희망신용협동조합 임원 및 회원들과 그 대책을 의논하였으며 만약의 경우 철거를 예상하여 토지 및 대지의 값이 비교적 저렴한 장소를 물색하기도 하였다. 주민들은 철거에 대비하여 새마을 금고에 약 1억 원의 기금을 저축하였다. 그러나 대부분의 주민들은 경제적으로 겨우 생활비를 하루하루 벌어서 살아가는 형편이었으므로 공동체적인 집단이주의 프로젝트를 수행하기에는 많은 한계가 있었다. 이 시기에 아내는 첫아기 민주를 임신하게 되었다.

홀몸이 아닌 상태에서 산동네의 아낙으로 생활하기에는 열악한 환경이 힘들어 보였다. 그래서 장인어른의 도움으로 현재 사용하고 있는 교회 건물(약 10평)을 수리하였고 교회 안에 살림할 수 있는 방을 마련하였다. 그리고 산 22번지에서 교회가 위치한 산24번지로 거처를 이사하게 되었다. 빈민 지역의 열악한 환경으로 인하여 주민들이 한 곳에 오랫동안 정착하여 살 수 없도록 서울시의 도시재개발정책의 일환으로 도시빈민지역를 철거하기 때문에 지역활동이 축적되지 못하고 또 다른 지역으로 이주함으로 장기적인 계획을 추진할 수 없게 되는 한계를 의식하게 되었다. 그리하여 좀 장기적인 계획을 실천할 수 있는 현장인 공단지역으로 이주하여 노동선교(산업선교)가 가능한 경기도 부평공단 지역에 있는 광야교회로 이사를 하게 되었다.

우리가 부평 백마장에 있는 광야교회로 이사를 하고 후임자로 김달성

목사가 부임 하였는데(1979년 11월), 2년 후 사당동 산22, 24번지 산동네는 강제 철거를 당하게 되었고(1981년 11월 19일), 철거 후 희망교회는 봉천동으로 이사(1982년 5월)를 하게 되었다. 그러나 당시 상황은 좋지 않았다. 당시 정부의 산업선교 활동에 대한 탄압이 고조되고 있던 시기였다. 우리가 부평으로 이사한 지 꼭 보름 후에 10.26 사건이 일어났다. 이 사건은 산업목회현장에서 새롭게 시작하는 나로서는 활동을 위한 새로운 기회를 마련해 주었다.

부평광야교회(Wilderness Church)에서 3년간의 시간 동안 우리는 교회 신앙공동체의 회복과 안정을 위해서 노력하였으며 주민들을 위한 의료 진료사업을 시작할 수 있었으며, 아내는 어린이들을 위한 광야 어린이 선교원을 개관하여 원장으로 어린이 사역을 할 수 있었다. 주민 중에 새로운 교인들도 등록하여 함께 신앙생활을 재미있게 하였다. 재직하고 있던 기간 아버지 목사님을 강사로 모셔 와 심령부흥회를 인도한 것과 당시 영국감리교회가 한국에 파송한 선교사 헤밀턴(Hamiltern) 목사 가정이 광야교회에 파송되어 함께 사역할 수 있었던 경험은 오랫동안 기억할 만한 일이었다. 이 일이 계기가 되어 훗날 영국감리교회에 초청받아 쉐필드 지역에서 목회하고 있던 헤밀턴 목사의 사역에 짧은 시간이지만 함께 할 수 있는 경험도 가질 수 있었다.

그러나 너무 열심(?)히 사역에 종사한 것인지 나와 아내는 질병으로 고생을 하게 되었다. 아내는 난소에 혹이 나서 수술을 하였고 나는 간염을 앓게 되었다. 장녀인 민주는 어린 시절 백마장에 있는 광야교회에서 함께 생활하였는데, 주택으로 사용했던 방이 겨울에는 매우 추워서 감기를 자주 앓아 기관지를 상하게 되어 오랫동안 고생을 하였다.

1975년 9월부터 1983년까지 약 8년 동안은 빈민 및 노동선교(민중목회)에 집중하였던 시기였다. 부평 광야교회는 감리교 인천도시산업선교에서 부평공단지역 노동자들에게 선교하기 위해 세운 교회였기에 내가 재직하고 있을 때 나 역시 인천산업선교회 실무자의 한 멤버로 참여한 것이었다. 이 시기에 인천도시산업선교회에 참여했던 동역자들은 조화순 목사(1973년 총무), 김동완 목사, 최영희 선생, 김근태 선생, 황영환 선생, 유흥식 선생 등이었던 것으로 기억된다. 특히 이 시기 노동자들과 함께하는 공동체 성경연구를 하였는데 강사 겸 퍼시리에이터로 서남동 교수, 이현주 목사, 이동우 선생, 그리고 필자가 함께 참여했던 기억이 있다(참고: 『일하는 사람들을 위한 성서연구』. 웨슬리출판사).

나는 1983년 3월 감리교 교단 본부 선교국 사회정책부 간사로 임명되었다. 아내는 당분간 육아와 가사에 힘썼다. 그리고 집을 능곡으로 이사하여 생활할 때에 차녀인 민경이가 태어났다. 이제 네 식구가 되었다. 아내에게는 다른 사회활동을 하지 않고 오로지 가사. 육아에만 시간을 사용할 수 있었다. 이 시기에 아버님이 신장암으로 소천하셨으므로 1년 후 첫 추모예배를 준비하기 위하여 고 정병기 목사를 추모하는 설교집(『인생의 밤이 오기 전에』, 청년사 간, 1984년 3월)을 출판하기 위한 준비를 할 수 있었다.

내가 선교국에서 근무하던 기간(1983-1988년)에는 사회정책부 간사로 도시빈민선교, 산업노동선교, 농촌선교(당시 독일교회가 지원하는 농촌프로젝트 시작함. 연회별 농촌 목회자교육훈련프로그램 진행, 이를 계기로 오늘날 농목이 창립됨), 교정선교, 사회복지선교(감리교의료, 사회복지실무자협의회), 군 선교, 에큐메니컬 연대 등과 관련된 사업 및 활동에 관계하였고, 교단의 선교정책과 선교 100주년 사업, 통일 선교(1988년 7월 4일 감리교민족통일과 평화운동협의회 창립. 동대문교회에서 창립예배 드림, 회장: 홍안의 목사, 사무국장 : 정명기 목사- 이 시기에는 서부연회가 조직되기 전이었다), 목회자운동(감민추 조직), 문서선교(웨슬리출판사 등록하여 다양한 책 출판함), 감리교연수원 프로젝트 개발 등 다양한 사업과 프로그램을 관장하거나 참여하였다.

2년 동안 해외(미국과 영국교회) 연수훈련을 마치고 귀국하였으나 총무님이 교체되고 보직이 주어지지 않아 임시직으로 약 6개월 재직하였는데, 이때 교단 선교국에는 해외 선교 파트가 부재하였으므로 박봉배 총무의 지시로 본인이 해외 선교부 조직 및 정책 내용을 입안하기도 하였다(이 시기 브라질 선교사 선발 파송함). 후에 선교국위원회에서 해외선교부 신설안이 결의되었고 입법총회에서 장정 개정이 이루어졌다. 당시 선교국 실무자로는 국내 선교담당 신광준 목사, 은급부 및 출판담당 장병호 목사, 사회정책부 나의 후임으로 박영천 목사, 김준규 간사, 5천 교회 100만 신도 운동본부 이종복 목사 등이 함께 동역하였다.

열심히 활동하였는데 간염이 재발되었다. 치료를 위해서 쉼이 필요한 시기였다. 때마침 1986년 9월 영국 버밍햄셀리옥칼리지(Selly Oak Birminham)와 미국 뉴욕 유니온(Union) 등에서 해외 선교훈련을 받을 수 있는 기회가 주어졌다. 2년 중 1년 동안은 아내와 함께 훈련을 받을 수 있는 행운(?)이 주어졌다.

총무이신 김준영 목사의 배려가 있었다. 사실 내가 먼저 영국으로 떠난 후 아내와 아이들과 긴 시간 동안 또 다른 이별의 시간을 보내야만 했다. 이 기간 아내와 아이들과 소통할 수 있는 수단은 편지와 국제 전화뿐이었다. 편지의 경우는 편지를 발송하면 약 10일이 지나야 편지를 받을 수 있었으며 답장이 오기까지는 비슷한 시간이 경과 되었으니 한 달 정도의 간격이 있었다. 그리고 국제 전화를 일주일에 한 번 정도 걸면 약 5분 정도 공중전화를 이용할 수 있었는데 한 번에 일주일 치 간식을 구입할 수 있는 돈이 소용되었다. 용돈을 아껴서 전화통에 집어넣어야 했다. 간식은 못 먹어도 전화는 걸어야 마음 편하게 한 주간을 보낼 수 있었다. 요즘은 핸드폰이 있어서 매우 쉽게 서로 소통할 수 있지만 그때만 해도 옛날이야기이다. 특히 결혼기념일이 있거나 생일이 있을 때는 반드시 기억해야 했다.

방학 중이거나 크리스마스 휴가나 부활절 휴가 때는 여행으로 시간을 보낼 수 있었다. 처음 크리스마스 휴가를 맞이하여서 독일과 오스트리아를 방문 여행할 수 있었다. 첫 방문지는 독일 프랑크프르트였다. 당시 이해동 목사님이 프랑크푸르트 한인교회를 목회하고 계실 때였다. 이곳 교회에서 한국의 빈민선교 활동에 관한 슬라이드를 소개할 수 있는 기회가 있었는데 후에 1,000마르크를 모금 후원해 주신 적이 있었다.

이 후원금은 부스러기선교회를 시작하는데 종잣돈이 되었다. 프랑크프르트 교회에서 체류하는 동안 동아일보 기자를 만나서 눈이 많이 내리는 겨울에 스위스를 방문할 수 있었다. 처음 출발할 때의 목표는 융프라우(Jungfrau)를 등반하는 것이었는데, 눈이 너무 많이 오는 바람에 중도에 포기한 적이 있었다. 그해 크리스마스 휴가는 오스트리아에 계신 이정준 형님댁을 방문하여 보냈다. 방문하는 동안에 오스트리아 한인교회에서 세 번의 집회를 인도할 수 있었다. 다음 해 부활절 휴가 기간에는 셀리옥에 함께 연수 오신 기장 목사님과 함께 이스라엘로 성지순례를 갈 수 있었다. 나는 이때 처음 이스라엘을 여행할 수 있었다. 부활주일 휴가가 끝나갈 무렵 아내가 영국에 와서 히드로 공항에 마중 나갔다. 약 9개월 만에 만난 것이다. 작년 9월 김포공항에서 이별할 때와는 전혀 다른 환경에서 단둘이서 만나 약 1년 동안 함께 신혼생활을 할 수 있었다. 처음에는 런던에서 몇 날을 보낼수 있었다. 템즈 강변이나 셰익스피어 생가를 방문했던 것으로 기억난다. 버밍햄에서 한 학기를 보내고 여름방학을 맞이했다. 나는 거의 1년 동안 버밍햄에서 생활하는 동안 버밍햄에 온 한국인들을 중심으로 모이는 교회에 출석하였는데 당시 세 분의 목회자가 있었는데 윤번제로 예배 및 설교를 인도하였다.

예배를 드리고 나면 한식으로 점심을 함께 나눌 기회라 좋았다. 평일에는 기숙사에서 영국식 식사를 하다가 일주일에 한 번 한식을 먹을 기회요, 한국말로 친교할 수 있는 시간이어서 참으로 좋았다. 사실 영국에서 연수를 받을 때는 처음 한 학기는 영어공부를 했고 나머지 두 학기는 세미나에 참석했는데 인상 깊었던 것은 레슬리 뉴비긴(Lesslie Newbigin)의 강의였다. 레슬리 뉴비긴은 인도에서 35년 동안 선교사로 활동하다가

레슬리 뉴비긴과 M.M. 토마스

은퇴(1974년)하고 영국 버밍햄으로 돌아와 지역교회를 섬기는 목회를 하고 있었을 때인데 셀리옥대학에서 강의하기도 하였다. 그의 선교신학에 깊은 감동을 받았다. 그는 세계교회협의회가 창립(1948년)되고 60년대 선교와 전도위원회가 통합되었을 때, 초대 선교 및 전도위원회 책임자로 일했던 선교신학자였다. 셀리옥 체류 시 나의 관심은 아시아 선교 신학에 관련한 자료를 수집하고 있었는데, 특히 M. M. Tomas와 관련된 거의 모든 자료를 확보하는 일이었다. 엄청나게 많은 양의 자료를 복사하느라고 돈을 많이 사용하였다. 이때 만났던 분들 가운데 나동광 박사와 이기반 선생이 있다. 이기반 선생은 후에 선다 싱 전기를 쓰신 분이다. 휴가 시간을 이용하여 영국 여러 지역을 여행할 수 있었는데 레이크 디스트릭트, 스코틀랜드 에딘버러, 요크, 남부 브리스톨, 바쓰, 옥스퍼드, 에버딘, 켐브리지 등이었다. 특히 리치필드에 있는 루턴 컬리지에서는 영국 감리교회의 노동사목에 관한 정보를, 쉐필드에 가서는 도시 빈민목회의 현장경험과 신학이론을 배울 수 있었다. 같은 해 8월 스위스 제네바에 위치한 세계교회협의회의 인스티튜트에 가서 세미나에 참석하였다. 이곳에서 세계 여러 나라에서 온 동역자들을 만날 수 있었다. 특히 레슬리 뉴비긴과 M. M. 토마스를 만날 수 있었다(1987년 8월 6일). 스위스의 아름다운 산과 호수를 구경하기도 하였다. 여름방학 중에 독일에 잠시 들려 김경남 목사 등을 만났다.

9월에는 미국 뉴욕으로 갔다. 미국으로 가기 전 영국에서 미국 비자를 받기 위해서 런던에 있는 미국대사관에 가서 비자를 발급받았는데 한국에서 허가를 받느라고 여러 사람이 수고하였다. 미국 뉴욕공항에 도착했을 때 서경석 목사가 공항에 마중 나왔다. 미국 체류 기간에 주로 뉴욕에 거주하였는데 유니온에서 청강을 하였다. 이곳에서 흑인 신학으로 유명한 제임스 콘(James H. Cone) 교수의 강의와 책을 통해 흑인해방신학을 공부하였다. 특히 뉴욕에 있었던 미국연합감리교회의 사무실에 자주 갔었는데 당시 손명걸 목사, 정춘수 목사 등이 실무자로 계셨다. 미국에서는 페터슨 총무가 많은 도움을 주었다. 그리고 뉴욕 한인교회에서 평신도들에게 "교회의 갱신과 선교구조의 변화"란 주제로 다섯 번의 시리즈로 강의(1987년 9-11월)를 한 적이 있었다. 그리고 그해 12월 뉴욕 목요기도회에 참석하여 "조국의 민주화와 민족통일운동의 나아갈 방향과 관련한 강연은 주여 어느 때 까지니이까?"를 하기도 하였다. 아내는 미국 시청각 관련 교육단체에 가서 시청각 관련 자료를 많이 수집할 수 있었다. 그리고 뉴저지 한인교회 등을 방문하였다. 특히 감신 동문들이 많이 있었기 때문에 많은 도움을 얻었다. 워싱턴을 방문하여 오명걸(G.E. Ogle) 목사님 집을 방문하였고, 짐 월리스(Jim Wallis)의 소저너 공동체(Sojourner Community)도 방문하였다. 당시 워싱턴에 조영진 목사와 장기옥 목사, 시카고에 김성찬 목사, 애틀랜타 에모리대학에서 유학하고 있던 고수철 목사, 안석모 교수, 선배 동문이신 홍연표 목사도 만났고, 그리고 LA에 백철, 윤남옥, 이원호 목사 등 동문들도 만났다. 뉴욕에 체류할 때에 한성수 목사와 여금현 목사, 함정례 목사, 뉴저지의 김인환 목사 등과도 교류를 했으며 보스톤에 있던 정인경 목사와 김홍기 목사, 권희순 목사 선배 동문도 만나 볼 수 있었다. 뉴욕 생활을 정리하고 귀국하면서 시카고와 샌프란시스코를 잠시 방문하였다. 그곳에서 흑석동교회에 다니셨던 김숙자 권사님도 찾아뵈었다. 이제는 집으로 돌아갈 때가 가까이 다가오고 있었다. 태평양을 건너 일본 동경에 잠시 내려서 동경에 있던 김경남 목사를 오랜만에 만나 밀린 이야기를 할 수 있었다. 귀국하면 다시 선교국에 복직하여 그동안 영국과 미국에서 보고 배운 것을 토대로 한국 감리교회를 위해서 헌신 봉사하고 싶은 마음이었다.

귀국해서 선교국에 가서 새로 부임하신 박봉배 총무님께 보고 겸 인사를 드렸다. 당시에 감독회장은 장기천 감독이셨다. 오랜만에 아이들과 반갑게 만나고 어머니와 장모님을 찾아뵙고 인사를 드렸다. 약 20개월 동안의 짧은 해외 체류였지만, 교단의 현실은 많이 바뀌고 있었다. 1988년 제18회 총회를 앞두고 "감리교민주화추진위원회"가 결성되었고, 교단의 비리 척결과 교단의 민주화를 위한 개혁을 요구하면서 광림교회에서 개최된 총회(1988년 10월 25일)에 72명의 목회자들이 단상을 온종일 점거하고 연좌 농성을 하였다. 처음에는 우리의 요구를 들어주기로 하여 "개혁 입법"을 위한 장정개정위원회에 연회대표회원 10명과 감민추천위원 10명이 참여하는 위원회를 구성하여 입법안을 만들 수 있도록 합의하였다. 그러나 1989년 2월 16일 금란교회에서 재차 소집된 임시총회에서는 개혁안을 폐기하고 "강단점거 목회자 징계 안"이 상정되어 통과되었다.

이 사건이 빌미가 되어 나는 본부에 더 이상 있을 수 없는 형편이었으므로 서울 은평구에 위치한 불광중앙교회에 부임하게 되었다(1988년 10월). 아내는 부스러기선교회로 복귀하였고 불광동으로 이사를 와 목회에 전념하였다. 불광중앙교회는 건물 지하에 위치하였으며 주로 불광동 골짜기의 주민들이 신앙생활을 하던 일반 교회였다.

3년 후 대학생 시절 기독대학생운동에 참여했던 KSCF의 총무로 부르심을 받게 되었다. 내가 총무로 재직하던 시기에 아내는 1993년에 감리교신학대학 신학대학원에 학사편입을 하였다. 그리하여 3년간 대학원 공부와 부스러기선교회, 그리고 가사와 아이들 양육에 힘쓰게 되었다.

내가 KSCF 총무로 재직했을 때는 해외 출장 겸 국내 출장을 많이 다녀서 외출하는 경우가 많았다. 예를 들면 1993년 10월 10일부터 11월 17일까지 인도 방갈로와 마드라스, 뭄바이와 홍콩 등지에 장기간 출장을 갔을 때 몹시 힘들어하였다. 집도 불광역 근처의 연립주택에서 구파발 예일여고 근방 지하주택으로 이사를 하였다. 이제 앞으로 기관 목사로 한평생을 보내야 될 것처럼 여겨지던 때, 갑자기 안산에서 목회하던 친구인 남봉식 목사가 소천했다는 비보에 접하여 장례식에 참여하였다가 안산제일교회의 담임목사로 청빙을 받게 되었다. 나와 아내는 이 부름에 순종하기로 결심하고 안산으로 내려와서 1995년 6월부터 2017년 8월까지 22년 동안 목회자로서의 삶을 살아왔다. 처음에는 아내의 경우에는 안산과 서울을 오가느라고 고생을 많이 했다.

아내도 안산에 내려온 다음 해에 대학원을 졸업(논문 제목: 결손, 빈곤 가정의 교육선교, 1996년)하게 되고 이어 예은교회 담임목회를 시작하게 되었다(1997년경). 안산제일교회를 섬기면서 안산지역사회를 위해서 노인복지시설인 원곡동 경로식당을 안산시로부터 위탁을 받게 되었다(1997년). 그리고 아내는 빈곤 여성들을 위한 "느티나무어머니학교"를 시작하였다. 처음에는 안산제일교회 지하실에서 시작하였다. 그리고 IMF가 시작되면서 거리에 방황하는 어린이, 청소년 소녀들을 위한 쉼터(훗날 지역아동센터로 바뀜)인 신나는집을 시작하게 되었다. 안산에서 3년 동안 빈곤가정의 어린이들과 청소년의 쉼터인 신나는집을 운영함으로 소외된 청소년들에게 꿈과 희망과 용기를 심어주는 빈민의 대모로 사회에 귀감이 되기에 제3회 안산 상록사회봉사대상을 안산신문사(사장 조원칠)에서 수여 받았다(1999년 12월 29일). 그리고 2000년 3월에 경기연회에서 목사안수를 받았다.

이와 같은 지역사회 주민들의 요구를 잘 감당하려면 복지에 대한 전문적인 지식의 필요성이 요청됨으로 강남대학 사회복지대학원에 부부가 함께 입학하여 공부를 하고 졸업을 하였다.

아내와 함께 마친 강남대 사회복지대학원 학위수여식

나는 노인복지(논문제목 : 노인급식프로그램의 현황과 개선에 관한 연구. 2000년)를, 아내는 아동복지(논문제목 : 빈곤 해체 가정 아동의 변화 및 사회복지 통합적인 접근연구. 2000년)를 전공하였고 복지사의 자격을 얻게 되었다. 목사에 복지사의 자격을 얻고서 안산지역사회와 전국의 빈곤 아동복지 활동을 본격적으로 시작하였다. 안산에서 나는 처음으로 안산시 복지협의회를 조직할 목적으로 먼저 시민과 실무자들이 참여하는 '안산시 복지학교'를 개강하였다. 그리고 안산시 복지협의회를 창립하는데 기여하였다. 동시에 안산시와 주변의 시화호 오염문제의 심각성을 깨닫고 환경문제에 관심이 있는 시민운동가들을 중심으로 '안산시 환경운동연합'을 주도적으로 창립하여 초대회장이 되었다.

교회적으로는 안산지방 '감리사'의 책임을 맡게 되었다. 복지 및 환경문제에 대한 참여를 통하여 새로 조직된 '안산의제21'에 참여하여 상임위원장을 10년 동안 하였다. 그리고 6.15선언을 중심으로 민족 통일운동에 참여하면서 안산시 민주평화통일자문위원회, 안산시협의회 회장(제9-10대)을 연임하였다.

안산시 지역사회의 발전을 위한 교회의 참여에 적극적으로 기여하였다. 안산제일교회는 처음 원곡동에 위치하였는데 교회 선교의 장래를 위하여 새로 개발되는 고잔 벌의 종교부지를 구입하여 새로운 교회를 건축하였다. 아내는 종래의 부스러기선교회를 사단법인으로 등기하면서 부스러기사랑나눔회로 개칭하고 빈곤아동이 없는 세상을 만들기 위한 노력을 기울였고 동시에 10년 동안의 빈곤 성인 여성을 위한 교육 훈련을 실시하였다. 그러나 빈곤한 사람들이 빈곤으로부터 벗어나기 힘들다는 결론에 이르렀을 때쯤 우연한 기회에 시티은행을 통하여 방글라데시의 무함마드 유누스 박사가 설립한 그람인은행과 그람인 트러스트를 소개받았고, 한국에서 최초의 사회적 금융기관인 마이크로화인넨스 신나는조합을 창립하게 된다. 처음에는 부스러기사랑나눔회 산하에 사단법인을 만들어 이 사업을 전개하다가 2000년부터 민간단체인 신나는조합을 창립하기에 이르렀고, 나중에 법인등록을 마치게 되면서 본격적으로 사업을 전개하기 시작하였다.

그럼에도 불구하고 우리나라에서 빈곤으로 자살하는 사람들이 급증하는 현상을 목격하고 이를 해결하기 위한 대중적 차원에서 빈나2020운동을 시작하였다(2005년). 나는 주로 안산을 중심으로 활동을 전개하였는데 반하여, 아내는 전국적 차원에서 빈곤퇴치 운동을 전개하였다. 그리고 지난 30여 년 동안 아내가 전개해 온 빈곤퇴치 운동에 대한 정리의 필요성을 느낄 때 일본 기비대학의 학상이신 부성래 박사를 통하여 사회복지학 박사과정에 입학하여 그동안의 경험을 정리하면 어떨

겠느냐는 권면을 받아들여, 여러 가지 분주한 일정에도 불구하고 과정에 입학하여 3년 동안 박사학위 논문(제목 : 한국의 빈곤 아동과 지역아동센터 법제화에 관한 이론과 실천)을 완성하여 학위를 수여 받게 되었다(2007년).

2007년 대통령 선거에서 이명박 후보가 노무현 대통령에 이어 대통령에 당선되었다. 2008년, 이명박 대통령의 취임식이 거행되던 날, 우리는 미국 시카고에서 개최되는 한반도 통일과 평화세미나에 참석하기 위해서 김포공항에서 비행기에 탑승하여 미국을 향하여 갔다. 미국 체류 중 우리는 처음으로 LA에서 라스베이거스(Las Vegas)를 거쳐 그랜드캐니언(Grand Canyon)에 이르는 지역을 여행할 수 있었다. 실로 오래간만에 여행을 즐길 수 있었다. 3월경 귀국했을 때 전혀 기대하지 않았던 곳에서 아내인 강명순을 급하게 찾는 전화 연락이 왔다. 이때 2008년 3월 당시 집권 여당인 한나라당으로부터 비례대표로 국회의원에 출마해 보라는 권면을 받게 되는데, 당시 우리가 빈곤퇴치 운동을 하면서 직면하게 된 어려운 문제를 해결해야 할 필요성을 느끼고 있었던 차였다. 즉 빈곤 아동 문제를 해결할 수 있는 법안과 마이크로화이낸스를 실천할 수 있는 예산의 확보와 법률 제정의 필요성을 가지고 당시 아는 국회의원들에게 청원 하였으나 아무런 반응이 없어 낙심하던 중이었다. 그래서 이번의 제안을 활용할 수 있는 기회가 될 수 있겠다고 판단되어서 내가 아내에게 적극적으로 권면하였지만, 아내는 쉽게 결정하지 못하고 망설이고 있었으나 결정하도록 하였다.

2008-2012년 4년은 국회의원으로서 빈곤 문제와 본격적으로 씨름할 수 있었던 기간이었다. 대신 나는 아내가 그동안 해왔던 일, 특히 신나

는조합의 이사장 역할을 담당하기로 하였다. 지난 12년 동안은 빈곤퇴치에 초점을 맞추어 오로지 외길을 걸어온 과정이었다. 안산지역사회의 일과 전국적 차원에서 진행되는 신나는조합, 그리고 빈나 2020운동을 병행하기란 쉬운 길이 아니었다. 더군다나 국회의원의 역할을 잘 감당할 수 있도록 음으로 양으로 드러내놓지 않고 협력하며 각자의 역할을 조정해야 하는 일이 결코 편안한 길이 아니었다. 특히 국회의원의 경험도 없이 처음 감당하는 것은 쉬운 일이 아니었다. 그리하여 아내가 국회에서 새로 시작한 일이 국회 골방 기도회인 것이다.

매일 아침 일찍 국회에 출근하여 6시 40분부터 성경을 함께 묵상하면서 국가와 지도자들과 가난한 이웃들을 위하여 기도하는 것이었다. 2008년부터 2012년 제18대 임기가 다 끝날 때까지 4년 동안 1,000일을 쉬지 않고 기도하였다. 그뿐만 아니라 성경 묵상집 20권을 출판하여 보급하기도 하였다. 그리고 국회의원 임기가 끝나고도 제19대 기간 4년 동안 계속하여 새로운 1,000일 동안 여러 사람이 함께 기도의 동력을 이어나갔다. 국회의원 임기가 끝나고 원외에 있으면서도 빈나 2020운동은 계속하였다. 본래 운동의 목표연도가 2020년이기에 지금까지 이 운동은 계속 이어 오고 있다. 제18대 국회의원 임기가 종료될 즈음 국내외적으로 지구적 차원에서 빈곤퇴치 운동을 좀 더 확산시켜야 할 필요성에서 새로 법인인 (사)세계빈곤퇴치회를 등록하였는데, 강명순 목사는 이 조직을 창립하고 이사장 겸 상임이사의 책임을 맡게 되었다. 2012년부터 2017년까지 전국에 있는 지역아동센터의 실무자와 어린이들을 중심으로 생명을 살리는 운동을 전개하였다. 예를 들면 생활 쓰레기를 재료로 하여 작품을 만드는 작업으로 어린이, 청소년들의 자아의식을 강하게 하고 교육과 후원을 하며 복지력을 구축하는데 집중하였고, 안산에서는 자살예방상담센터를 개설하여 자살예방교육을 실천하였고, 전국적으로 시범지역(6개)을 선정하고 창업하여 수익사업을 할 수 있도록 교육하고 기금을 대출하는 사업을 실천하였다. 사회적 기업이든, 사회적 협동조합, 또는 협동조합을 시범적으로 조직하여 판매 활동을 시도하였다.

그런데 2016년 세월호 사건이 발생함으로 나의 마음은 더욱 분주해졌다. 무엇인가 안산지역 주민들의 삶에 실질적으로 필요한 일을 할 수 있는 하드웨어가 필요하다고 판단되어 경제적으로 넉넉하지 못하고 어려웠지만, 사회봉사관 살렘을 건축하기로 교인들과 협의를 하고 건물을 완공한 후에, 뜻을 함께하는 조합원들을 모집하여 살렘협동조합을 설립하고 수익사업으로 자연 친화적인 농산물과 먹거리를 판매하는 매장을 설치하여 운영하였다. 그리고 (사)세계빈곤퇴치회 사무실을 사당동에서 안산으로 이전하였다.

그리고 우리는 빈나 2020운동의 가치를 정책적 차원에서 제시하기 위한 목적에서 현역 국회의원들의 참여와 협조 속에서 현장 실무자들의 현장경험을 통한 문제 발굴과 문제해결을 위한 방향 제시를 제안케 함으로 방향을 제시하였고, 그 내용을 자료화해서 국회의원들에게 전달하여 제안하였고, 국회 회보 및 헌정 회보 등 언론매체을 통해 홍보하였다. 특히 (사)부스러기 사랑나눔회와 (사)세계빈곤퇴치회와 빈나 2020운동이 공동으로 2017년, 2018년, 2019년 매년마다 국회에서 빈나 2020운동 정책 토론회를 가진 바가 있었다. 그리고 해외 나라들에 한국 국회에서 입법화된 아동 빈곤법 및 지역아동센터의 사례(베트남 및 미얀마 등)를 소개 홍보하였고 사회적 기업(부룬디 등)을 확산하려는 시도를 하였다.

빈곤퇴치 포럼, 2020운동

2017년과 2018년은 나의 목회활동의 정점에 오른 해가 되었다, 우리는 감리회사회복지협의회의 회장과 훈련원장의 입장에서 "감리교 100만 전도를 위한 전도와 영성 세미나"를 2017년 4월 27일, 28일 양일간 서산 엘림하우스에서 감리교사회복지협의회와 감리교전국부흥단(회장 : 김헌수 목사) 공동으로 주최하였다.

그리고 2017년 5월 30일부터 6월 9일까지 아프리카의 사회개발을 목적으로 조직된 국제개발단체인 텐포원(Ten for ONE, 책임실무자 한상훈 목사)의 초청으로 동부 아프리카에 위치한 작은 나라 르완다와 부룬디를 방문하여서 사회적 기업 활동을 부룬디와 르완다에 확산시킬 수 있도록 교육훈련하는 프로그램에 어드바이저의 한사람으로 참여하였다. 현재 르완다의 경우 우리나라 선교사들이 참여하고 있는 사회적 협동조합활동의 성공적 케이스가 되고 있다. 그리고 2017년 10월 21부터 25일까지 한국기독교봉사회 이사회의 이사장과 "한국교회 로힝야족 난민구호연합"을 대표하여 방글라데시의 콕스 바자르(Cox's Bazar)에서 생존하고 있는 로힝야족(난민 100만 명) 난민 캠프를 방문하였다. 또한 감리교사회복지협의회 회장으로 2017년 9월 11일 일영 살롬 유스 호스텔에서 전국 감리교지역아동센터 실무자 워크숍을 (사)부스러기사랑나눔회(이사장 강명순 목사)와 공동으로 개최하였다. 그리고 2018년 3월 8일부터 13일까지 동부 아프리카에 탄자니아의 북부 휴양도시인 아루사(Arusha)의 은구도토 마운틴 로지에서 개최되었던 세계교회협의회, 전도 및 선교위원회(WCC CWME)가 주관하는 제14차 선교대회에 기독교대한감리회를 대표하여 아내와 함께 참석하여 그동안 한국에서 전개하였던 빈곤퇴치 및 생명 나무 운동을 홍보하고 영문 팜프렛(Mind-Play, Thinking-Play. Up Cycling Healing Art. Tree of Life)을 참석자들 중 1,000여 명에게 나누어 주기도 하였다.

그리고 2018년 7월 12일부터 15일까지 한국 광림교회에서 개최된 세계감리교협의회 대의원대회 준비를 위한 실무적인 업무(모금 및 모금 공문 등 배달작업)를 나와 아내가 자청하여 봉사하였고, 2018년 11월 9일부터 11일까지 미국 애틀랜타에 소재한 미연합감리회 선교본부(GBGM)와 지미 카터 센터에서 개최된 제3회 한반도평화를 위한 라운드 테이블에 한국 감리교회를 대표하여 참석하고 귀국하였다. 2년 동안의 분주한 일정을 잘 소화할 수 있었다. 그 후 2020년 2월까지 기독교사회봉사회 사역과 신나는조합(Joyful Union)에 집중적으로 헌신하였다가 2020년 2월 말부로 신나는조합의 이사장직과 기독교사회봉사회 이사장직을 내려놓았고, 5월 21일 경기연회에서 목사직을 아내와 함께 자원 은퇴하였다. 현재 아내는 (사)부스러기 사랑나눔회의 이사장과 나와 함께 빈나 2020운동의 공동대표직(디딤돌)만을 수행하고 있다. 당분간 앞으로는 그동안 활동했던 자료들을 정리하여 자료집으로 출판함으로 후진들에게 지난

48년 동안 우리가 축적해 온 경험과 지식을 전수함으로, 다가오는 세대들이 생명 운동에 동참케 함으로 살기 좋고 행복한 지구촌을 만드는 데 기여하도록 할 것이다.

(2020년 8월 5일)

한알의 밀알 52

한국 감리교회 빛과 그림자

지은이_ 정명기

펴낸날_ 2021년 12월 10일(초판1쇄)

펴낸이_ 최병천
편집실무_ 강면실 윤진선 권오무 김동성

펴낸곳_ 신앙과지성사
출판등록 제9-136(88. 1. 13)
주소 | 서울 서대문구 연희로 177 옥산빌딩 2층
전화 | 335-6579, 323-9867 · 323-9866(F)
E-mail | miral87@hanmail.net
홈페이지 | http://www.miral.co.kr

ISBN 978-89-6907-269-6 04230
ISBN 978-89-85602-48-8 (세트)

값 20,000원